MICE Marketing Management

MICE 마케팅 관리론

김 철 원

法 文 社

머리말

MICE 분야의 학문적 체계를 정립하기 위하여 통섭적 접근 관점에서 inquiry paradigm을 구축하고자 한다. 다학문적인 장점을 활용하기 위해서는 일반 마케팅, 서비스 마케팅, 관광 마케팅을 다루면서 MICE 마케팅의 내용을 채워나가야 한다. 그러나 논리 전개의 일관성이 다소 미흡하고, 중복되는 면이 간혹 보이곤 한다. 이런 관점에서 본 교재는 아직 수정 및 보완할 사항이 많은 것 같다.

그럼에도 불구하고 본 교재는 MICE 마케팅 관리를 학습하고자 하는 독자들에게 MICE 마케팅 관리가 무엇인지를 보여주고자 하는 의지가 담겨있다. MICE 마케팅 관리를 학습하면, 마케팅의 이론은 물론 MICE 분야에 활용할 수 있도록 책의 내용을 구성하였다. 동태적으로 변화하는 기업환경에서 교재에서 소개되는 원리를 학습하고, 사례 분석에 적용하는 능력을 키워나가야 한다는 점에서, 본 교재는 MICE 마케팅의 원리와 사례를 핵심 내용으로 하고 있다.

영국의 철학자 Alfred Whitehead는 "학생들 머릿속에 아무리 많은 지식을 집어넣어 준다 하더라도, 사회에 나간 다음 학교에서 배운 바로 그 자세한 지식에 꼭 들어맞는 상황을 만나는 경우는 극히 드물다. 설령 그런 상황을 만난다 하더라도, 학교에서 배운 자세한 지식을 그 때까지 기억하고 있는 사람들은 거의 없을 것이다. 정말로 도움이 되는 교육이란 학생들에게 몇 가지의 기본적인 원리들을 이해시키고, 이를 실제 상황에 적용시키는 능력을 키워주는 것이다."라고 언급하였다. 정확한 지적이다. 교재를 통하여 MICE 마케팅 이론을 철저히 익히고, 현상을 분석하고 해결책을 제시하는 능력을 키우는 것이 MICE 마케팅 관리를 잘 하는 지름길이 될 것이다.

본 교재 집필을 위하여 도움을 준 많은 분들이 있다. 본 교재 집필에 커다란 도움을 준 여러분들께 진심으로 감사함을 드립니다.

2018년 3월

저 자

차례

제 1 장 MICE의 원리

제 2 장 MICE 마케팅의 개념

제 3 장 MICE 개최지 관리

제 4 장 MICE 마케팅 관리체계

제 5 장 MICE 의사결정구조

제 6 장 MICE 서비스 품질관리

제 9 장 지속가능한 MICE

제10장 MICE 서비스올로지에 대한 이해

MICE MARKETING MANAGEMENT

제 1 장

MICE의 원리

MICE
MARKETING
MANAGEMENT

학습 개요

MICE 마케팅 관리를 이해하기 위해서는 컨벤션, MICE의 개념이 형성되는 과정, MICE 산업의 구조, 이해당사자, MICE의 특징 및 MICE 파급효과와 학문적 과제에 대하여 심도있게 검토할 필요성이 있다.

이런 관점에서 컨벤션과 MICE의 기본적 개념부터 UNWTO 권고안, 최신 트렌드에 대하여 MICE 시장의 구조와 참여자를 중심으로 학습하고, "왜 MICE인지?"에 대한 학습 자료를 제시하고자 한다.

제 1 절 MICE의 개념

1.1. 컨벤션의 정의

컨벤션에 대한 정의는 사전적 의미, 법률적 측면, 학문적 측면에서 접근할 수 있다. 컨벤션의 정의와 범위는 매우 포괄적이지만, 컨벤션이란 대내외적인 참가자들이 특정 상호 공통 관심사항을 협의하고, 의사소통하며 정보를 교류하기 위한 모임으로 일반적으로 정의한다.

표 1-1 컨벤션 정의

구분	내용
사전적 정의	• 어떤 공통의 목적을 가진 사람들의 모임[1] • 사회단체 및 정당 회원간의 회의, 사업 및 각종 무역에 관련된 모든 회의와 정부간에 이루어지는 모든 회의[2] • 대부분 많은 사업가 또는 전문 직업인이 참가하는 회의를 말하며 미국 이외의 나라에서는 콩그레스라는 용어로 사용되기도 함[3]
법률적 정의	• 세미나, 토론회, 전시회 등을 포함하여 상당수의 외국인이 참가하는 회의로서 대통령령이 정하는 종류와 규모에 해당하는 것(국제회의 육성에 관한 법률 제2조 1항) • 국제기구 또는 국제기구에 가입한 기관 또는 법인, 단체 – 당해 회의에 5개국 이상의 외국인이 참가할 것 – 회의 참가자가 300인 이상이고 그 중 외국인이 100인 이상 일 것 – 3일 이상 진행되는 회의 일 것 • 국제기구에 가입하지 아니한 기관 또는 법인, 단체 – 회의 참가자 중 외국인이 150인 이상 일 것 – 2일 이상 진행되는 회의 일 것
학문적 정의	• 특별한 문제를 토의하기 위한 참가자들의 회의[4] • 특별한 목적을 달성하기 위한 사회단체, 정당 회원들 간의 회의, 사업이나 무역에 관한 회의, 통상적으로 공인된 단체가 주최하는 3개국 이상의 대표가 참석하는 정기적 또는 비정기적 회의[5]

1 웹스터 사전(1994).
2 옥스퍼드 사전(1984).
3 관광용어 사전.(1985)

이러한 개념 속에는 각종 회의나 사교행사가 포함될 수 있고, 국제회의와 같이 외국인이 참가하는 회의뿐만 아니라 상호 공통 관심사항을 협의할 목적으로 모이는 협회 회의, 기업회의, 정부회의, 비영리조직의 동문회, 향우회, 친목회 등의 모든 모임이 포함된다.

상기와 같이 컨벤션에 대한 다양한 정의가 있으나, UNWTO(UN World Tourism Organization)는 「The Measuring Economic Importance of Meetings Industry」 연구보고서에서, "회의산업(Meetings Industry)"의 범주에 회의와 컨퍼런스, 전시와 인센티브를 포함하고 있다고 제시하였다. 기관에 따라 회의산업에 대한 정의가 다르며, 다른 구성요소를 포함하고 있기에, UNWTO에서는 아래와 같은 기준을 제시하며 이를 권고하고 있다.

표 1-2 회의산업 정의에 대한 UNWTO 권고안

쟁점사항	권고	이론적 설명
산업의 명명	회의산업(Meeting Industry)	이 명칭은 공급 측면을 대변하며, 주요산업 참가자들의 지지를 받고 있음
회의 목적	참여자들에게 동기부여, 비즈니스의 수행, 아이디어의 공유, 사회화와 토론	이러한 목적과 유사한 목적들은 이 산업과 이론적 문헌에 있어 가장 일반적임
회의 규모	최소한 10명의 참여자	대부분 회의 기관들이 참가 규모를 사용하고 있음
회의 개최지	회의장소의 사용에 대한 비용이 지불되는 개최지	계약된 개최지의 사용에 대해 비용이 지불되며, 이를 통해 경제적 가치가 창출됨
회의 기간	반나절(4시간)이나 그 이상	최소한의 기간이 제시될 필요가 없을 수 있지만, 네 시간의 제한은 자료수집의 범주를 실제적으로 하기 위해서 설정함

자료: WTO(2006) Measuring the Economic Importance of the Meeting Industry.

4 Astroff, M.T. & Abbey, J.R.(1998). Convention Sales and Services(5th ed ed.), Waterbury Press, New Jersey.

5 Berkman.(1984) Conventions Management and Service, AH and MA.

1.2. MICE 산업의 개념

국제회의를 대표하던 컨벤션이 국제회의뿐만 아니라, 회의, 전시 및 박람회, 관광 등 보다 포괄적인 산업의 개념으로 그 의미를 확장하면서 MICE라는 개념이 등장하였다. 〈표 1-3〉과 같이 MICE는 Meetings(일반회의), Incentive Travel(포상관광), Conventions(국제회의), Exhibitions(전시)의 머리글자를 합친 용어로 중요한 환대 산업의 한 분야이다.

표 1-3 MICE의 정의

구분	정의	범위
Meeting	• 아이디어 교환, 토론, 정보교환, 사회적 네트워크 형성을 위한 각종 회의	• Convention 기준에는 부합하지 않지만, 전체 참가자가 10명 이상인 정부, 공공, 협회, 학회, 기업회의로 전문회의시설, 준회의시설, 중소규모회의시설, 호텔, 휴양콘도미니엄 등에서 4시간 이상 개최되는 회의 • 단, 외국인 참가자가 10명 미만인 행사는 국내 Meeting으로 간주함
Incentive Travel	• 조직원들의 성과에 대한 보상 및 동기 부여를 위한 순수 보상 여행 및 보상 관광 회의	• 외국에서 국내로 오는(Inbound) 외국인이 10명 이상 참가하며 국내 숙박시설에서 1박 이상 체류하는 보상관광
Convention	• 아이디어 교환, 토론, 정보교환, 사회적 네트워크 형성을 위한 각종 회의	• 외국인 참가자가 10명 이상이며 동시에 전체 참가자가 250명 이상인 정부, 협회, 학회, 기업회의로 전문회의시설, 준회의 시설, 중 소규모회의시설, 호텔, 휴양콘도미니엄 등에서 4시간 이상 개최되는 회의
Exhibition	• 유통·무역업자, 소비자, 일반인 등을 대상으로 판매, 홍보, 마케팅 활동을 하는 각종 전시회	• 전시산업발전법에 의한 전시회로 무역전시회, 소비자전시회 및 혼합전시회(1일 이상)

자료: 한국관광공사(2016), 2015 MICE 산업통계 조사 보고서, p.8

UNWTO(2008)는 MICE 산업의 상호 비교 및 호환 가능한 구성을 위해 MICE 산업을 〈표 1-4〉와 같이 핵심 산업 군과 확장 산업 군으로 구분하였다.

표 1-4 UNWTO의 MICE 산업 경제활동 측면의 분류체계

목 표	실 적
핵심산업군 (Core Meeting Industry)	전문회의 기획업(Specialized Meeting Organizers) 컨벤션, 콩그레스, 전시회 관련 시설업 (Convention, Congress and exhibition Centers) 인센티브 기획업체 및 지역기반 서비스 제공업체 (Incentive House and Destination Management Companies) 컨벤션뷰로(Convention Bureaus)
확장산업군 (Extended Industry)	숙박업(Accommodations) 교통서비스업(Transportation) 기술설비업(Technical Equipment) 식음서비스업(Food Services) 연사중개업(Speakers' Representation Services) 부스장치업(Stand Construction) 지원서비스업(Other Support Services) 기타 제반서비스업(Auxiliary Business)

출처: UNWTO(2008), Global Meeting Initiative volume, P.8-9

국내에서는 『국제회의산업 육성에 관한 법률』과 『전시산업 발전법』에 근거하여 MICE 산업체를 크게 시설 운영업체, 컨벤션 기획사, 전시 기획사, 관련 장치업체 등으로 분류하고 있다. 그러나, MICE 참가자들의 관광, 쇼핑, 엔터테인먼트 등 MICE 외적 활동도 크게 늘어나고 있기 때문에 다양한 전후방 사업에 대한 포괄적인 부가가치를 창출하는 산업으로 간주하고 있다.

이런 관점에서 MICE 산업은 숙박, 교통, 레저, 엔터테인먼트, 식음료, 쇼핑 분야는 물론이고 정보통신, 인쇄출판, 광고, 건축, 금융, 의료, 교육 분야 등 다양한 산업과 연계발전 할 수 있는 종합산업이라고 할 수 있다. 또한 최근의 MICE 산업 각각의 산업 영역은 단순히 국제회의, 전시회, 인센티브만을 개최하는 것이 아니라 전시회와 컨퍼런스는 혼합된 형태로 개최되고 있으며, 전시회, 컨벤션, 인센티브, 엔터테인먼트 등이 상호 복합적인 기능을 수행하면서 종합적으로 개최되고 있다.

제 2 절 MICE 산업의 구조

2.1. MICE 이해당사자

다양한 산업이 밀접하게 연계되어있고 복합적인 성격을 가진 MICE 산업은 인적·물적 자원의 정보 및 서비스를 교환할 수 있는 특징을 가지고 있다. MICE 산업의 지속가능한 발전을 위해서는 관련 기업간의 원활한 의사소통과 정보교류 등이 필요하면 이와 함께 정부의 적극적인 지원과 관련 협회 등이 유관 기관과의 협력적인 관계형성이 중요하다.

MICE 산업에서의 이해관계자(stakeholders)는 MICE 관련 행사 개최준비와 개최 및 운영, 사후 평과 과정에서 직·간접적으로 관련 있는 개인이나 단체로 정의할 수 있으며 이들은 업무수행을 통하여 공동협력을 이끌어 내고 상호 이익을 위하여 이해당사자의 성격을 이해하는 것이 필요하다.

[그림 1-1]과 같이 MICE 이해관계자는 주최조직을 포함한 다양한 기관을 포함하며, MICE 이해관계자들은 다음과 같이 크게 6가지로 구분할 수 있다: 'MICE 전담기구', 'MICE 주체조직', 'MICE 관련 협회', '개최시설', '기획사', '기타 서비스 업체' 등이 포함된다.

그림 1-1 MICE 이해관계자

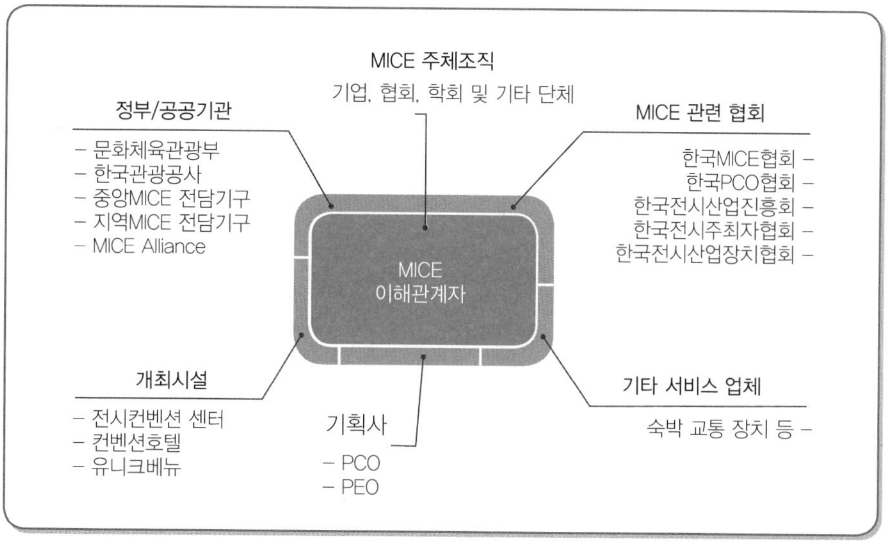

2.2. MICE 산업의 구조

MICE 산업은 상품, 구매자, 공급자, 중간매개자로 구성되어 있다.

1. MICE 상품(Products)

MICE 마케팅에서 상품이라 함은 MICE 장소(venue)나 개최지(destination)에서 판매하고자 하는 MICE 서비스나 시설들을 지칭한다. MICE 개최장소(예: 컨벤션 센터, 호텔, 유니크 베뉴 등)에서 상품은 MICE의 성공적 개최를 위하여 기여할 수 있는 유무형적 요소의 총합으로, 위치, 회의실, 시청각 시설, 식음료 서비스, 종사원의 전문적 지식, 참가자에 대한 환대 등이 포함될 수 있다.

MICE 개최지(MICE destination)는 "MICE 개최에 필요한 회의시설, 호텔, 전문 인력, 부대 서비스, 개최지 이미지 및 관광적 매력성 등의 요소를 갖추고 있는 국가, 도시 및 지역으로 지리적 영역"으로 정의된다. MICE 개최지의 상품은 이러한 개최지의 제반 유무형적 요소들이 총체적으로 표출된 것이다.

MICE 장소와 개최지 상품은 유사한 요소가 많으나, 주요 차이점은 행사장소를 판매하는 주체가 상품의 질, 가격, 디자인 등을 직접적으로 컨트롤 할 수 있는 반면에 개최지 상품에는 CVB와 같은 마케팅 조직이 직접적으로 영향을 미칠 수 없는 요소들이 무수히 존재한다. 그만큼 MICE 개최지 마케팅의 실행이 어렵다는 것을 의미한다.

2. MICE시장의 구매자(Buyers)

MICE시장에서의 구매자는 MICE 수요를 창출하는기관이나 개인이며(initiators of demand)이며, 수요의 주요 원천은 MICE 개최지나 장소를 활용하고자 하는 다양한 조직들로 MICE 수요의 창출자들이다.

이들은 MICE가 가지고 있는 다양한 욕구(needs)와 필요함(wants)을 인지하고 만족시키기 위하여 그들의 회원 및 관련 이해당사자들을 특정한 시기와 특정한 장소에 불러 모으는 행사를 계획하는 실체이다. 이들 구매자들은 MICE 시장에서 공급자에 의하여 제공되는 다양한 전시컨벤션 시설이나 서비스를 이용하고자 하는 주요 원천이다.

국제기구, 국내외 기업 구매자, 협회 구매자, 정부 및 공공부문 구매자, 이익단체인 SMERF(Social, Military, Educational, Religious and Fraternal sectors), 그리고 참가자(delegates) 등이 포함된다.

3. MICE시장의 공급자(Suppliers)

공급측면의 MICE 이해당사자들은 MICE의 효과적 운영에 필수적인 시설과 서비스를 공급하는 실체이다. 컨벤션 센터, 호텔 회의실, 컨퍼런스 센터, 대학, 박물관, 도서관 회의시설 등이 대표적인 개최 장소 공급자이다. 이밖에 숙박 제공자(accommodation provider), 교통수단 제공자(transport providers), 식음료 공급자(catering service), 시청각 시설 등을 제공하는 기술적 서비스 공급자, 통역, 장치업자, 인쇄물 등 공급의 범위는 매우 포괄적이다.

4. MICE시장의 중개자(Intermediaries)

MICE시장에서 수요자와 공급자를 연결시켜주는 중개자의 역할은 산업의

그림 1-2 MICE 산업의 구조

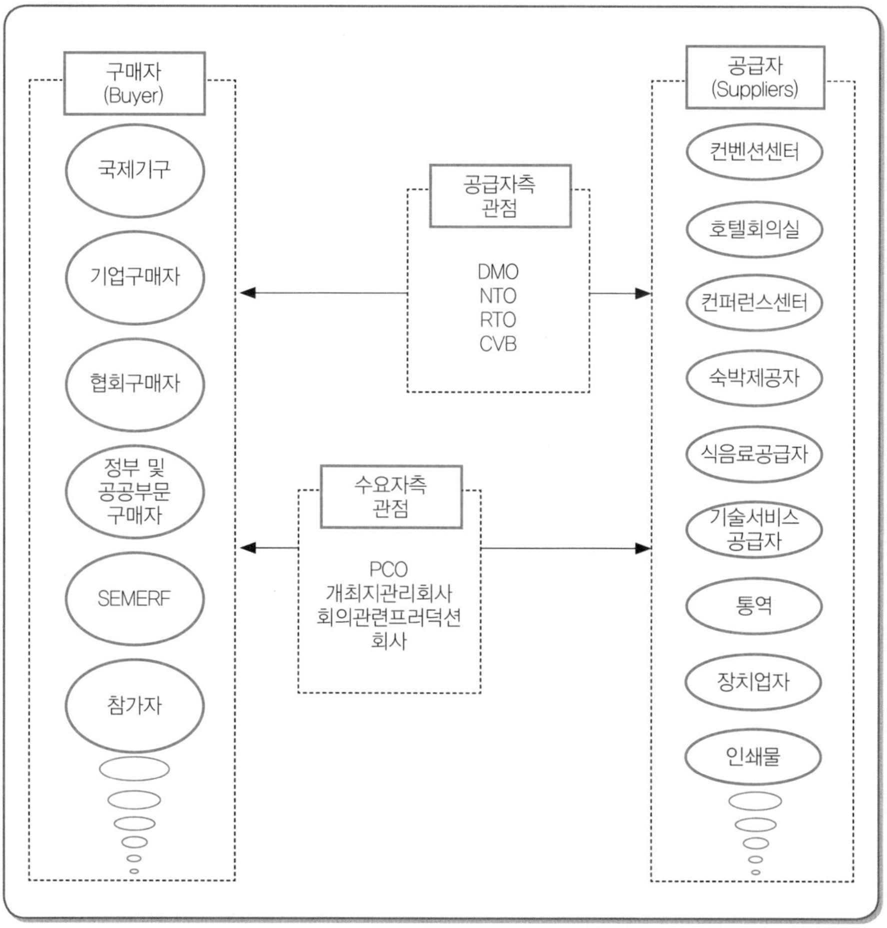

대동맥 역할을 수행하하기 때문에 매우 중요한다. 이들의 전문적 능력과 지식에 따라 MICE시장의 효율성이 증대될 수 있다. MICE시장에서의 중개자는 두 차원의 이해당사자들로 구성되어 있다.

첫 번째는 공급자 측면에서 MICE시장의 중개자다. 개최지의 마케팅을 전담하는 DMO(Destination Marketing Organization)가 있다. 한국관광공사 혹은 경기관광공사 등이 해당되며, 한국관광공사의 경우는 국가 전체를 홍보 마케팅 하는 NTO(National Tourism Organization)이고, 경기관광공사는 지역의 마케팅 활동을 전개하는 RTO(Regional Tourism Organization)로 칭한다. MICE 산업에서 중추적 역할을 수행하는 공급자 측면에서의 중개자에는 CVB(Convention Visitors Bureau)가 있다.

두 번째는 수요자 측면에서의 중개자들이다. 대표적인 중개자로는 국제회의 용역업자인 PCO(Professional Conference Organizer)와 전시용역업자인 PEO(Professional Exhibition Organizer), 인센티브 여행을 담당하는 여행사(Travel Agency), 이벤트 기획자 등이 있다. MICE 수요자를 대신해서 전문적 지식의 제공, 마케팅 활동의 전개 등을 수행하면서 공급자와의 역할을 효과적으로 수행하는 용역서비스 대행자로 칭한다.

이 밖에 장소탐색 서비스(VFSs: Venue-Finding Services), 협회관리회사(Association Management Companies), 개최지관리회사(Destination Management Companies), 회의관련 프로덕션 회사(Conference Production Companies)등이 포함된다. 자료의 디자인 및 인쇄, 조명시설 설치, 대본작성, 웹 검색 등이 MICE관련 프로덕션 회사의 역할이다. 수요자 관점에서 MICE 중개자의 역할을 세분화하여 상기와 같이 구분하였지만, 경우에 따라서는 PCO나 PEO가 상기의 역할을 종합해서 수행한 경우도 있고, 전문지식의 확대 등으로 수요자가 직접 운영하는 경우도 있다.

제 3 절 MICE의 특징

MICE 산업은 매우 복잡한 구조를 가지고 있고, 다양한 부문과 연계되어 새로운 사회적 현상을 창출하고 있다. [그림 1-3]과 같이 MICE는 외부적 환

그림 1-3 MICE 네트워크

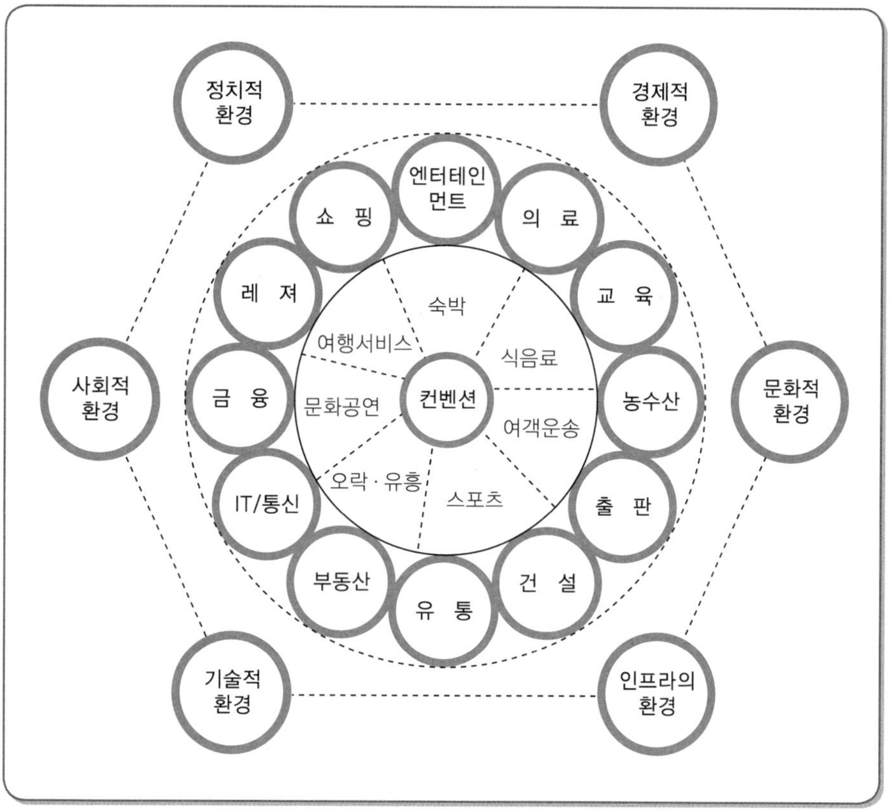

경에 영향을 받으며, 숙박, 식음료, 교통, 문화공연, 스포츠, 여행서비스 등 관련 부분들과의 연계는 물론 IT, 유통, 금융, 교육, 의료, 농수산 등 사회의 모든 분야와 연계되어 발전되고 있다.

MICE 산업과 연계된 네트워크의 이해와 함께 이를 거시적 관점에서 파악할 수 있도록 경쟁적 특성, 동태적 특성, 산업적 특성, 그리고 정부의 육성정책 등을 이해하여야 한다(그림 1-3 참조).

3.1. 경쟁적 특성

조직은 자신이 속한 산업에서 경쟁 집단 세력의 힘에 의해 궁극적인 잠재 이익이 결정되며, 경쟁 압력의 원인을 이해할 때 다가올 기회와 위험을 예측할 수 있어야 한다.

MICE 산업은 국제회의의 유치를 두고 여러 국가 및 도시들이 경쟁하거나

그림 1-4 경쟁의 구조적 결정요인

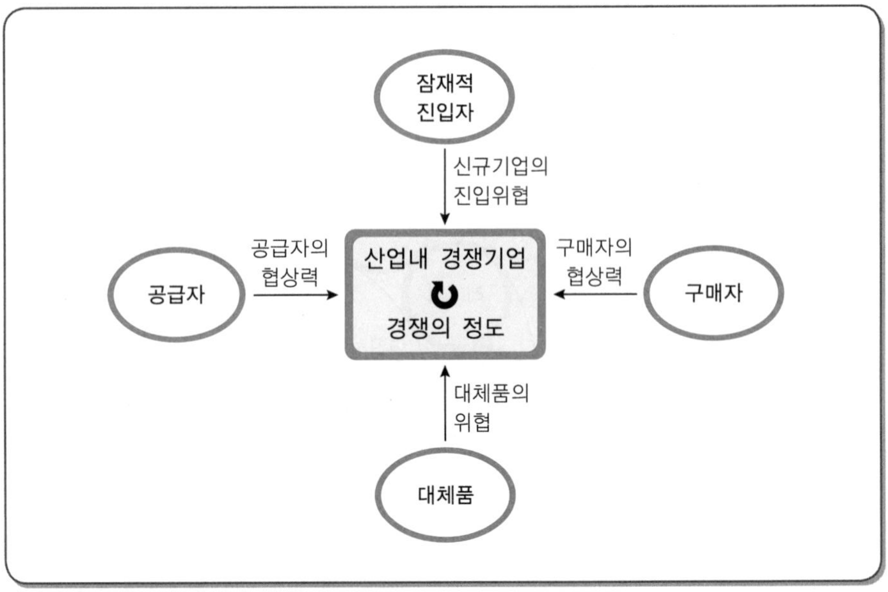

자료: Michael Porter, Five forces 모델

전시회 및 박람회의 성공적인 개최를 위해 유사 경쟁 전시회 및 대체 전시회의 위협과 대치하기도 한다. 따라서 MICE 마케터 역시 이러한 경쟁의 구조적 결정 요인을 잘 이해하여야 한다.

MICE 산업은 국제회의 또는 전시, 심지어 그 내에서도 다양한 형태가 존재하므로 각 관점에 따른 경쟁구조가 달라 질 수 있다. 산업을 지배하는 5가지의 요소(산업내 경쟁자, 신규 경쟁자의 진입, 대체품의 위협, 구매자의 협상력, 공급자의 협상력)를 MICE에 적용하면 [그림 1-4]와 같다.

표 1-5 MICE 산업 매력도 분석

산업 내 경쟁자	• 국제적 이벤트 및 순환형 국제회의(예: APEC, ASEM) 등의 유치 시에는 국가 또는 도시들 간의 경쟁 구조를 형성함 • 내부 유치 도시 단계에서는 자국 내 여러 도시 및 지역에서 유치 경쟁이 이루어짐
	• 전시 및 고정형 국제회의(예: WEF, WKF) 등의 개최시에는 보다 많은 참가자 유치와 위상 확보를 위하여 유사 MICE와 상호 경쟁함
	• PCO 및 PEO 조직의 경우, 타 조직과 MICE 기획 및 운영과 관련하여 경쟁함

신규 경쟁자의 진입	• 기존 개최되고 있는 MICE의 경우에는 새로이 개최되는 MICE에 따라 그 위상 및 참가자의 수에 영향 받을 수 있음
	• PCO 및 PEO 조직의 경우, 그 진입 장벽이 높아 신규 경쟁자의 진입이 쉽지 않으나, 해외 PCO 및 PEO의 진입이나 중·소 PCO 및 PEO의 진입과 경쟁할 수 있음
대체품의 위협	• 전시회 및 세미나, 포럼의 경우 사회의 변화가 가속화되며 더 이상 그 필요성을 잃게 되거나 포괄된 개념의 MICE로 통합되는 경우(예: 컴퓨터 전시회와 핸드폰 전시회 등의 전자통신전시회로의 통합)
	• 최근 e-conference 및 e-exhibition의 등장도 대체품 위협의 대표적 사례라고 할 수 있음
구매자의 협상력	• 국제회의 참가자 및 유치 결정자와 전시자 및 전시관람객 등의 선택의 폭이 넓어지고 지출 대비 가치에 대한 평가가 점점 까다로워짐에 따라 각 MICE 마케터들은 보다 신중한 마케팅 및 협상 전략 수립이 필요함
공급자의 협상력	• MICE의 개최를 통해 보다 저렴한 비용으로 최고의 수익을 창출하기 위하여 컨벤션 공급자(예: 컨벤션 센터, 장비업자, 숙박시설, 교통시설 등)와의 전략적 관계 형성 및 협상 전략이 필요함

3.2 동태적 특성

MICE 산업이 첨단 정보 및 기술교류, 인간관계의 형성 등 다양한 목적을 추구하는 고부가가치 산업으로 부상함에 따라 세계 각국은 홍보활동을 강화하고 전시컨벤션센터를 건립하는 등 MICE 유치를 위해서 전략적인 지원을 강화하고 있다.

MICE의 산업은 곧 국가경쟁력(competitiveness)으로 이어진다는 판단 아래, 미국, 호주, 유럽 각국을 비롯하여 아시아의 일본, 싱가포르, 홍콩 등은 관련법을 제정하고 재원보조, 세금감면, 국제회의 도시지정 등의 각종 지원책을 마련하여 국제회의 유치하기 위하여 치열한 경쟁을 벌이고 있다.

MICE 산업은 단순히 회의뿐만 아니라 전시회, 스포츠, 문화예술행사 등과 동시에 개최됨으로써 이를 통해 정치, 경제, 사회, 문화적으로 다양한 파급효과를 창출하고 있다. 또한, 국내에서 국제회의를 개최하는 경우 내국인이 국제회의에 참가함으로써 수입대체효과도 가져올 수 있으며, 도시마케팅과 개최지 브랜드 이미지 제고에 크게 기여한다.

최근에 나타난 세계 국제회의 개최 현황에 따른 향후 전망과 시사점은 다음과 같다.

첫째, 세계 MICE 시장은 국제교류 증대 및 정보기술 발달에 따른 지식, 정보 교류의 필요성 증대 등으로 수요가 꾸준히 늘어나고 있다. 그러나 최근 통신기술의 발달과 테러 불안 등으로 특정 장소에서 참가자들이 직접 만나는 화상회의 등으로 대체되는 경향을 보이기도 한다. 따라서 전체 세계시장 규모는 큰 성장을 기대하기 어려운 바, 국제협회연합(UIA)도 향후 세계 국제회의 시장의 전망이 불투명하다고 예측하기도 한다.

둘째, 세계 각국이 MICE 마케팅 활동을 강화하고, 수용태세를 개선하는 등 MICE 유치에 총력을 기울이고 있어, 향후 국제회의 유치 경쟁은 더욱 치열해질 것이라 전망된다. 특히 아시아지역 국가들은 국가차원에서 MICE 산업을 육성하고 있다. 협회회의의 경우 대륙별로 순회하며 개최되는 특성을 감안할 때 우리나라의 경쟁상황은 더욱 심화될 것이라 예측된다. 그러나 MICE 산업에 대한 범위의 확대로 기업회의 및 인센티브 회의에 대한 관심이 고조되고 있고, 상업적 목적의 회의가 가져다주는 파급효과의 중요성을 인식하면서 새로운 분야의 MICE 등을 블루오션의 전략으로 접근하고 있다.

3.3 산업적 특성

MICE 시장은 세계 경제 및 정치 상황에 매우 민감하게 반응하고 있다. 9.11 테러 이후에 위축되어 있던 MICE 시장은 지속되는 세계 경제의 침체와 정세 불안 등으로 인해 패러다임이 변하고 있는데 이를 구체적으로 살펴보면 다음과 같다.

(1) 불확실한 세계 정치 · 경제 환경과 MICE 산업의 영향력 강화

국제 금융위기와 경기침체가 회복세를 보이지만 브렉시트와 서방국의 대테러 정책 등으로 인한 국제금융 및 유가의 불확실성이 공존하는 국제사회 정세 속에서, 국제사회의 소통과 교류를 주도하는 MICE 산업의 역할과 그 영향력이 증가하는 추세이다.

최근 주목을 받고 있는 '4차 산업혁명' 키워드 역시 다보스포럼으로 불리는 세계경제포럼(World Economic Forum)에서 시작되었으며, 그후 개최된

CES(Consumer Electronic Show), MWC(Mobile World Congress), CeBIT(Center for Bureau, Information, Telecommunication) 등의 MICE 행사와 미디어를 통해서 국제 경제·사회 각 분야로 빠르게 확산되고 있다.

또한 국제사회에서 아시아·태평양 지역의 영향력이 증대됨에 따라, 가장 많은 국제회의를 개최한 한국을 포함한 일본, 중국, 싱가포르, 홍콩, 인도네시아 등의 아시아 국가에서 국제회의산업이 빠른 성장세를 보이고 있다(2017년 UIA 기준).

(2) 회의기간의 단기화 및 회의규모의 양극화 현상

경제의 불확실성으로 인해 국제회의를 개최하는 단체 및 다국적 기업 등이 MICE 예산 지출을 매우 신중하게 집행하면서 회의기간 단축 및 경비절감 경향이 강해지고 있다. 또한 MICE 조직은 보다 실속 있고 투자효과가 즉시 가시화될 수 있는 소규모 회의 개최 경향이 늘어나고 있으며, 협회의 경우 전문화에 의한 소규모 회의와 유관기관과의 합동 회의 등의 대형 회의가 복합적으로 발생되고 있어 회의 규모가 양극화 추세를 보이고 있다.

시장경제의 불확실성, 국제정세의 불확실성, MICE 개최지의 불확실성으로 인해 스폰서 조직의 MICE 행사에 대한 후원이나 조직의 참여 여부가 마지막 순간에 결정되고 있다. 따라서 회의기획가들의 회의 개최 준비기간이 줄어들고 있으며, 일부 호텔과 컨벤션 센터는 취소 위약금에 대한 제약을 완화하는 등 고객 확보에 주력하고 있다.

이러한 패러다임의 변화는 유연한 노동시장을 바탕으로 우수한 전문인력을 단기간에 확보하여 행사를 기획할 수 있도록 국제회의 기획업체가 성공할 수 있는 새로운 시장 환경이 조성되고 있다.

(3) MICE 모바일 APP의 전략적 활용성 및 중요성 증가

행사 예산을 최대한 줄이는 반면, 행사 이익을 극대화하려는 회의 주최기관 및 조직이 증가하고 있다. 따라서 외형적 행사보다는 내실 있는 행사 추진 경향이 지속적으로 증대하고 있다.

American Express Meetings & Events(2017)의 「2017 GLOBAL MEETINGS AND EVENTS FORECAST」에 따르면, 전체 지역 46%~66%의 응답자들은 회의의 성공을 위해 이벤트의 성공을 측정하고 분석하는 모바일 APP의 활용성을 중시

표 1-6 행사 모바일 APP 사용에 주목하지 않을 수 없는 이유

(단위: %)

구분	북미	유럽	중남미	아시아태평양	글로벌호텔경영
커뮤니케이션 향상	41	43	46	47	48
참가자 참여 증대	52	38	26	66	33
참가자 간 네트워크 편익	20	19	24	24	38
발표들의 효과성 측정	5	9	9	9	10
전반적인 행사 효과성 측정	13	21	33	14	24
변경이나 응급상황에 대한 참가자들과의 소통	39	40	41	28	29
전자장비와 관련된 서류 전송	31	31	22	14	19

출처: American Express Meetings & Events North American, European, Asia Pacific, Central/South American and Key Supplier Surveys, August 2016.

하고 있다.

모바일 APP이 MICE 행사의 생산성과 피드백에 대한 양질의 데이터 제공에 많은 도움이 될 수 있다는 점을 주목하면서 이러한 모바일 APP의 전략적 활용 가능성을 MICE 유치 및 개최 제안서에 포함하는 것이 성장과 발전을 위해 중요하다고 강조하고 있다.

MICE 모바일 APP은 현실 대면 행사(face-to-face event)와 가상 행사(virtual event)를 융합하는 형태 즉, 행사 개최 이해관계자 간 참여와 소통 증대 효과를 통한 고객 만족을 전략으로 두면서도 행사의 차별성을 표출하는 혁신의 아이콘으로서의 행사를 구현할 수 있으며, 이는 예산을 절감해 행사의 경쟁력 확보에 기여할 수 있다. 따라서, MICE 모바일 APP의 사용은 아직 생소하고 도전적인 방법이지만 그 활용성이 주목받고 있다.

마지막으로 「2017 GLOBAL MEETINGS AND EVENTS FORECAST」는 이러한 MICE 모바일 APP이 특정 행사에 일회성으로 사용된 후 제거되는 것이 아니라 지속적으로 역할을 가지고 활용될 수 있는 체계가 마련되어야 하며 정보 보안에 대한 인식도 증가하고 있다(표 1-6 참조).

(4) MICE 개최 · 운영 전략의 트렌드 변화

American Express Meetings & Events(2017)의 「2017 GLOBAL MEETINGS

표 1-7 행사 장소 선정에 영향을 미치는 주요 요소

(단위: %)

구분	북미	유럽	중남미	아시아 태평양	글로벌 호텔경영
특정 장소의 필요(공항 및 연수시설, 배후시장 인근 지역 등)	41	45	37	28	38
행사 참석을 위한 항공 이착륙 및 수송 체계의 편리성	40	42	35	33	38
경제·정치적 불안정 요인	17	26	15	24	33
치안 요인	13	27	28	48	10
과거 경험을 기초로 한 고객 요구	21	15	24	10	19
이전 제공된 행사에 대한 기관 또는 회사의 참석 경험	21	11	7	14	24
동료의 과거 경험	11	9	9	9	5
반복적 행사를 위한 개최지	14	14	13	10	14
행사를 위한 '리조트형' 개최지로서의 인식	14	8	7	10	0
통화·외환 시세	5	4	24	9	19
온라인 후기	2	0	2	5	0

출처: American Express Meetings & Events North American, European, Asia Pacific, Central/South American and Key Supplier Surveys, August 2016.

AND EVENTS FORECAST」에 의하면, 자체적으로 시행한 세계 각국의 MICE 주최자를 대상으로 한 설문조사를 보면 개최지 선정을 위한 고려사항에 행사 개최·운영 전략 트렌드의 변화가 두드러지고 있다.

개최지 선정에 있어서는 MICE 개최 장소까지의 항공 이착륙과 수송 체계의 편리성이 전체 설문의 33~42%로 가장 중요한 요소로 나타났다. 또한, 아시아·태평양지역의 48%, 유럽과 중남미 지역의 27~28%가 개최지의 정치·경제적 안정성을 핵심 고려사항으로 꼽았다.

한편, 북미와 중남미 지역의 경우에는 약 21~24%가 과거 경험을 바탕으로 한 고객의 요구사항 및 이전 행사 참석경험 등을 중요하게 생각하고 있는 반면, 유럽 및 아시아·태평양 지역의 경우에는 9~15%로 상대적으로 중요하게 생각하고 있으며, 개최시설 선정에 중요한 요소로 대두하였다. 개최지와 개최시설에서의 참가자 신변 안전 확보와 효율적 위기관리가 중요해지고 있으며, 개최지의 포괄적 개최 지원도 필요하다(표 1-7 참조).

표 1-8 국제 행사 운영전략 요소

(단위: %)

구분	북미	유럽	중남미	아시아 태평양
행사의 ROI(투자대비수익률) 산출법	20	18	26	21
행사 프로그램의 국제적 표준화	34	31	31	46
행사 기획 기술의 활용	37	37	31	41
소셜 미디어 활용	20	9	13	23
행사 상품 및 서비스 관련 지불 수단과 과정	75	61	82	64
행사 상품 및 서비스의 조달·공급	69	54	51	63
안전과 보안	57	53	67	45
제3자 회의 기획자의 기용	44	38	44	38
원하는 호텔·항공·수송 공급자의 사용	64	74	72	63
공유경제 공급자의 활용(ex. Airbnb, Uber)	9	8	18	13
승인 과정	75	68	90	63

출처: American Express Meetings & Events North American, European, Asia Pacific, Central/South American and Key Supplier Surveys, August 2016.

회의 개최·운영 전략에 있어서는 유럽 61%, 중남미 82%, 아시아·태평양 64%, 북미 75%가 행사 비용의 지불 수단과 승인 과정을 중요하게 여겼으며, 전체 지역의 64~72%가 원하는 호텔·항공·수송 체계의 사용 가능성을 고려하고 있다.

또한 행사의 국제 표준, 새로운 회의 기술사용, 제3자 회의 기획자 고용에 대한 관심이 전체의 30~40% 수준 이상으로 증가하고 있다.

마지막으로 공유경제 서비스 사용 가능성을 중요하다고 생각하는 응답자가 북미 9%, 유럽 8%, 중남미 18%, 아시아·태평양 13%로 나타날 만큼 해당 사항이 새로운 전략으로 부상하고 있다(표 1-8 참조).

(5) 지속가능한 MICE에 대한 관심 고조

지속가능한 사회의 실현과 기후변화 등의 사회적 이슈가 등장하면서 MICE 분야에도 환경에 대한 관심이 고조되고 있고, 회의 운영 등에 있어 그린 미팅의 가이드라인이 제시되고, 컨벤션 센터의 운영에서도 친환경적 접근을 해야 한다는 인식이 확산되고 있다.

제 4 절 MICE 파급효과와 학문적 과제

4.1. MICE 산업의 파급효과

소비자주의(Consumerism)의 확산과 더불어 소비자의 욕구가 매우 다양화되고 있는 후기 산업사회에서, MICE는 '사람중심의 비즈니스'로 환대산업에서 계절적인 영향을 가장 적게 받을 뿐만 아니라, 경제적 파급효과가 매우 큰 산업으로 각광을 받고 있다.

각국은 전략적으로 MICE을 유치하기 위한 치열한 경쟁적 노력과 함께 MICE 개최를 통하여 관광목적지의 이미지를 제고하기 위한 정책의 수립과 이를 달성하기 위한 민·관 협력차원에서의 통합적 마케팅 활동을 다양하게 전개하고 있다. 이와 같은 활동들은 MICE 산업이 지역사회에 소득, 고용, 세수와 같은 직·간접인 경제적 효과를 창출하고 있다는 연구결과들에서 그 타당성을 부여받고 있다.

MICE 산업은 앞에서 설명한 바와 같이 단순히 회의뿐만 아니라 회의시설, 숙박, 교통, 시청각 기자재 등 MICE의 기획에서 진행에 이르기까지 필요한 관련 산업이 상호 유기적으로 결합된 하나의 시스템 산업이기 때문에 경제적 측면의 효과를 산업 연관적으로 창출하고 있다.

그리고 이외에도 MICE를 개최함으로써 발생하는 파급효과는 개최도시나 해당 국가의 여건에 따라 다양하고 광범위하게 나타나지만, MICE 개최지의 이미지 제고를 비롯한 지역의 홍보효과 등 정치·사회·문화·관광진흥의 측면으로 나타나는 유·무형의 파급효과가 매우 크다.

따라서 세계 각국은 MICE의 유치로 기대되는 여러 가지 파급효과를 높이기 위하여 국가적 차원에서 MICE 산업의 육성을 적극 지원하고 있다. 이러한 노력의 일환으로 각국은 국제회의 유치를 전담하는 기구(Convention and Visitors Bureau: CVB)를 설립하게 되었고, 국가의 관광기구(National Tourism Organization: NTO)는 대외적인 광고·홍보에 전력하고 있어 오늘날 MICE 산업은 세계 전역에서 급속하게 팽창해 가고 있다. MICE 개최를 통하여 파생되는 효과를 요약하면 [그림 1-5]와 같다.

그림 1-5 MICE 산업의 파급효과

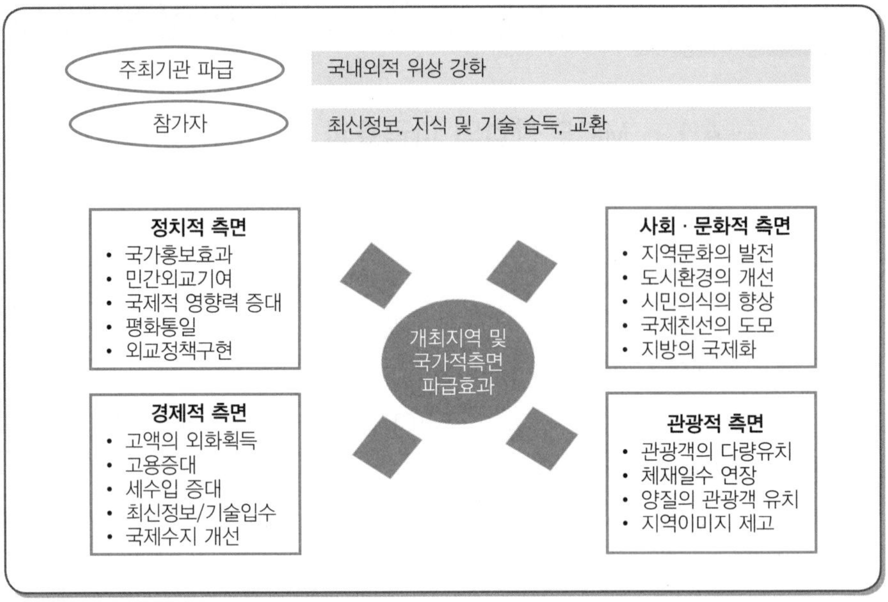

(1) 경제적 측면의 파급효과

MICE를 개최함으로써 얻어지는 경제적 측면의 효과는 MICE개최로 국민경제가 양적으로 증가하는 현상을 의미한다. MICE 산업은 하나의 종합적인 서비스산업이기 때문에 서비스업을 중심으로 사회 각 분야에 미치는 승수효과가 매우 크다.

따라서 MICE 개최로 얻어지는 MICE 개최국의 소득향상 효과와 고용증대효과(MICE 참가자의 지출, 서비스산업의 증가에 따른 고용창출 및 소득창출), 세수증가효과(관련산업의 발전으로 인한 법인 및 개인소득세 증가) 등 개최국의 경제 전반의 활성화에 기여하게 된다.

MICE 산업이 국민경제의 발전에 기여하는 비중은 여러 가지 형태의 양적 지표와 질적·구조적 지표를 통해 측정될 수 있기 때문에 MICE 산업도 관광산업과 마찬가지로 외화획득, 고용창출, 재정수입증대, 국제수지의 개선을 통해 국민경제의 발전에 기여하게 된다.

(2) 사회문화적 측면의 파급효과

MICE가 개최되는 빈도수가 증가함에 따라 개최국이나 개최지의 관련 분야가 질적으로 향상됨은 물론 일반 국민들의 의식수준 향상을 통해 선진화를 도모할 수 있다.

또한 MICE는 개최국과 개최지에 대한 홍보활동을 전 세계적으로 확산시킬 수 있으며, MICE 참가자는 사회 각 분야에서 영향력을 행사할 수 있는 사회 각계각층의 지도자들로 구성되는 것이 일반적이기 때문에 개최국의 국제적 지위향상, 문화교류, 민간차원의 외교활성화 등을 기대할 수 있다.

MICE가 지방으로 분산 개최되는 경우에는 지역주민은 외국과의 직접적인 교류를 통해 새로운 지식과 정보의 교환이 가능해 지고, 참가자와 지역주민 간의 접촉을 통한 지역주민의 국제적 감각을 고양시킬 수 있으며, MICE 개최기간 중 개최지는 정보의 중심지가 되어 개최지역 주민들의 지적 자극을 통한 시민의식의 향상 등 교육적 파급효과도 기대된다.

MICE 개최 기간 중에는 국·내외로부터 많은 사람들이 모이게 되므로 MICE에 필요한 직접적인 시설의 확충뿐만 아니라 사회기반시설의 정비가 이루어지기 때문에 지역주민의 생활환경이 크게 향상되어 지역의 균형발전을 도모함은 물론 나아가 지방의 국제화에도 크게 기여할 수 있다.

(3) 정치적 측면의 파급효과

MICE는 그 규모나 성격 면에서 통상 수 십 개국의 대표들이 대거 참가하게 되고 이들은 자국에서 높은 사회적 지위를 누리고 있거나 정부기관 또는 사회 각 분야에서 영향력을 행사할 수 있는 사회 지도급 인사들인 경우가 대부분이기 때문에 이들의 MICE 참가는 민간 외교의 활성화는 물론이고 개최국의 국제적 지위 향상이나 국가의 홍보에 기여하는 바가 매우 크다.

특히 MICE는 정치적 이념을 달리하는 국가 간에 커뮤니케이션이 이루어질 수 있는 계기가 되기 때문에 장기적으로는 이념의 차이를 줄이고 이념적 동질성을 이룩할 수 있는 계기가 된다. 또한 MICE는 개최국 또는 개최지 국민과 MICE 참가자들 간의 교류를 촉진시키며, 국제간의 이해를 증진시키는 장으로 활용됨으로 국제관계 개선에도 많은 기여를 하게 된다.

(4) 관광진흥 측면의 파급효과

MICE가 개최되는 경우 MICE 참가자의 규모가 보통 몇 백 명에서 수 천 명 이상의 규모가 보통이기 때문에 MICE의 유치는 곧 대량 관광객의 유치로 이어질 수 있다.

또한 MICE를 유치하는 경우 MICE 참가자들에 대한 판촉활동을 계획적·집중적으로 전개할 수 있는 계기가 되고, 특히 MICE 전·후 관광을 통해 기존 관광상품 및 신규상품을 집중적으로 소개함으로써 우리나라의 전통문화나 관광지에 대한 인식을 새롭게 하고 체재기간 동안 체험한 우리나라에 대한 깊은 인상을 귀국 후에 주위에 전파하게 되므로 장기적으로는 우리나라의 관광홍보에 큰 파급효과를 가져올 수 있다. 이외에도 MICE를 유치함으로써 얻을 수 있는 관광진흥측면의 파급효과로는 체재기간의 연장과 평균 외화소비액의 증가를 들 수 있다.

4.2. MICE의 학문적 과제

미국의 경제학자 조셉 파인(Joseph Pine)은 21세기 경제를 경험경제(experience economy)라 규정하고 있다. 경제적 가치가 '필수품'에서 '상품'으로, '상품'에서 '서비스'로, '서비스'에서 '경험'으로 진화해나가는 과정을 언급하고 있다.[6] 소비자는 상품이 아니라 상품에 담겨있는 스타일과 이야기, 경험과 감성을 구매하고 있으며, 21세기 경험재의 대표적인 상품이라 할 수 있는 'MICE 상품'은 경험경제에 있어서 그 중요성이 더욱 커지고 있다.

한편, MICE 산업은 첨단 정보 및 기술교류, 인간관계의 형성 등 다양한 목적을 추구하는 고부가가치의 신종 산업으로 부상하고 있으며, MICE 산업이 단순히 국제회의만을 육성하기 위한 것이 아니라 관광분야의 모든 업종을 종합화하고 상호간의 시너지 효과를 창출하는 메커니즘을 가진다.

MICE 산업이 가지고 있는 동태적인 특성과 MICE가 관광산업을 주도하는 핵심적인 역할의 수행, 타 분야(예, 무역, 금융, IT 등)를 융합하여 부가가치를 높이는 현상들을 볼 때, MICE 산업에 대한 새로운 시각은 중요한 의미를 가진다.

뿐만 아니라 21세기 정보화 시대와 더불어 특정 도시나 지역에서 새로운 지식경영의 한 수단으로 주목받고 있는 MICE 산업은 관광, 레저, 숙박, 유통, 식음료, 교통, 통신산업 등을 포함하는 종합적인 산업으로서 고용 창출, 외화획득, 세수증대 기회창출 등을 통해 지역경제의 활성화에 기여하는 경제적 파급효과 뿐만 아니라 개최지역의 국제적인 인지도 향상, 개최도시의 이미지 개선,

---

6 김철원(2011), 「컨벤션 마케팅」, 법문사.

개최지역 주민의 교육, 문화적 체험기회를 제공하는 등 사회·문화적 파급효과가 매우 크기 때문에 지식과 정보의 유통을 촉진하는 고부가가치의 지식기반 산업의 핵심산업이라 할 수 있다.

그러나 MICE 분야는 학문적 관점에서 성숙단계는 아니다. MICE 학문의 체계성과 논리성을 갖추기 위한 사회과학적 이론과 방법론이 활발하게 논의되어 MICE 현상을 좀 더 심층적으로 분석하여야 할 것이다. 산업적으로 아무리 유망한 분야라고 외쳐도 현상에 대한 학문적 정립이 없다면 그 가치에 대한 평가는 매우 유보적일 것이다.[7]

어떤 분야가 학문으로서 자리매김을 하기 까지는 다양한 각도에서의 연구가 끊임없이 이루어지고 축적되어가는 과정이 요구된다. 유럽 및 북미의 컨벤션 산업 역사는 길게는 10여년 짧게는 50여년 정도이다. 최근 미국의 PCMA, MPI 등 컨벤션 관련 협회는 산하 교육재단을 통해 컨벤션 관련 교재와 교육과정을 개발해오고 있다. 국내에서는 1996년 국제회의 육성법 제정 이후 컨벤션 센터의 건립과 더불어 여러 연구·교육 분야에서도 학문으로서의 정착을 위한 노력이 시작되었다.

컨벤션 학문은 아직 학문의 영역으로 논하기 어려울 정도로 많은 과제를 안고 있다. 최근에는 컨벤션 분야가 MICE(Meetings, Incentive Travel, Convention, Exhibition)으로 확대되고 심지어는 event의 모든 분야를 포괄하고 있다.

학문적 관점에서 MICE 분야의 대 융합화, 통섭, 학제간의 연구 강화의 필요성을 인지하게 된다. 이러한 추세에서 최근에는 MICE 영역 확대와 패러다임 변화로 괄목할만한 연구 성장이 이루어지고 있다. 하지만, 실용적인 면이 강한 MICE을 학문적으로 정립하고 현상을 진단하는 데 활용할 수 있게 하기 위해 현상을 설명하고 이론을 체계화하여야 한다.

이제 학문적 도약이 기대되는 현 시점에서는 이론적 창의성과 연구방법론의 다양성을 요구하고 있고, 특히 학제간의 연구뿐만 아니라 다학문간의 접근도 요구하고 있다. 이는 MICE 학문만의 이론적 체계를 수립하고 MICE 학문의 체계를 만드는 전초가 될 것이다[8].

뿐만 아니라 MICE 학문의 독창적이고 창조적 학문으로 만들기 위해서

7 김철원·박유미·이향정(2005), 컨벤션 개최지의 이미지가 만족도 및 사후반응에 미치는 영향, 「관광학연구」, 28(4), 273-294.
8 김철원(2007), 컨벤션학에도 바람이 부는가?, 「컨벤션연구」, 16, 1-2.

는 우리 모두 MICE 현상에 대한 새로운 사고의 틀을 가져야 한다. 일찍이 Kuhn(1970)[9]은 패러다임에 대하여 언급한 바 있다. 패러다임은 연구를 이끄는 '존재론적(ontology), 인식론적(epistemology), 방법론적(methodology) 전제를 형성하는 기본적 신념체제'로 규정하였다.

MICE 연구의 진실된 접근을 위하여 우리는 상기의 3가지 전제를 음미할 필요성이 있을 것이다[10]. MICE의 실체를 파악하고, 이를 현상적으로 인식하고, 과학적 방법론을 통하여 실증분석하고, 새로운 이론 체계를 창출하는 노력이 있어야 할 것이다. 실용적인 분야이지만 다양한 분야와 융복합화하면서 통섭을 요구하는 분야이기 때문에 학문적으로 연구의 가치가 높은 분야이다. 그래서 MICE는 관광학을 포함한 서비스 학문의 패러다임의 전환을 이끌 수 있는 분야이다(MICE serviceology).

사례

Mice Marketing Management

국제회의 복합지구

국제회의산업 집적을 통해 산업 생태계 및 지역 국제회의산업의 차별화와 특성화를 유도하고 도시브랜드 마케팅 확대 등 국제회의산업의 경쟁력을 강화하기 위하여, 2015년 3월에 「국제회의산업 육성에 관한 법률」시행령이 개정되어 국제회의 복합지구 및 국제회의집적시설 지정 등에 관한 조항이 신설되었다.

「국제회의산업 육성에 관한 법률」의 제2조(정의)에서 '국제회의 복합지구'와 '국제회의 집적시설'로 나누어 정의하고 있다.

1. 국제회의복합지구의 법률적 개념

'국제회의 복합지구'란 국제회의시설 및 국제회의집적시설이 집적되어 있는 지역으로서 제15조2(국제회의복합지구의 지정 등)에 따라 지정된 지역을 말하며 내용은 다음과 같음

① 특별시장·광역시장·특별자치시장·도지사·특별자치도지사(이하 "시·도지사"라 한다)는 국제회의산업의 진흥을 위하여 필요한 경우에는 관할구역의 일정 지역을 국제회의복합지구로 지정할 수 있다.

② 시·도지사는 국제회의복합지구를 지정할 때에는 국제회의복합지구 육성·진흥계획을 수립하여 문화체육관광부장관의 승인을 받아야 한다. 대통령령으로 정하는 중요

9 Kuhn, T. S.(1970), The Structure of Scientific revolutions(2ne eds.), Chicago. University of Chicago Press.

10 김철원(2008b), 컨벤션은 관광학을 포함한 서비스 학문의 패러다임, 「컨벤션연구」, 19, p. 5.

한 사항을 변경할 때에도 또한 같다.

③ 시·도지사는 제2항에 따른 국제회의복합지구 육성·진흥계획을 시행하여야 한다.

④ 시·도지사는 사업의 지연, 관리 부실 등의 사유로 지정목적을 달성할 수 없는 경우 국제회의복합지구 지정을 해제할 수 있다. 이 경우 문화체육관광부장관의 승인을 받아야 한다.

⑤ 시·도지사는 제1항 및 제2항에 따라 국제회의복합지구를 지정하거나 지정을 변경한 경우 또는 제4항에 따라 지정을 해제한 경우 대통령령으로 정하는 바에 따라 그 내용을 공고하여야 한다.

⑥ 제1항에 따라 지정된 국제회의복합지구는 「관광진흥법」 제70조에 따른 관광특구로 본다.

⑦ 제2항에 따른 국제회의복합지구 육성·진흥계획의 수립·시행, 국제회의복합지구 지정의 요건 및 절차 등에 필요한 사항은 대통령령으로 정한다.

2. 국제회의 집적시설의 법률적 개념

'국제회의집적시설'이란 국제회의 복합지구 안에서 국제회의시설의 집적화 및 운영 활성화에 기여하는 숙박시설, 판매시설, 공연장 등 대통령령으로 정하는 종류와 규모에 해당하는 시설로서 제15조의3에 따라 지정된 시설을 말하며 내용은 다음과 같음

① 문화체육관광부장관은 국제회의복합지구에서 국제회의시설의 집적화 및 운영 활성화를 위하여 필요한 경우 시·도지사와 협의를 거쳐 국제회의집적시설을 지정할 수 있다.

② 제1항에 따른 국제회의집적시설로 지정을 받으려는 자(지방자치단체를 포함한다)는 문화체육관광부장관에게 지정을 신청하여야 한다.

③ 문화체육관광부장관은 국제회의집적시설이 지정요건에 미달하는 때에는 대통령령으로 정하는 바에 따라 그 지정을 해제할 수 있다.

④ 그밖에 국제회의집적시설의 지정요건 및 지정신청 등에 필요한 사항은 대통령령으로 정한다.

3. 국제회의 복합지구 지정요건

「국제회의산업 육성에 관한 법률 시행령」을 통해 국제회의복합지구 및 국제회의집적시설의 지정과 재정 지원 근거를 마련하였고, 하위법령인 시행령에서 국제회의복합지구의 지정요건 및 지정절차를 정하고 국제회의집적시설의 종류, 지정요건, 지정절차를 구체화하여 국제회의 유치·개최의 거점인 컨벤션센터를 중심으로 숙박시설, 판매시설, 공연장의 집적화를 유도하는 제도적 기반을 마련(문화체육관광부, 2015)

4. 국제회의 복합지구 지정 혜택

2015년 국제회의복합지구 및 국제회의집적시설 제도 도입을 주요로 하는 「국제회의산업 육성에 관한 법률(2015. 3. 3.발표)」 개정으로 국제회의복합지구는 관광특구로 간주되어 관광기금 융자, 옥외광고물 허가기준 완화 등 혜택 부여와 국제회의시설 및 국제회의집적시설 관련 법률에 따라 개발부담금, 교통유발부담금 등 5개 부담금을 감면받을 수 있는 근거가 마련되었다.

생각해 볼 문제

01 우리나라 MICE를 육성하기 위한 법률 체계에 대하여 논의해보자.

02 UIA(Union of International Association)와 ICCA(International Congress and Convention Association) 최근 통계를 조사하여 아시아태평양 국가 혹은 도시의 현주소를 진단해보자.

03 우리나라 국제회의 복합지구 지정 실태를 자세히 분석해보자.

제 2 장

MICE 마케팅의 개념

학습 개요

MICE 마케팅을 이해하기 위해서는 마케팅의 개념이 형성되는 과정, 마케팅의 정의 및 마케팅의 변천과정을 이해할 필요가 있다. MICE 마케팅은 일반 마케팅을 근거로 MICE 분야에 적용되는 특수 마케팅 분야이기 때문이다. MICE는 서비스 분야로 일반 제품 마케팅에 대한 일방적 접근은 오류를 만들 가능성이 있다. 서비스의 개념과 서비스 마케팅을 살펴봄으로써 MICE 분야에 적용될 수 있는 MICE 마케팅의 특수성을 이해할 수 있을 것이다.

이런 관점에서 본 장에서는 일반 마케팅의 개념, 서비스의 개념, MICE 서비스의 개념, 그리고 MICE 마케팅의 개념을 학습하고자 한다.

제 1 절 마케팅의 개념

1.1. 연구대상으로서의 마케팅

산업 중심의 사회에서 후기산업사회[1]로 넘어가면서 '소비자 주권'(consumerism)이 등장하고 성장위주의 기존 패러다임(DSP: Dominant Social Paradigm)이 많은 문제점을 양산하면서 서로 상생하고 지속가능한 사회를 만들어 나가려는 새로운 패러다임(NEP: New Environmental Paradigm)이 나타나고 있다.

기업도 생산중심적 사고가 민감하게 변화하는 고객의 욕구를 충족시킬 수 없음을 인식하고, 고객의 잠재적 욕구와 현재적 욕구를 파악하고 이를 충족시키고자 하는 고객 중심적 접근을 기업의 생존 전략으로 받아들이고 있다(그림 2-1 참조).

그림 2-1 패러다임의 전환

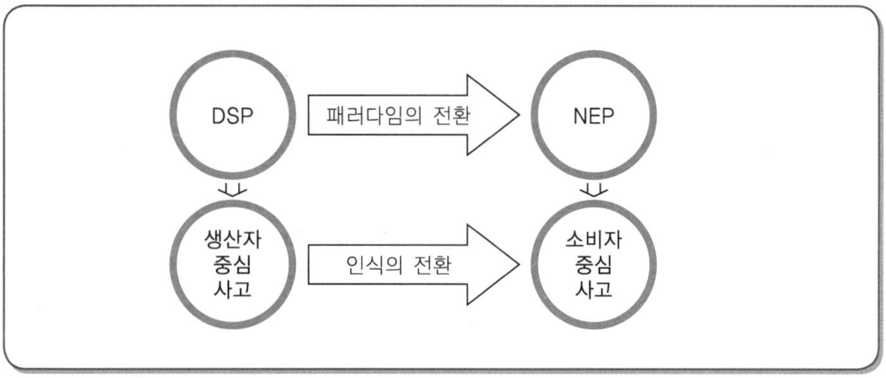

특히 최근에는 후기감성주의 사회(post-emotional society)의 도래로 고객들이 타인의 반응에 민감하고, 감성적 유행에 쉽게 몰입하는 특성을 보이고 있다. 따라서 기업은 치열한 경쟁적 상황에서 지속가능한 경쟁적 우위(sustainable competitive advantage)를 확보하기 어려운 환경에 직면하고 있다.

무엇보다도 고객이 무엇을 생각하고, 어떤 태도를 형성하면서 행동을 할

1 현대 산업사회의 흐름은 산업혁명을 기점으로 산업사회 이전, 전기산업사회로 구분되고, 기술혁명을 기점으로 전기와 후기 산업사회로 구분됨. 또한 정보통신화를 기점으로 후기산업사회와 정보화 사회로 구분됨. 산업사회의 흐름을 결정하는 요소에는 개성과 경제성이 측정 변수로 작용한다.

것인가에 대한 이해 없이는 기업 활동의 효율성과 효과성을 창출할 수 없을 것이다. 고객을 이해하고 시장을 이해하고 주변 환경적 요소 등을 이해하기 위해서는 폭넓고 심층적인 접근이 필요하다.

이를 위해서 오늘날 마케팅의 연구는 학제간의 연구(interdisciplinary approach)인 통섭이 무엇보다도 요구된다.

이에 마케팅은 심리학, 사회학, 사회심리학, 경제학, 수학, 통계학, 인류학 등 다양한 학문적 지식체계가 필요한 분야이다. 또한 마케팅은 제품의 영역을 넘어 서비스 영역에서도 중요하게 다루고 있어 서비스 분야인 호텔, 관광, 컨벤션, 외식, 의료, 교육 등 다양한 분야에 응용되고 있다(그림 2-2 참조).

그림 2-2 마케팅의 학제 간 연구

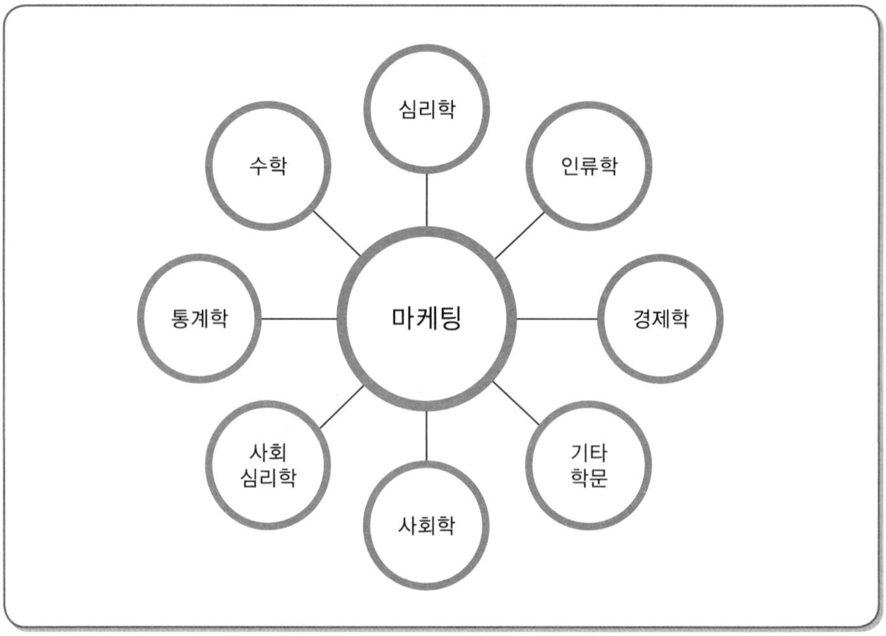

1.2. 마케팅 개념의 전제

마케팅은 학문적 체계를 갖추지 않은 채 수시로 변화하는 상황에 기술적으로 대처하는 예술 혹은 기술이라고 간주되곤 한다. 그러나 인간의 사회적 현상을 이해해야 하고, 소비자 행동의 일정한 틀을 설명할 수 있다는 측면에서 마케팅은 분명히 학문적 영역에서의 과학(science)이다. 마케팅 개념은 사회적 현상을 이해하고 고객에 대한 진실을 규명할 수 있도록 포괄성과 일관성을 가진 이론적 틀을 가져야 한다.

마케팅의 목표는 고객이 가지고 있는 필요(needs)와 원하는 것(wants)을 찾아내어 이를 만족시키는 '고객만족'(customer satisfaction)과 이를 통하여 기업의 생존과 성장을 의미하는 '경쟁적 우위'(competitive advantage)를 확보하는 것이다(그림 2-3 참조). 즉, 마케팅은 인간이 '어떤 기본적인 만족이 결핍된 상태'인 필요(needs, 본원적 욕구)와 '필요를 만족시켜 주는 수단에 대한 구체화된 바람'을 나타내는 욕구(wants, 구체화된 욕구)를 이해하는 데서 출발한다.

그림 2-3 교환과정

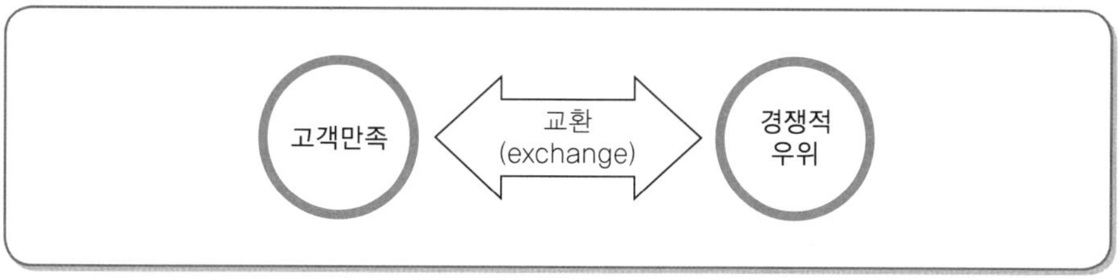

그러나 고객들은 자신의 니즈를 잘 알고 있을까? 꼭 그런 것은 아니다. 휴대폰을 생각해 보면, 휴대폰을 갖고 있는 사람이 극소수에 불과할 때, 일반적인 고객은 휴대폰에 대한 욕구가 없었지만, 지금은 어떠한가? 거의 모든 소비자들이 휴대폰을 필요로 하고 원하며, 더 나아가 부가적인 기능을 비롯한 구체적인 욕구들이 생겨나고 있다.

그 욕구와 필요는 20년 전에는 전혀 존재하지 않던 '니즈'이며, 이처럼 니즈는 고객이 느끼는 니즈(articulated needs)가 있는 반면, 전혀 느끼지 못하고 있지만 니즈가 될 수 있는 부분(unarticulated needs)이 있다. 마케팅에서 중요한 부분은 소비자가 느끼는 니즈 중에 충족되지 못한 부분과(articulated needs which is not served) 느끼지 못하고 있는 잠재적 니즈(unarticulated needs)를 합한 부분이다(그림 2-4 참조).

그림 2-4 고객의 욕구

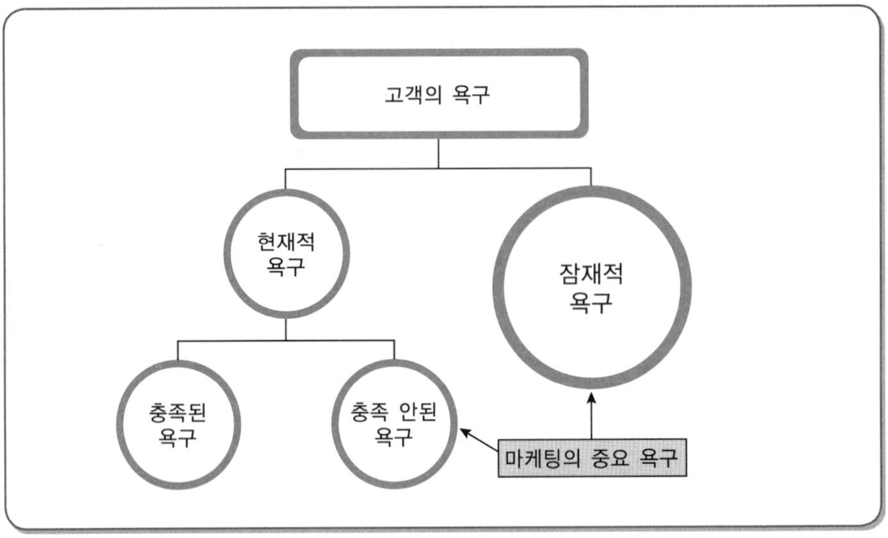

1.3. 마케팅의 개념

P. Kotler[2]의 정의에 따르면 마케팅이란 교환과정을 통한 욕구와 욕망을 충족시키기 위해 지향된 인간 활동으로 "Marketing is human activity directed at satisfying needs and wants through exchange process"라고 정의하였다. 마케팅은 교환과정 속에서 가치가 창출된다는 것이다.

AMA(American Marketing Association, 1985)의 정의를 보면 마케팅은 개인 및 조직의 목표달성을 위한 교환 창출을 목적으로 하고, 마케팅의 객체인 재화(good and service)와 아이디어를 대상으로 하며, 그 대상의 개념화, 가격결정, 프로모션과 유통을 기획하고 실행하는 활동과정으로 명시하고 있다. (Marketing is the process of planning and executing the conception, pricing, promotion and distribution of ideas, goods and service to create exchanges that satisfy individual and organizational objectives.)

마케팅의 정의는 상기와 같이 개념적으로 정리될 수 있다. 그러나 현실적으로 마케팅을 잘못 이해하는 경향이 많다. 즉, 사람들은 마케팅이 무엇인가, 그리고 마케팅이 기업에 무엇을 해 줄 수 있는가에 대해서 잘 알지 못한다. 대부분의 사람들이 공통적으로 지닌 잘못된 마케팅 관점은 다음 두 가지의 관점

2 P. Kotler, Principles of Marketing, 2nd ed., Englewood Cliffs, N.J.: Prentice-Hall, Inc, 1983.

에서 지적된다(Kotler, 1999).

첫째, 마케팅을 판매라고 오해한다. 판매가 마케팅의 일부이기는 하나, 마케팅은 판매를 훨씬 뛰어넘은 영역이라 할 수 있다. 피터 드러커는 "마케팅의 목적은 판매를 불필요하게 하는 것"이라고 보았다. 드러커가 의미하는 바는 마케팅의 임무는 "소비자들의 충족되지 못한 욕구를 발견하고, 그것을 충족시킬 방법을 마련하는 것"이다.

소비자들의 욕구 발견과 만족을 통하여 소비자들은 생산자가 되고 소비자가 되기도 하는 프로슈머(prosumer)이므로 기업의 판매는 불필요하다는 것이다. 오늘날 구전의 효과(word of mouth), 더 나아가 바이러스 마케팅이 중요한 의미를 갖는 이유는 마케팅은 판매가 아니라는 명제에서 찾아볼 수 있다.

마케팅은 판매 이전의 과정, 판매과정, 판매 이후의 결과까지 관리해야 하는 동태적(dynamic)이고 복합적인 특성을 가지고 있다. 그래서 마케팅 비용을 단순히 기업의 원가로 보는 것은 위험한 생각이다. 마케팅은 투자의 관점에서 장기적 성과를 도출하는 활동으로 이해해야 한다.

두 번째의 오해는 마케팅은 마케팅 부서의 일이라고 인식하는 점이다. 연구개발, 구매, 생산, 물류, 회계, 재무, 홍보 등 모든 부서가 고객중심적 사고를 가져야 그 기업이 성공할 수 있다. 제품이나 서비스를 연구하고 개발하는부서에서 고객관점에서 생각하지 않는다면 그 상품은 시장에서 외면당할 수밖에 없다.

전 부서가 마케팅 부서가 되어야 그 기업이 지속가능성을 가지고 살아남을 수 있을 것이다. 우리 주변에 흔히 마케팅은 마케팅부서의 일이라고 생각하여, 마케팅 부서이외에는 고객을 배려하지 않아 경쟁력을 상실한 기업들을 많이 볼 수 있다.

Kotler는 그의 저서 「미래형 마케팅」에서 구시대적인 마케팅을 네안데르탈 마케팅(Neanderthal marketing)이라고 칭하고, 몇 가지 나쁜 관행들을 지적하였다[3](그림 2-5 참조).

- 마케팅을 판매와 동등하게 여긴다.
- 고객관리 보다는 고객유치(customer acquisition)에 중점을 둔다.
- 고객의 생애가치(customer lifetime value)를 관리하기 보다는 각각의 거

3 P.Kotler(1999), *Kotler on Marketing*, 「미래형 마케팅」(김정구 역, 세종연구원), pp35-36에서 인용

그림 2-5 구시대적 마케팅과 현대적 마케팅 비교

네안데르탈 마케팅 (Neanderthal Marketing)	창조적 마케팅 (Creative Marketing)
마케팅 = 판매	마케팅 = 가치창출
고객 유치 중점 (customer acquisition)	고객 관리 중점 (customer management)
고객 거래 이익 추구 (short-term benefit)	고객 생애가치 추구 (customer lifetime value)
비용마진가격 전략 (marking up cost)	목표가격 전략 (target pricing)
개별적 마케팅 커뮤니케이션 계획	통합적 마케팅 커뮤니케이션 전략
상품 판매에 중점	고객 욕구 충족에 중점

래에서 이익을 올리려고 한다.

- 목표가격 전략(target pricing)보다는 비용 마진(marking up cost)에 근거해서 가격을 측정한다.
- 마케팅 커뮤니케이션 도구를 통합하지 않고 각각을 개별적으로 계획한다.
- 고객의 실제 필요를 이해하고 만족시키기 보다는 상품을 판매하는 데 중점을 둔다.

Kotler는 구시대적인 마케팅의 극복은 창조적이며 고객 중심적 사고만이 해결할 수 있다고 지적하며, 마케팅 활동을 세 가지 수준으로 구별할 필요성이 있다고 주장한다. 즉, 반응형 마케팅(responsive marketing), 예견형 마케팅(anticipative marketing), 그리고 필요창조형 마케팅(need-shaping marketing)이다.

반응형 마케팅은 고객들 자신이 알고 있는 충족되지 않은 욕구를 발견하여 이를 충족시켜 주는 마케팅이고, 예견형 마케팅은 발생중이거나 아직 숨어 있는 욕구를 발견하여 이를 충족시켜 주는 것이다. 필요창조형 마케팅은 아무도 필요로 하지 않거나 생각조차 하지 못한 상품이나 서비스를 출시하여 소비자의 잠재된 욕구를 현재화시키는 마케팅이다.

이는 시장을 추종하는 마케팅(market-driven marketing)이냐, 시장을 주도

그림 2-6 마케팅 활동의 세 가지 수준

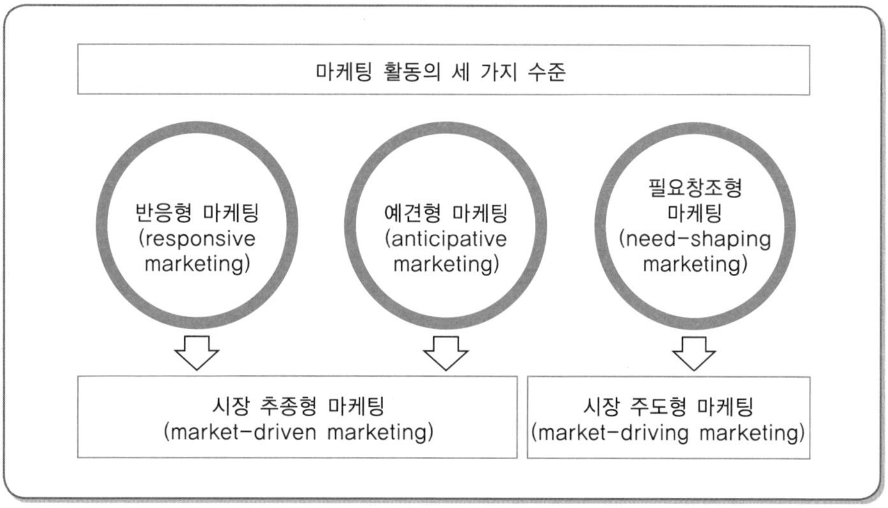

하는 마케팅(market-driving marketing)이냐의 차이로 구분될 수 있으며, 현대 마케팅은 시장추종과 함께 주로 시장을 주도하는 마케팅에 초점을 두어야 한다(그림 2-6 참조).

제 2 절 서비스의 분류 및 MICE 서비스

2.1. 제품과 서비스의 구분

Kotler(1997)는 상품을 순수 유형적 제품, 무형적 서비스를 수반한 유형적 제품, 유형적 제품을 수반한 무형적 서비스, 그리고 순수 무형적 서비스 등 4개 범주로 구분하였다.

Shostack(1977)은 [그림 2-7]과 같이 상품의 범주분석에서 유형 우세 제품으로부터 무형 우세 서비스에 이르기까지 그 사이에서 변동하는 유형성 스펙트럼이라고 알려진 상품 연속체를 통하여 모든 상품은 유형적 제품과 무형적 서비스의 혼합물로 구성된다고 설명한다.

MICE는 완전 무형적 특성을 가지는 교육, 컨설팅 서비스가 있고, 패스트푸

그림 2-7 제품과 서비스의 구분

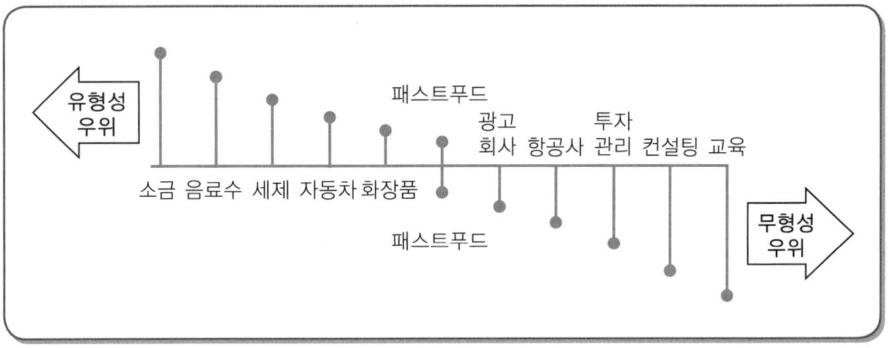

드 식당처럼 유형적 요소와 무형적 요소가 배합된 서비스로 분류할 수 있다.

2.2. 서비스의 속성

Zeithmal, Parasuraman, & Berry[4]는 무형성(intangibility), 생산과 소비의 비분리성(inseparability, 동시성), 소멸성(perishability), 변동성 혹은 이질성(heterogeneity)을 네 가지 서비스 속성으로 규명하였다(그림 2-8 참조).

서비스 마케팅에서 상기 네 가지의 속성은 매우 중요한 의미를 가지며, 네 가지 속성 때문에 서비스 마케팅에 어려움이 존재하고, 이를 극복하는 것이 서비스 마케팅의 핵심이라고 할 수 있다.

그림 2-8 서비스의 속성

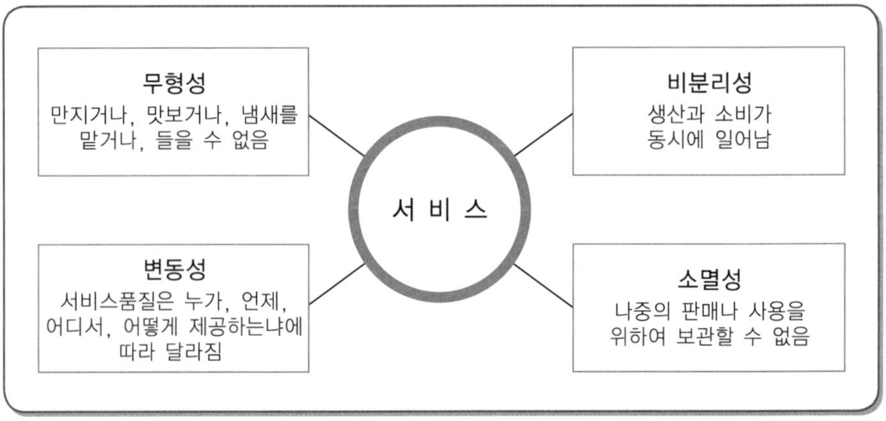

4 Zeithmal, Parasuraman, & Berry(1985).

무형적 속성을 극복하기 위해서는 우선 서비스가 어떠한 형태인지를 파악할 필요성이 있고, 실체적 단서를 추출할 필요성이 있으며, 인적 접촉을 강화하고, 구전의 중요성을 인식하여 이미지 관리가 필요하며, 구매 후의 커뮤니케이션 강화가 요구된다.

서비스는 생산과 소비가 동시에 일어나기 때문에 대량 생산이 불가능하고, 사전 테스트가 불가하며, 사전에 품질을 통제하기가 어려우므로 서비스 종사자의 선발 및 교육을 철저하게 할 필요성이 있으며, 이와 함께 고객관리가 중요하고, 여러 지역에 서비스망을 구축할 필요성이 있다.

이질성의 속성은 서비스의 생산 및 인도 과정에서 여러 가변적 요소가 많기 때문에 한 고객에 대한 서비스가 다음 고객에 대한 서비스와 다를 가능성이 많다. 즉, 서비스는 동질적이지 않고, 변동성이 높으며 규격화, 표준화가 어렵기 때문에, 고객에 따른 개별화가 필요하다. 서비스의 효용은 소비자의 주관으로 평가하는 경우가 많으므로, 제공되는 서비스의 개성화를 통해 다양한 고객욕구에 대응할 필요성이 있다.

이 밖에 서비스는 물건이 아니라 일련의 행위 또는 과정이며, 서비스는 소유권의 이전을 수반하지 않고, 서비스의 주요 가치는 구매자와 판매자의 상호작용에서 효용을 창조하는 부수적인 특성을 가진다.

또한 서비스는 주로 인적 자본에 의존하며, 서비스의 수요와 공급에는 시간적, 공간적 조정이 중요한 요소이며, 서비스의 평가는 주로 고객에 의해 주관적으로 이루어진다. 〈표 2-1〉은 서비스 특성에 따른 문제점에 대한 대응

표 2-1 서비스 특성에 따른 대응전략

서비스의 특성	문제점	대응전략
무형성	• 특허로 보호가 어려움 • 외형적 특성을 설명하기 곤란함 • 가격설정의 기준이 불명확함	• 실체적(물리적) 단서를 강조 • 구전활동을 적극 활용 • 이미지 관리
비분리성	• 서비스 제공시 고객이 개입 • 집중화된 대규모생산이 곤란	• 종업원의 선발 및 교육에 대한 세심한 고려 • 고객 관리 철저
이질성	• 표준화와 품질통제가 곤란	• 서비스의 표준화 또는 개별화 전략 시행
소멸성	• 재고로 보관하지 못함	• 수요와 공급의 효율적 관리

자료: 이유재, 「서비스 마케팅」, 2005.

전략을 요약한 것이다.

2.3. 서비스의 분류체계

서비스는 매우 광범위하여 심층분석이 어렵고, 산업별로 특성을 가지고 있어 일반화하기가 어려운 경향이 있다. 그러므로 서비스에 대한 이론적 연구를 위해서는 각 산업 간의 공통점을 찾아 일반적으로 분류체계를 이해하는 것이 중요하다.

Myra Mabel Perez-Rivera는 서비스를 6가지 수준으로 분류하고 각 수준 내에서도 세부적 항목으로 나눔으로써 서비스의 분류를 계층적으로 분석하였다. 본 서비스 분류의 계층적 분석은 조직의 특성, 서비스의 특성, 고객관계, 수요의 특성, 서비스 패키지, 서비스 제공방법을 통하여 서비스 업종을 명확하게 구분하고 이해하는 데 유용한 틀로 활용될 수 있다.

표 2-2 서비스 분류의 계층적 분석

분류수준	항목	종류			
조직의 특성	목적(요구충족의 대상)	개인			
		기업			
		개인이나 기업 양자			
	구조	영리	비영리		
	유형	공조직	사조직		
서비스의 특성	제품화 가능성	제품화한 서비스	순수 서비스	개인	사물
	상품화 가능성	높다	중간	낮다	
고객관계	관계유형	공식적	비공식적	양자	
	참여의 정도	고객이 있어야 한다.			
		고객이 서비스를 시작해서 마쳐야 한다.			
		고객이 서비스를 시작해야 한다.			
		고객이 서비스를 마쳐야 한다.			
수요의 특성	수요수준	수요는 가용능력을 초과한다.			
		때때로 수요는 가용능력을 초과한다.			
		수요는 가용능력을 초과하지 않는다.			

	변동의 정도	폭이 넓다.		
		폭이 좁다.		
		변하기 쉽다.		
		변동이 없다.		
서비스 패키지	서비스와 상품의 수	단일 서비스		
		단일 서비스와 단일 제품		
		단일 서비스와 복수 제품		
		복수의 서비스		
		복수의 서비스와 단일 제품		
		복수의 서비스와 복수 제품		
	서비스 단위	상황에 의해 정의됨		
		시간에 의해 정의됨		
		양자		
	기본 설비의 정도	높다	중간	낮다
	개별화 정도	높다	중간	낮다
	내구성의 정도	높다	중간	낮다
서비스 제공방법	서비스의 이용가능성	단일장소		복수장소
	제공의 특성	연속적	불연속적	양자
	소비의 유형	독립적	집단적	양자
	가용능력의 배치	예약		
		도착순서		
		선호		
		예약과 도착순서		
		예약과 선호		
		예약, 도착순서와 선호		

2.4. 서비스 마케팅과 제품 마케팅의 차이

서비스 분야의 마케팅은 상기의 특성과 분류체계들을 고려해 볼 때, 제품 마케팅을 서비스 마케팅에 적용할 수 없다. 두 마케팅의 일반적인 차이와 마케팅 상황의 차이를 통하여 설명하면 아래와 같은 표로 정리된다[5].

5 본 내용은 이명식(2003), 「서비스마케팅」, 형설출판사, pp.40-42에서 재정리한 것이다.

1. 일반적 차이

표 2-3 서비스 마케팅과 제품 마케팅의 일반적 차이

차이점	내용
상품 성격의 차이	• 제품(goods)은 일반적으로 '사물, 장치, 물건'으로 정의하는 것에 비해 서비스(service)는 '행위, 성과, 노력' 등으로 정의함 • 서비스는 종종 유형적 요소들(예: 컨벤션 센터, 호텔 객실, 항공기 기내 음식 등)을 포함하기도 하지만 서비스 행위 그 자체는 기본적으로 무형적 성질을 가지며, 시간제약적, 경험적 성질을 가지고, 어떤 서비스 상품들은 지속적 성질을 갖기도 함
사람이 상품의 부분	• 서비스 상품은 빈번한 접촉이 요구되며, 이러한 접촉은 고객과 서비스 직원뿐만이 아니라 고객들 상호간에도 형성됨(예: 컨벤션의 Break time, 리셉션 등) • 서비스의 질(quality)과 성격은 서비스를 제공하는 종업원들의 태도뿐만 아니라 서비스를 이용하고 있는 일반고객들의 유형에 의해서 정의될 수 있다. 즉, 사람이 서비스 상품의 일부분이 되고 있다.
고객 평가의 어려움	• 서비스 상품은 대부분이 경험을 통해 품질을 평가할 수 있는 경험품질(experience quality)이거나 믿고 구매할 수밖에 없는 신용품질(credence quality)이기 때문에 구매 전에는 그 상품의 품질을 평가하기가 매우 어려움 • 서비스 상품은 구매위험이 일반 상품에 비해 상대적으로 크기 때문에 준거집단 등에 의한 구전커뮤니케이션(word-of mouth communication)이 매우 효과적임
시간 요인의 중요성	• 많은 서비스 상품은 실시간으로 제공되고 있으며, 이러한 서비스들(특히, 항공사. 병원, 레스토랑, 미용원 등)은 고객들이 서비스 기업들로부터 서비스를 받기 위해서 서비스 제공 장소에 직접 출연을 해야 상품이 제공됨 • 고객들은 서비스를 제공받기 위해 대기를 해야 하며, 여기서 중요한 것은 고객들이 대기하는 데 불쾌함을 갖지 않게 하는 것이다. 이를 위해서는 고객이 서비스를 제공받는 데 불필요한 시간을 보내지 않도록 신속히 서비스를 제공해야 함

2. 마케팅 상황의 차이

표 2-4 서비스 마케팅과 제품 마케팅의 상황의 차이

차이점	내 용
마케팅 영역의 협소한 정의	• 최근 많은 기업들이 고객 지향적 마케팅을 표방하고 있으며, 특히 서비스 기업들에 있어서 고객 지향적 마케팅은 필수적임 • 많은 서비스 기업들이 여전히 고객 지향적 마케팅을 행하지 않고 있는 문제점이 있다. 일부 서비스 상품들은 마케팅을 단순히 광고, PR로만 여기고 있으며 판매 및 시장조사 정도로만 이해하고 있다.
경쟁자에 대한 자료 부족	• 일반 제조업에 비해 상대적으로 서비스 산업은 경쟁자의 성과 및 실패에 대한 자료가 매우 제한적임 • 이런 자료의 제한은 서비스 마케터나 광고 대행사들이 마케팅 성과를 분석하고 검증하는 데 큰 애로사항이 되고 있다.
비용 산출의 어려움	• 서비스 상품은 일반 상품에 비해 고정비용 및 변동비용을 결정하기가 용이하지 않기 때문에 판매가격을 결정하기가 매우 어렵다. • 한 기업이 여러 가지 서비스를 동시다발적으로 제공할 경우에는 더욱 더 판매 가격과 비용을 산출하기가 어렵다.

2.5. MICE 서비스

MICE 서비스는 구체적으로 객체, 시간적 흐름, 서비스 제공 주체 등의 관점에서 분류될 수 있으며, 서비스 객체를 중심으로 할 경우 인적서비스, 상품관련 서비스, 정보서비스 등으로 분류할 수 있다. 인적서비스는 컨벤션기획사와 운영요원의 전문적 지식에 의존하는 회의기획과 운영서비스, 예약서비스, 안내서비스 등으로 세분될 수 있고, 상품관련 서비스는 숙박시설, 회의시설, 교통시설 등이 포함되며, 정보서비스는 회의 정보의 제공과 관광정보 소개 등으로 분류될 수 있다(그림 2-9 참조).

또한 MICE 서비스는 Normann(1984)이 분류한 것과 같이 핵심 서비스(core service)와 부가적 서비스(peripheral service)로 분류될 수 있는데, 핵심서비스는 모든 MICE 참가자에게 공통적으로 제공되는 서비스를 의미하고 부가적 서비스는 MICE 참가자의 개별적인 요구나 필요에 의해 제공되는 서비스를 말한다. 따라서 핵심서비스는 차별화가 어려운 반면, 부가적 서비스는 차별화가 가능하여 경쟁력을 제고시킬 수 있는 부문이기도 하다.

MICE 서비스는 서비스를 제공하는 주체에 따라서 MICE 주최자 서비스와 MICE 개최지 서비스로 분류될 수 있으며, MICE 주최자 서비스는 협회 등

MICE 주최자 및 컨벤션기획사가 제공하는 서비스로써 MICE 개최이전 서비스, 개최기간 중 서비스, 개최이후 서비스로 구분할 수 있다.

MICE 개최이전 서비스는 MICE 개최 필요성의 분석, 의제 개발, 회의 목표 결정 및 실행계획 수립, MICE 운영예산 수립, 참가자 증대를 위한 마케팅 계획수립 및 실행, 개최지, 회의장, 호텔선정 및 협상과 계약, 세부 회의프로그램 기획, 전시회 기획 및 전시참가업체 유치 그리고 홍보물 제작 배포 등이 포함된다.

MICE 개최기간 중 서비스에는 회의프로그램 등 세부계획 실행 및 전반적 운영, MICE관련 인력 및 물품에 대한 총괄적 관리, 회의장과 호텔의 컨벤션 서비스매니저(CSM), 서비스공급업체 및 현장운영요원 등과의 지속적인 커뮤니케이션을 통한 현안문제 해결, 시설측이 제시한 모든 비용 청구서 점검 및 승인 등이 포함된다.

개최이후 서비스에는 MICE 관계자들의 평가 및 공개토론을 통한 개선점 도출, 참가자 평가서의 분석 및 처리, 관계부처에 대한 감사표명, 참가자 불만사항 등 현안문제 해결 및 차기회의 개최 계획수립 등이 있다.

MICE 개최지 서비스는 항공사 등의 교통서비스, 컨벤션뷰로 등의 개최지

그림 2-9 MICE 서비스의 분류

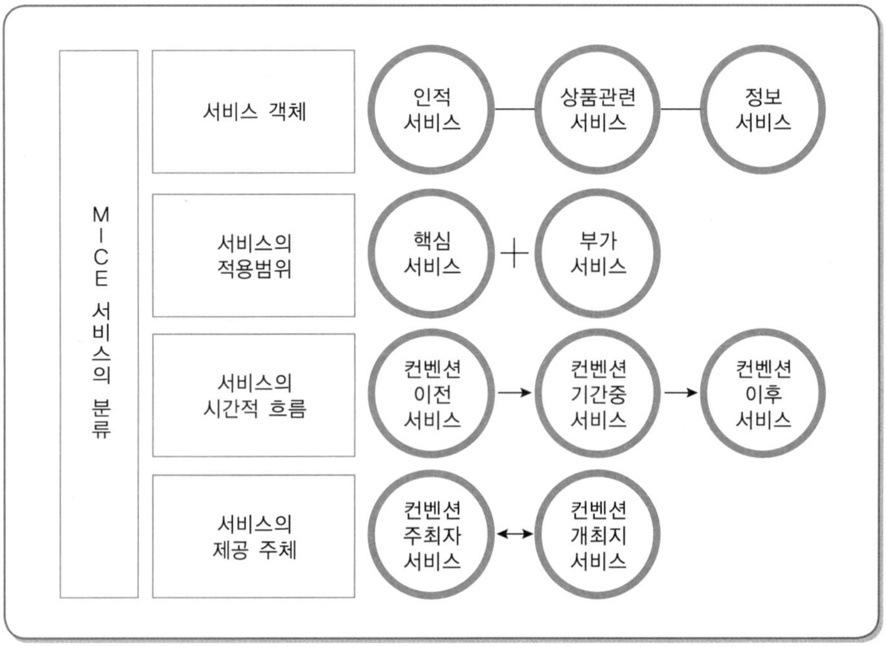

조정서비스, 현지 운영회사, 장치업체, 운송회사 등의 개최지 공급업체 서비스와 호텔 회의장 등의 행사장 서비스로 분류될 수 있다(Hildreth, 1990). [그림 2-9]는 MICE 서비스를 특성별로 분류한 도표이다.

Myra Mabel Perez-Rivera의 서비스 분류의 계층적 분석을 MICE 서비스에 적용하여 분석하면 다음과 같다(표 2-5: 일반적 특성; 표 2-6 운영상의 특성; 표 2-7의 MICE 시장의 특성 참조).

표 2-5 일반적 특성

구분	내용
관련산업의 다양성과 상호 의존성 (Diversity & Interdependence)	MICE 산업은 출입국관리나 관세업무 등 공공부문의 서비스로부터 교통, 숙박, 외식, 광고, 여행, 인쇄 등 민간부문의 서비스에 이르기까지 다양한 종류와 수준의 서비스를 필요로 하며 이들 각 부문은 각기 독립적이 아니라 서로 연계되어 상호 의존관계에 있음
공공성 (Public benefit)	MICE는 기업의 영리추구를 위해 개최하기도 하지만 많은 경우 국가 또는 국제적인 현안을 토의하고 협력하기 위하여 개최되며, 이를 통해 상호 이해를 증진시키고 친선을 도모하여 세계평화에 기여함으로 개별기업이 기업의 영리를 추구하기 위해 MICE를 개최하기보다는 공공의 이익증진에 초점을 맞춤
전문성 (Specialty)	MICE의 유치, 기획, 준비, 운영, 사후관리에 이르기까지의 모든 과정에는 고도의 전문성이 요구됨
무형성 (Intangibility)	MICE는 서비스가 기본이 되는 산업으로서 서비스의 물리적 실체를 가시적으로 볼 수가 없을 뿐더러 만질 수도 없다는 무형성의 특징을 가지고 있음
비분리성 (Inseperability)	생산과 소비가 동시에 이루어지며, 판매가 먼저 이루어지고 난 다음 상품이 생산되고 소비되는 특성을 가지고 있음
이질성 (Heterogeneity)	MICE 서비스가 주로 인력에 의해 이루어지고, 변화의 가능성이 많기 때문에 서비스를 제공하는 사람이나 받는 사람의 경험, 시간, 상황에 따라 동일한 서비스를 제공한다 할지라도 그 내용과 질이 상이하게 느껴질 수 있음
소멸성 (Perishability)	상품의 저장이 불가능하기 때문에 서비스를 제공한 순간 상품의 가치는 소멸되고, 또한 구매되지 않은 서비스에 대해서는 차후에 사용할 수 없음. 그리고 비록 미래의 수요가 있다할지라도 미리 상품을 생산해서 재고로 보관할 수 없음

표 2-6 운영상의 특성

구분	내용
시간과 공간적 상품	MICE시설은 상품자체가 고객에게 전달되는 것이 아니라 고객이 일정 요금을 지불함으로써 시설사용에 대한 권한을 가지게 되는 것이며, 그에 부수되는 서비스도 제공받게 됨. 따라서 MICE상품은 적절한 시기에 최고의 가격으로 판매되어야 그 가치를 인정받을 수 있음
사전예약	업무특성상 MICE의 이용은 사전 예약이 필수적임. 사전예약이 없으면 적절한 수요를 예측할 수 없을 뿐만 아니라 현장에서 MICE 상품을 즉시에 생산하는 것은 불가능하기 때문임
체계화된 커뮤니케이션	주최자, 컨벤션기획사, 참가자간의 체계적이고 조직적인 커뮤니케이션은 MICE의 성공을 좌우하는 핵심요인이 됨
가격의 융통성	MICE에 있어서 가격문제는 참가그룹의 규모, 개최시기, 체재기간, 잠재력, 경쟁호텔과 컨벤션센터와의 경쟁력 등에 따라 융통성 있게 정해짐

표 2-7 MICE 시장의 특성

구분	내용
개인보다는 그룹이 참여	MICE시장에는 개인보다 그룹이 참여하는 경우가 대부분임
세밀하고 전문화된 기획력 및 기획사의 필요성	일반적으로 MICE 기획은 매우 복잡하여 많은 시간을 필요로 하기 때문에 행사 개최일 보다 수 년 앞서 진행되는 것이 보통임. 따라서 이러한 복잡한 기획과정의 업무를 효율적으로 처리할 수 있는 전문적인 기획사가 필요로 하게 되며 이러한 컨벤션 기획사는 개최지 선정에 중요한 영향력을 미치게 됨
엄격한 평가 및 선정 작업을 통해 개최지를 결정	개최지 결정과정에는 개최장소의 시설, 서비스, 교통의 편리성, 숙박시설, 관광명소 등을 평가하며 개최지 선정을 위해 여러 후보 개최지가 심의되고 입찰과정을 거쳐 최종 개최지를 결정하게 됨
전문화된 시설 및 서비스의 필요성	회의 및 전시 공간, 조명 및 음향시설, 시청각 기자재 및 부스장치 등 전문화된 시설과 이에 부수되는 전문화된 서비스를 필요로 함
서비스의 모방이 용이	경쟁자들이 특정 서비스가 창출, 소비되는 장소를 자유롭게 출입할 수 있고, 또한 특허를 통해 보호받을 수 없기 때문에 제공되는 서비스에 대한 모방이 쉽게 이루어짐

제 3 절 MICE 마케팅 관리

3.1. MICE 마케팅의 정의

MICE 마케팅은 서비스 마케팅의 한 분야이며, 특히 호텔관광 마케팅과 연계성이 높으나, MICE 서비스의 특수성을 반영한 차별화되고 응용된 마케팅 분야라고 할 수 있다. 그러나 개념적 정의는 일반 마케팅과 유사하며, 기본적 요소는 '고객의 만족'과 '경쟁적 우위'의 확보이다.

즉, MICE 마케팅의 개념은 MICE에 관여하는 고객의 욕구(needs)와 원하는 것(wants)을 찾아내어 이를 만족시키고, 나아가 MICE 기업의 수익을 창출하기 위한 계획 수립과 이를 실행해 나가는 일련의 과정으로 정의할 수 있다.

MICE 마케팅은 MICE를 개최하기 전인 유치 마케팅, MICE을 운영하기 위하여 참가자를 유도하고 회의기간 중의 서비스를 제공하는 회의 마케팅, 그리고 사후 관리하는 회의 사후 마케팅으로 구분할 수 있으며, MICE 마케팅은 제공되는 서비스의 가치 창출을 고려하여 고객인 MICE 참가자나 MICE 주최자 입장에서 접근해야 한다(그림 2-10 참조).

한편 MICE 마케팅은 MICE 기업뿐만 아니라 MICE 개최지를 포함하게 되며, MICE 마케팅은 개최지(destination)마케팅, 컨벤션 센터, 호텔 등의 개최시설 주체의 마케팅으로 구분될 수 있다. 여기에서 MICE 마케팅의 대상인 상품은 개최지와 장소(venue)가 된다.

MICE 개최지에 대한 이해는 MICE 마케팅을 이해하고 수행하는 데 중요하

그림 2-10 MICE 마케팅의 유형

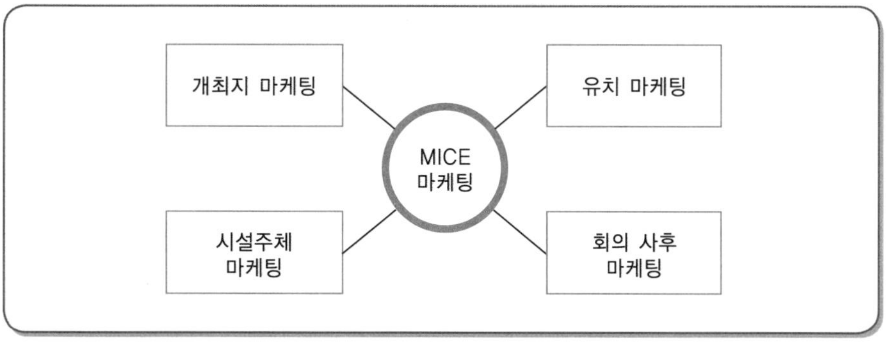

다. MICE 개최지란 'MICE 개최에 필요한 회의시설, 호텔, 전문인력, 부대시설 및 서비스 등의 기반 시설을 갖추고 있는 국가, 도시 혹은 지역으로 MICE 참가자를 위해 다양한 그 지역의 유형·무형의 서비스를 제공할 수 있는 지리적인 영역'이 될 것이다.

그러므로 MICE 개최지의 구성요소는 매우 중요하며 MICE의 성격에 따라 개최지 구성요소는 달라질 수 있다. 성공적인 MICE 마케팅을 실행하는 데 도움을 주며, 회의시설과 관련된 것뿐만 아니라, 개최지의 매력성도 중요한 요소 중의 하나이다.

MICE 참가자들은 MICE를 단지 회의 목적으로만 참가하는 것이 아니라 다양한 목적으로 참가하기 때문에 개최지의 매력성은 중요한 마케팅 성과의 결정요인 중의 하나이다. MICE 개최지의 매력성, 접근성, 숙박시설, 회의시설 등의 유·무형적 이미지를 창출하는 것은 MICE 마케팅의 필수적 요소이다.

3.2. MICE 마케팅 개념의 발전

역사적으로 시장의 활동이라는 측면에서 모든 시대에 마케팅은 존재하였다고 볼 수 있다. MICE 마케팅은 1895년 미국 디트로이트 저널리스트인 Milton Carmichael이 컨벤션 조직인 Convention Bureau를 처음으로 만들면서 시작되었다고 할 수 있다.

오늘날 MICE 마케팅도 일반 마케팅 개념의 발전과정을 거치며, 각 단계별로 기업의 시장지향성의 정도에 따라서 마케팅과 관련된 개념처럼 변화하고 있으며, 우리가 흔히 마케팅이라고 하는 '고객지향의 개념'을 우선적으로 내포한 개념이다. 이에 관련된 개념은 생산개념, 제품개념, 판매개념, 고객지향 개념 및 사회적 마케팅 개념으로 분류된다.

생산개념은 공급이 부족하고 초과 수요가 발생하여 기업이 주로 상품 생산의 효율성을 제고하고 유통망을 확장하는 데 집중하는 공급자의 시장을 의미한다. MICE 산업에서 생산의 개념은 전 세계적으로 생산의 시대가 상대적으로 오랜 기간 동안 지속되다가 1980년대에 유럽과 미국에서 공급과잉에 따른 수요 부족이 나타나면서 바뀌었다.

우리나라는 아직도 공급자의 시장이 우세성을 가지며 효율성과 대량생산을 강조하는 생산적 개념의 시대에 머물고 있으나, 최근에는 다수의 대형 컨벤션 센터가 건립되고 CVB나 개최지 마케팅기구들의 활동에 힘입어 공급이 확대되고 있어 생산개념의 마케팅적 접근에서 벗어나고 있는 단계이다.

제품개념은 제품의 질(quality)을 중요시하고, 좋은 제품을 생산하면 소비자들이 제품의 성능과 품질을 인정하고 제품을 구매한다는 의미이다. 오늘날 많은 기업들이 제품개념의 기업 활동을 하고 있다. 그러나 이는 마케팅 근시(marketing myopia)[6]의 오류를 쉽게 범한다.

판매개념은 판매자의 중심에서 경쟁자에 비하여 어떻게 하면 더 많은 판매를 할 수 있는지에 관심을 두고 판촉활동 등을 전개하는 개념으로, 소비자의 만족은 염두에 두지 않는 활동으로 '지속가능한 경쟁적 우위'(sustainable competitive advantage)를 확보하는 데 한계가 있다. MICE 산업에서는 아직도 판매의 개념적 틀에서 활동하는 구시대적 사고에 머물고 있는 경우가 많다.

고객지향개념은 소비자의 본원적 및 구체화된 욕구를 파악하여 소비자의 만족을 최우선하면서 기업의 수익활동을 전개하는, 흔히 우리가 이야기하는 마케팅의 개념이다. 이는 고객 없는 기업은 없으며, 기업의 가치 창출의 근원은 바로 고객이기 때문이다. 이 개념을 구성하는 중요한 요소는 첫째, 고객지향성, 둘째, 경쟁의 이해, 셋째, 통합적 마케팅, 넷째, 수익성이다. MICE 마케팅도 이제 공급과 수요의 관계를 떠나 이해당사자인 고객을 만족시키고 고객의 가치를 고려하며 경쟁적 우위를 확보해야 하는 당위성을 인식하고 고객중심의 마케팅 활동을 위한 노력을 하고 있다.

사회적 마케팅(societal marketing) 개념은 최근 사회적 패러다임의 변화를 반영한 결과로 그 동안 산업혁명 이래 사회가 '성장과 개발'이 주요 의제가 되면서 환경파괴, 교통문제, 과잉인구, 소비자 피해 등 지속가능한 사회를 보장할 수 없는 단계를 경험하게 되면서 나타났다. 또한 새로운 패러다임인 NEP(New Environmental Paradigm)를 수용하는 패러다임의 전환(paradigm shift)을 경험하게 되었다. 이에 기업도 점차적으로 사회적 책임(social responsibility)을 갖는 기업 활동, 즉 사회적 마케팅을 전개하고 있다.

MICE 산업에서도 사회적 책임을 가져야 하는 시대적 소명에 따라 MICE 개최에 있어 환경을 고려하고, 개최지 지역주민의 경제적 이익 창출에 기여

6 Therodore Levitt, "Marketing myopia," *Harvard Business Review*, July-August 1960, pp.45-46.에서 Levitt이 주창한 개념으로 기업이 자사가 관장하는 제품시장의 영역을 너무 좁게 규정함으로써 경쟁자의 범위를 잘 파악하지 못하는 오류를 범하는 것으로 의미함. 즉 소비자의 본원적 요구와 구체화된 욕구 중 본원적 욕구를 보지 못하는 현상이다.

하며, 지역사회의 문화 정체성을 확보하는 데 기여하고자 하는 지속 가능성(sustainability)의 원칙을 준수하고 있다.

이에 MICE 마케팅 활동에도 환경보호, 사회적 약자에 대한 배려 등을 포함하면서, 기업, 소비자, 그리고 사회가 공생하는 마케팅의 개념으로, 사회 구성원들이 향유할 수 있는 효용(utility)을 극대화하는 데 노력하고 있다. 최근에 MICE에서 Sustainable Convention 혹은 지속가능한 MICE란 개념의 등장도 이러한 배경에 기인한다.

생각해 볼 문제

01 치열한 경쟁적 시장구조를 가지고 있는 MICE시장에 가장 적합한 마케팅은 어떤 유형인가(반응형, 예견형, 필요창조형 마케팅)? 시장을 추종하는 기업과 시장을 주도하는 기업을 생각해 볼 때, 현재 MICE 관련 기업들의 현 상황은 어떠한가?

02 MICE 소비자들의 욕구는 무엇인가? MICE 분야에서 새로운 욕구창출이 가능한가? 가능하다면 어떠한 고객욕구의 창출이 필요한가?

03 PCO(Professional Convention Organizer)를 서비스 계층적 분류체계에 따라 심층 분석해보자.

제 3 장

MICE 개최지 관리

MICE
MARKETING
MANAGEMENT

학습 개요

본 장에서는 MICE 개최지 관리에 대하여 학습하고자 한다. MICE 개최지의 정의, 개최지 속성 및 역량, 그리고 개최지를 관리하는 CVB의 발전 추이와 기능과 역할에 대하여 학습하고 호텔 MICE에 대하여 학습하고자 한다.

제 1 절 MICE 개최지

1.1. MICE 개최지 정의

MICE 개최지 개념에 대해서는 관련 연구마다 연구 수행 목적 및 성격에 따라 관점에 조금씩 차이를 보이고 있다.

우리나라에서는 1996년 '국제회의산업 육성에 관한 법률'을 제정하고 '국제회의도시'를 정의하였는데, 이는 "국제회의산업의 육성 및 진흥을 위하여 대통령이 정하는 기준에 의해 문화관광부장관이 지정하는 특별시·광역시 또는 시"로 정의하고 있다.

2003년에는 동 법률에 국제회의도시 지정에 관한 조항을 신설하였는데, 여기서 국제회의도시란 컨벤션의 개최를 통해 지역경제 활성화를 목표로 하는 곳으로서 "국제회의의 연속적인 개최에 무리가 없도록 충분한 회의장, 숙박시설 등이 마련되어 있는 곳으로서 매력적인 관광자원이 주변에 존재하는 등 제반 환경조건이 정비되어 있으며, 국가의 관련기관에 의하여 적절한 국제회의산업 진흥계획이 마련되어 있는 도시 혹은 지역"으로 정의하였다.

2015년에는 국제회의복합지구 지정에 관한 조항을 신설하여 국제회의복합지구란 '국제회의시설 및 국제회의집적시설이 집적되어 있는 지역으로서 문체부 장관의 승인을 받아 시·도지사가 지정한 지역'으로, 국제회의집적시설이란 '국제회의복합지구 안에서 국제회의시설의 집적화 및 운영 활성화에 기여하는 숙박시설, 판매시설, 공연장 등으로서 문체부 장관이 지정한 시설'을 의미한다고 정의하였다.

- 이러한 국제회의복합지구 및 국제회의집적시설 제도 도입을 주요로 하는 「국제회의산업 육성에 관한 법률(2015. 3. 3.발표)」 개정으로 국제회의복합지구는 관광특구로 간주되어 관광기금 융자, 옥외광고물 허가기준 완화 등 혜택 부여와 국제회의시설 및 국제회의집적시설 관련 법률에 따라 개발부담금, 교통유발부담금 등 5개 부담금을 감면받을 수 있는 근거가 마련되었음

상기 MICE 개최지 관련 선행 개념들을 종합하여, 본 절에서 지칭하는 MICE 개최지란 "MICE 관련 행사를 개최할 수 있는 복합 시설이 집적된 지역

으로서, 타 경쟁 지역 대비 차별된 MICE 개최지 매력을 기반으로 지속적인 MICE 유치 및 개최를 가능하게 하는 유·무형 서비스의 종합적 제공을 통해 MICE 이해관계자 만족과 지속가능한 지역 발전을 창출할 수 있는 복잡하고 다차원적인 속성들의 총합"으로 정의한다.

1.2. MICE 개최지 속성 및 역량

MICE 개최지의 속성은 개최되는 MICE의 종류 및 성격, 또는 참가자의 유형에 따라 차이가 있을 수 있는데, MICE를 구성하고 있는 주 요소 즉, 개최지, 주최자, 소비자(참가자)들 어느 한 편이 일방적으로 혜택을 주거나 받는 입장이 아니라 서로 혜택을 주고받는 상호작용의 관계를 가진다.

따라서 MICE 개최지의 속성을 이해하기 위해 '개최지 ↔ 주최자', '개최지 ↔ 참가자', 그리고 '주최자 ↔ 참가자'의 관계를 이해할 필요가 있다.

MICE 개최지 속성은 최근 주요 연구자들에 의한 MICE 개최지 속성 평

표 3-1 MICE 개최지 주요 속성

MICE 개최지 주요 속성	
접근성 / 교통시설	개최지 주변 연계 관광 기회
교통비	쇼핑 매력
관광비용(회의비용 외 관광물가)	MICE 개최 도시/지역의 이미지
MICE시설 임대비용	안전 보안 이슈
MICE시설 규모	위생 및 환경오염
MICE시설 시설 수준	행사 개최 관련 영향력
숙박시설 수용성 / 시설수준	주민 환대
식음 시설 수준	외국어 구사 능력
일반인프라(MICE시설/숙박시설 외)	CVB(MICE 마케팅 역량)
MICE 운영 능력	IT/정보 통신 수준
MICE 프로그램 매력(기획능력)	비자 편의
MICE 연계 관광 프로그램	정부지원(정책과 규제, 거버넌스)
개최지 내 관광 매력	경제적 효과
개최지 내 엔터테인먼트/나이트라이프	경제외적 효과

출처: 연구진 정리

가 연구 등을 통하여 정리되었으며, 이렇게 도출된 MICE 개최지 속성은 〈표 3-1〉과 같다.

MICE 개최지 경쟁력 개념은 “특정 MICE 개최지가 MICE 주최자 및 참가자에 대하여 높은 매력을 가지게 하는 효과적인 MICE 및 관광 마케팅 역량을 통해 지역 내 지속적인 MICE 유치·개최가 가능하며, 양질의 MICE/관광 서비스 품질 제공을 통해 MICE 소비자 만족을 이끌어 궁극적으로 MICE 개최를 통한 지역 사회 만족 및 번영 성과를 증대하는 선순환적 지역 관리 시스템”으로 정의할 수 있다.

MICE 개최지 경쟁력 개념 정의를 기반으로 이를 관리하기 위한 통합적 MICE 개최지 경쟁력 관리 모델은 다음 [그림 3-1]과 같다.

그림 3-1 MICE 개최지 경쟁력 관리 모델

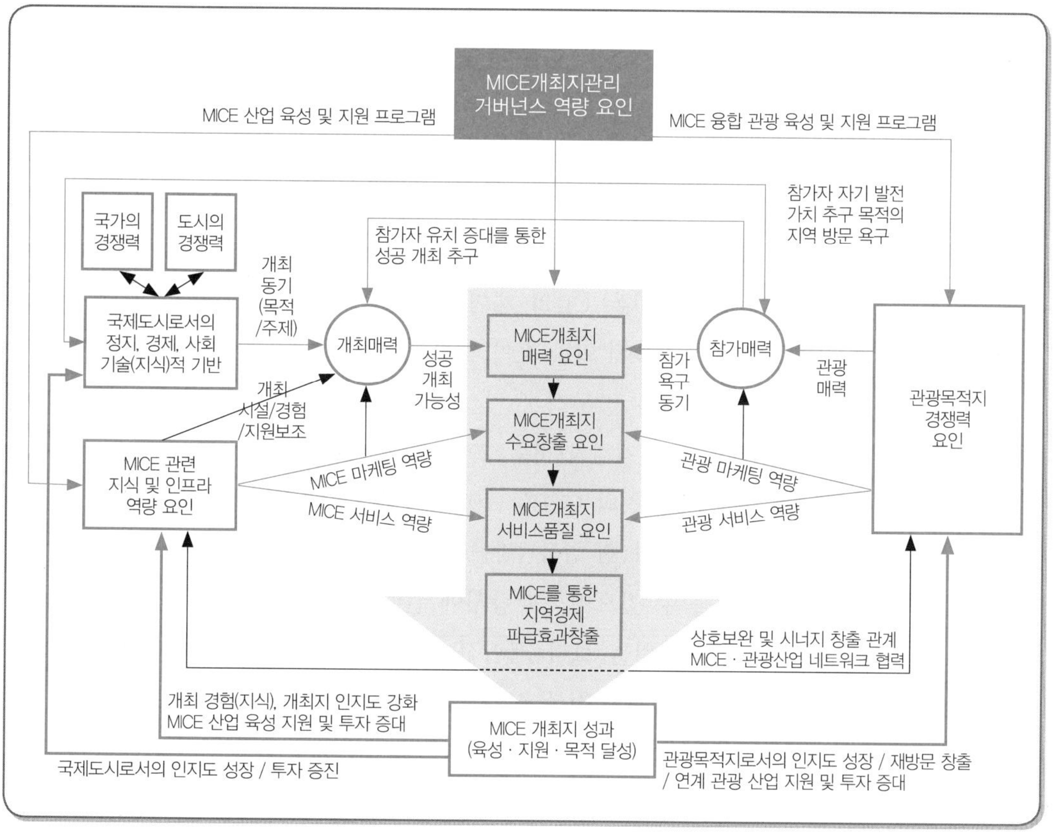

제 2 절 MICE 개최지의 CVB

2.1. CVB의 이해

1. CVB 발전과 MICE 산업의 성장

CVB(Convention & Visitors Bureau)를 직역하자면 '컨벤션 및 방문객 사무국'이나 국내에서는 주로 컨벤션 전담기구, 컨벤션 마케팅 전담기구, 또는 컨벤션뷰로, CVB 등의 명칭으로 혼용되어 사용되었다.

1896년 미국「Detroit Times」의 Carmichael 기자에 의해 처음 설립이 제안된 CVB는 컨벤션 산업화의 촉매제 역할과 그로 인해 다양하게 파생되는 경제적 효과가 인식되면서 미국의 타 도시들로의 CVB 설치가 급속도로 확대되었고, 1914년에 각 도시 CVB의 협의체인 국제컨벤션전담기구협회(International Association of Convention Bureau; 이하 IACVB)[1]가 설립되면서 미국의 컨벤션 산업은 지속적인 성장을 보였다.

CVB의 설립 초기에는 의사결정의 주체가 개별 관광시장 특성상 추적이 어렵다는 이유로 개별 관광객을 주력시장에서 제외하고 컨벤션 유치를 위한 마케팅에만 집중하는 CB의 개념이었으나, 이후 컨벤션 및 단체 방문객(visitors)들의 소비 지출에 의한 지역 경제 파급효과의 중요성을 인식하게 되면서 비즈니스 목적의 모든 방문객 유치 및 지역 마케팅을 담당하는 현재의 CVB 개념으로 발전하였다(김철원·허준, 2011: 527).

한국에 설치된 최초의 CVB는 1979년 개최된 제 28회 PATA 총회를 계기로 하여 국제관광공사(현 한국관광공사) 내 국제회의부(현 코리아MICE뷰로)를 발족한 것으로 볼 수 있으며, 그 당시에 컨벤션 개최에 대한 경험이 거의 전무한 한국에서 국제회의를 보다 계획적이고 조직적으로 유치·개최해내기 위한 산업 육성 정책적 차원의 첫 움직임이라고 볼 수 있다.

이러한 CVB는 최근 MICE 산업 발전의 가장 중추적인 역할과 기능을 담당하고 있다. 교통·통신망의 발달과 더불어 MICE 산업이 가지는 경제적·사회

---

1 IACB는 1974년에 IACVB(International Association of Convention & Visitors Bureau)로 명칭을 변경하고, 다시 2005년에 DMAI(Destination Marketing Association International)로 현재의 명칭으로 변경하였음

적 파급효과를 인식하는 도시들이 늘어나면서 미국 등 주요 선진 국가에서는 정부 관광기구, 지자체, 컨벤션센터 등 민·관이 합동으로 CVB를 설치하여 지역 내 MICE 이해관계자들의 상호협력과 이해 증진 하에 MICE 유치 증대를 위한 노력을 기울이고 있다.

2. 지역 CVB 설립에 따른 역할 및 기능 정립 필요성

2003년에 대구 CVB가 설립되었고, 이후 2004년에는 부산 CVB(2008년에 부산관광CVB로 개편)가 설립되었으며, 제주 CVB 및 대전 CVB, 2006년에 인천관광공사 컨벤션전시본부(2007년에 인천CVB로 신설), 2007년 광주 CVB, 그리고 2011년 경기 CVB가 설립되었다(김철원·허준, 2011: 528).

이들 지자체 CVB는 지역 내 MICE 산업 인프라 간의 협력 네트워크 구축에 힘쓰고 있으며(최근 지자체 CVB를 중심으로 지역 MICE Alliance 구축), 지역으로 컨벤션(MICE) 유치 증대를 위한 해외 마케팅 활동, 개별관광시장 진흥을 위한 지역의 관광·레저 정보 제공 사업을 수행하고 있다. 최근에는 고양시와 청송군 등을 시작으로 기초지자체 단위의 CVB가 설립되기 이르렀다.

이에 따라 국가 차원의 CVB와 광역지자체 차원의 CVB, 기초지자체 차원의 CVB 간에 차별화되면서 시너지 창출 가능한 역할 및 기능의 정립 필요성이 강조되고 있다.

2.2. MICE 개최지 CVB의 주요 기능

1. 공공 마케팅 및 관리 기관으로서 CVB의 기능

CVB를 포함한 DMO(destination marketing organization)는 자신이 관장하는 국가, 지방, 도시, 특구 등의 지리적 공간을 MICE 기획가 또는 여행사, 그리고 개인 또는 단체 관광객들에게 마케팅 하는 핵심적인 역할을 수행한다. MICE 산업의 경우 MICE 유치 및 개최 마케팅을 통해 다양한 이해관계자가 혜택을 얻는 공공재적 성격을 가진다.

즉, 특정 민간 기업만 MICE 유치 활동에 비용을 소모할 경우 경쟁사나 타 분야의 기업도 동시에 혜택을 얻게 되는 특수성으로 인하여 민간의 자발적이고 이타적인 마케팅 활동이 활성화되기 어렵다.

이는 장기적인 관점에서 소비자의 수요 창출에도 지장을 초래하게 되므로,

이러한 시장의 실패를 최소화하기 위하여 정부나 공공기관 차원의 공공 MICE 개최지 마케팅 활동이 개입되게 되었고, 이는 점차 민관 협력형 거버넌스 구조로 진화하여 현대 MICE 개최지 마케팅 역량 관리 체계의 시장에 개입하게 되었다.

DMO들은 지역 관광 분야 대표로서의 역할을 하는데, 일반적으로 대부분은 스스로가 관광 상품 및 서비스를 소유하거나 통제할 수 있는 것이 아님에도 자기 지역의 효과적인 마케팅을 위해 공공의 노력을 투입하며, CVB들의 경우에는 MICE 개최지의 새로운 상품 및 서비스 개발의 촉매제이자 서포터로서, 또 어떤 경우에는 운영자로서 타 조직 소유의 MICE관광 상품 및 서비스 마케팅에 매우 활발하게 관여한다.

MICE 유치를 CVB의 가장 일반적인 무형적 재화들의 제품화라고 할 때 수많은 유치 가능한 MICE 중에서 특정 하나의 MICE를 유치 성공시키기 위해서는 많은 예산과 시간 노력이 투입되어야 함에도, 외부 경쟁 여건에 따라 투입된 노력만큼 보장된 가시적 효과를 기대하기 어려운 여건을 가지고 있다.

즉, 국제적인 흐름이나 국가들 간의 이해문제, MICE의 종류와 성격, 한 나라의 국가경쟁력 등에 따라 MICE의 유치과정이 매우 복잡하여 성과를 낼 수 없는 경우가 많으므로 MICE 개최지의 제품화 가능성이 낮은 특성을 가지고 있으나, MICE가 실제 유치되어 한번 제품화되는 경우에는 이와 관련된 각종 이해당사자들에 의해 다양한 수요로 확산되므로 높은 상품화 가능성을 띤다고 할 수 있다.

따라서 이러한 낮은 제품화 가능성에도 지속적인 마케팅 노력을 투입하여 타 이해당사자들에 대한 높은 상품화를 추구한다는 측면에서 CVB의 역할 및 기능은 공동의 이익을 위한 공공재적 성격을 가진다고 볼 수 있다. 마케팅을 하는 지역 내 데스티네이션 상품 및 서비스의 사업체들은 실제 경쟁 관계에 있기에 이들에 대한 방문객들의 관심을 극대화하면서도 공정한 역할 수행이 필요하다.

2. MICE 개최지 통합 관리 기관으로서 CVB의 기능

MICE 개최지 마케팅 수행에 대한 CVB의 전략적 역할을 다음 〈표 3-2〉와 같이 10가지로 정리될 수 있다.

Wang(2008)은 상기 도출된 10가지 CVB의 MICE 개최지 마케팅의 전략적

표 3-2 MICE 개최지 마케팅 수행에 대한 CVB의 전략적 역할

전략적 역할	주요 컨셉	선행 연구자
Destination/ community marketer/promoter	규모별 회의 단체 및 관광여행 단체, 독립여행자들에게 지역 전체의 MICE·관광 상품 마케팅 및 홍보	Bramwell & Rawding(1994); Dore & Crouch(2003); Palmer & Bejou(1995); Kelly & Nankervis(2001); Ritchie & Crouch(2003).
Destination image/ brand developer	개최지의 전체적인 이미지와 브랜드 개발; MICE 및 방문객 시장에게 지역을 매력적 인 목적지로 포지셔닝	Bramwell & Rawding(1994); Gartrell(1988, 1992); Heath & Wall(1992); Morgan & Pritchard(2004); WTO(2004).
Industry coordinator	산업 및 공공 부문의 구성 요소 조정 역할; 명확한 MICE·관광 산업 개발의 초점 제공; 산업 성장에 따른 이익 공유할 수 있도록 이해 관계 관리	Gatrell(1992); Morrison et al.(1998); Heath & Wall(1992); Gunn(1988); Laws(1995); Presenza et al.(2005).
Advocate/supporter/ facilitator of tourism project	지역사회 관광산업 홍보; 관광 비즈니스의 중요성 인식 증대; 관광산업 진흥의 경제적 영향 강조; 관광산업 혁신 리더십 제공	Gartrell(1988, 1992); Heath&Wall(1992); Laws(1995).
Economic driver	좀 더 다양한 지역 경제 부문에 기여하기 위해 새로운 소득, 고용, 세수 창출	Heath & Wall(1992); Morrison et al.(1998).
Quasi-public representation	산업 진흥의 정당성 부여와 개인 및 그룹 방문자 보호를 위한 준정부 조직의 역할	Gartrell(1992); Morrison et al.(1998).
Builder of community pride	거주자 및 방문자에게 똑같이 살기 좋은 지역 인식 증대를 위한 대표자 역할	Morrison et. al.(1998).
Partnership/alliance builder	지역의 목표된 최대 협력과 조화를 촉진; 구매자와 판매자 모두의 대표자 역할	Bolson(2008); Morrison et al.(1998); Wang & Fresenmaier2007).

Destination planner/ manager	이질적인 MICE관광 이해당사자의 요구 충족을 위한 개최지 계획 및 관리; 개최지 내 이해당사자의 이익 대변	Bramwell & Rawding(1994); Getz et al.(1998); Gunn(1988); WTO(2004); Heath & Wall(1992); Fyall & Garrod(2004); Kelly & Nankervis(2001); Middleton(1988);
Destination product developer	개최지 상품의 '원스톱 쇼핑'이 가능하도록 개발; MICE 개최지 개발 과정의 여러 단계 참여로 개최지 상품 개발에 대한 총괄 컨트롤; 관광을 통한 도시 재생 활성화	Getz et al.(1998); Morrison et al.(1998); Ritchie & Crouch(2003).

출처: Wang(2008). Collaborative destination marketing: Roles and strategies of convention and visitors bureaus. Journal of Vacation Marketing, 14(3), p194를 참고로 연구진 재정리

역할과는 구분되는 MICE 개최지 협력 마케팅 실행을 위한 CVB의 역할을 다음 [그림 3-2]와 같이 도출하였다.

DMAI(Destination Marketing Association International)는 CVB에게 요구되는

그림 3-2 MICE 개최지 협력마케팅 수행을 위한 CVB의 역할

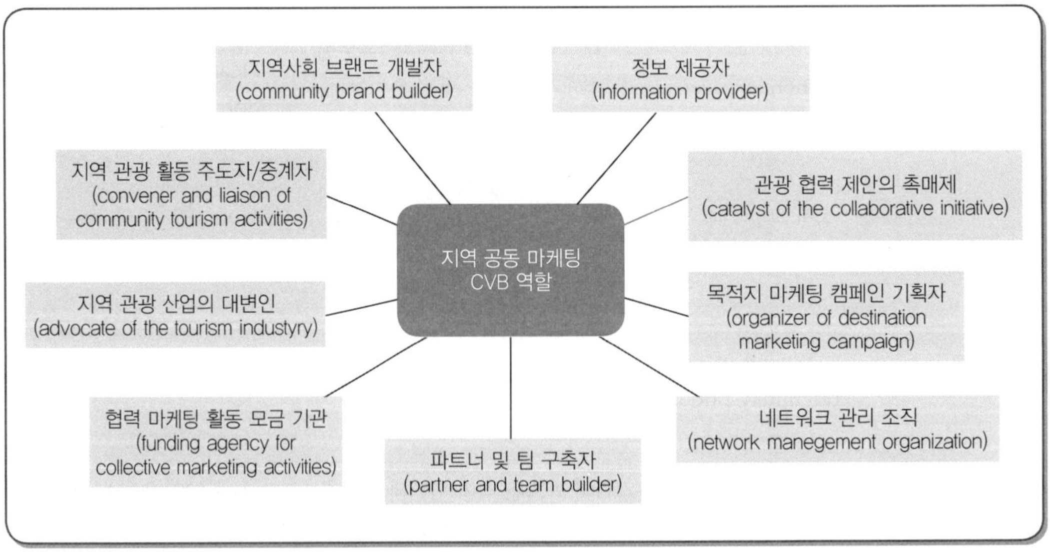

출처: Wang(2008)를 바탕으로 연구진 재정리

개최지 마케팅 업무를 재무·경영, 컨벤션세일즈 & 서비스, 관광세일즈, 커뮤니케이션 & 홍보, 회원 모집 & 파트너십 관리, 방문객 서비스 지원 등으로 구분하여 다음 〈표 3-3〉과 같이 제시하였다.

표 3-3 DMAI의 CVB의 주요기능 및 업무

주요기능	담당업무
컨벤션세일즈 & 마케팅	– 국가 및 지역 단위 컨벤션세일즈, 타 지역 사무소 운영 – 조사 및 자료관리 – 컨벤션센터, 호텔, DMC와의 연계
컨벤션서비스 & 하우징	– 컨벤션 개최지원 업무, 회의시설/숙박 주선 및 예약 등 – 컨벤션센터, 호텔, DMC와의 연계
관광세일즈 (MICE 시장 대상)	– 국가 및 지역 단위 관광세일즈, 타 지역 사무소 운영 – 여행사와의 관계구축, 이벤트 및 팸투어 실시 – 관광상품 개발, 조사 및 자료 관리(관광지 등)
커뮤니케이션 및 홍보	– 홍보물 제작 및 발행, 언론매체 홍보, 미디어관계 구축
방문객서비스지원	– 제반 정보안내서비스, 티켓/숙소/식당예약 등 – 방문객지원센터(VIC) 운영
회원 및 파트너십 관리	– 회원유치 및 관리, 회원서비스제공, 회원 대상 행사 주최 – 관련 정부기관과의 관계구축, 후원금/지원자금 조달 등
경영지원	– 회계/계약 관리, 예산/재무 관리, 인사/임금관리 등

출처: DMAI(2005), Standard CVB Performance Reporting; A handbook for CVB, CVB Organizational & Financial Profile-Consolidated Report를 참고로 연구진 재정리

허준(2014)은 국내 CVB 조직이 중앙 CVB와 지역 CVB로 구분되어 있으며, 각 CVB 유형별로 그 역할과 기능에서 공통된 부분도 있으나 뚜렷한 차이를 가진다고 다음 〈표 3-4〉와 같이 정리하였다.

표 3-4 중앙 CVB와 지역 CVB의 역할 차이

중앙 CVB	지역 CVB
– 국가차원의 MICE 브랜드 마케팅 및 해외 유치활동 전개 – 지역 CVB와 관련업계의 의견을 종합적으로 수렴하여 국가 MICE 산업 발전방향 수립 – Korea MICE Alliance 조직 및 협력 사업 전개 – MICE 정책과 관련한 정부 관계부처 협력 유도 – 지자체의 MICE 관련 정책 통합·조정 – 지역 CVB의 운영지원 및 홍보·마케팅 활동에 대한 지원(인큐베이팅) – MICE 산업 관련 최신 정보 수집 및 각종 조사 연구, 통계 서비스 제공 – 국내 MICE 전문인력 교육 및 발굴	– 중앙 CVB 조직과 공동으로 지역 내 MICE 유치 증진을 위한 홍보·마케팅 활동 수행 – 지역 MICE Alliance 조직 및 협력 사업 전개 – 지역 내 MICE 관련 업체에 대한 지원 – 지역 내 MICE 기반 시설 확충 – 지역의 특성을 살려 MICE 산업과 연계할 수 있는 각종 관광상품 개발 – MICE 산업에 관한 지역주민 대상 홍보로 MICE 산업 진흥에 대해 적극적으로 협력하는 분위기 조성 등

출처: 한국관광공사(2010). '지역 CVB 현황 분석' 내용을 바탕으로 재정리

제 3 절 호텔 MICE[2]

3.1. MICE 개최장소로서 호텔의 중요성

MICE 산업의 규모와 형태가 다양해지고 외연이 확대되면서 호텔에서 MICE가 개최되는 사례가 급증하고 있다. 기존의 컨벤션 산업은 국제회의와 전시회를 개최하기 위해 대규모 시설과 장치들을 보유하고 있는 전문 컨벤션 센터가 중심이 되었다.

최근에 회의의 목적 및 형태가 다양해지면서 중·소 규모에 부합하는 연회장과 시설, 전문 서비스를 제공하는 '호텔'은 MICE 행사의 개최 장소로서 더욱 주목을 받고 있다. 호텔은 MICE 참가자들에게 회의장 및 연회 시설뿐만 아니라 부대시설, 객실, 식음료 서비스 등 다양한 영역에서의 서비스들을

2 본 절의 내용은 김영문(2016), 호텔 MICE 적정 인력 산정지표개발연구, 경희대학교박사학위논문에서 발췌함.

제공할 수 있다는 매우 큰 장점을 지니기 때문이다.

호텔에서 MICE 행사를 하게 될 경우, 참가자들은 회의와 숙박이 동일한 장소에서 진행되기 때문에 큰 이동 없이 회의에 참석할 수 있고, 식음료 및 기타 호텔의 편의시설들을 편리하게 이용할 수 있으며, 다양한 종류의 시설들을 행사의 특성에 맞게 변형할 수 있는 등 큰 장점을 가진다.

중·소규모 MICE 행사를 위해 다양한 회의 장소와 편의 시설들을 보유한 '특급 호텔'들이 선호되고 있는 것이다. MICE 주최자들은 호텔 중에서도 독립 호텔보다는 체인 호텔의 사용을 더 선호하는 것으로 나타났다. 주최자들은 다국적 체인 호텔이 보다 일관성 있고 규격화된 매뉴얼과 상품을 제공하고 잘 훈련된 종사자들을 통해 전문적인 서비스를 제공한다는 믿음을 갖고 있으며, 이를 바탕으로 체인 호텔, 즉 특급 호텔에 대한 충성도를 형성해 나가고 있다.

3.2. 호텔 MICE 개념 정의

MICE는 호텔에서 더 이상 기존 연회 부서의 한 파트 혹은 판촉의 한 파트가 아니라 호텔 경영과 직결되는 중요한 부서로 그 위상이 격상되고 있다. 이러한 위상 변화는 특급 호텔들을 중심으로 MICE의 유치 및 행사, 서비스를 담당하고 있는 전담 부서와 책임자들이 생기고, 호텔 MICE를 위한 적극적인 유치 및 프로모션 활동 등을 전개해 나가는 것과 무관하지 않을 것이다.

과거에는 한국의 호텔 서비스 산업이 주로 객실 판매 수입에 많이 의존을 하였다면, 세계적인 국제회의와 행사 개최지로서 한국이 부상되면서 현재 호텔들은 객실뿐만 아니라 연회가 포함된 다양한 MICE 행사들을 유치함으로써 성수기와 비수기의 수요 양극화를 타개하고 호텔의 경영 효율화 및 브랜드 이미지 제고를 위해 힘쓰고 있다. 특히 환대 및 서비스 산업에 기반한 호텔은 MICE가 요구하는 수준 높은 유형의 물리적 시설과 무형의 서비스, 높은 브랜드 이미지와 신뢰도를 제공할 수 있기 때문에 매우 효과적으로 MICE 주최자와 참가자들의 욕구와 필요들에 부합할 수 있다.

호텔은 컨벤션 기획가(Professional Convention Organizer: PCO)들이 MICE 행사시 가장 중요하게 인식하는 컨벤션 시설, 호텔의 부대시설, 종사원 서비스, 컨벤션 운영 관리, 접근성, 가격 등에서 타 컨벤션센터나 회의장에 비해 경쟁적 우위를 점할 수 있다. 더불어 특급호텔들은 자신들이 그동안 고객들에게 쌓아 놓은 높은 브랜드 이미지와 평판, 신뢰도를 고려하여 다양한 MICE 행사들 중에서도 호텔 이미지에 부합하는 행사들을 심사하여 유치 및 운영하고 있는 것으로 나타났고, 이러한 호텔 자체의 브랜드 및 이미지 관리 노력에 기인하여 MICE 주최자나 참가자들은 개최 장소로서 호텔에 대한 높은 신뢰도와 선호도를 갖고 있다.

호텔 MICE란?

호텔의 브랜드와 이미지에 부합하는 다양한 규모와 형태의 회의, 인센티브 여행, 컨벤션, 이벤트, 전시 행사 유치 및 운영을 통해 호텔의 객실, 회의장, 연회, 편의 및 부대시설 등 호텔의 유·무형 서비스를 제공하여 수익 관리(Yield Management)를 하는 사업 영역

호텔 MICE에 있어서 흥미롭게 나타난 점은 행사를 개최할 때 고려하는 요인으로 '호텔의 명성과 이미지, 브랜드에 걸맞는 행사'인지 역시도 중요하게 나타난다는 것이었다. 아무리 수익률이 높은 행사라고 할지라도 호텔이 쌓아온 브랜드 이미지와 품위, 명성에 걸맞지 않는 행사의 목적이나 이벤트의 경우에는 행사에서 제외하는 것으로 나타났다.

이러한 호텔 자체의 브랜드 관리에 기인하여 MICE 주최자들은 호텔, 특히 전 세계적으로 긍정적인 브랜드 이미지와 평판을 가지고 있는 다국적 체인 호텔들에 대한 높은 신뢰감과 충성도를 나타내고 있었고, 이는 컨벤션 개최 장소로서의 호텔의 높은 선호도로 나타나고 있다.

3.3. 호텔 MICE 조직 분석

일반적으로 호텔 MICE의 조직은 [그림 3-3]과 같이 총지배인을 정점으로 MICE 세일즈팀, MICE 서비스팀, 식음료팀, 조리팀으로 구성되어 있다. MICE 세일즈에는 일반적으로 MICE 판매를 담당하는 판매 파트와 연회 판촉 및 마케팅을 진행하는 판촉 파트로 구분되며, 식음료팀과 조리팀에서는 실제 연회를 담당하며 현장 운영을 돕고 있다. 그리고 호텔에 따라 MICE 서비스팀을 따로 두어 실제 행사가 운영되는 기간 동안에 다양한 유무형의 서비스를 제공하며 MICE 행사 운영을 보다 전문적으로 담당하기도 하나, 그렇지 않은 경우에는

그림 3-3 호텔 MICE의 조직

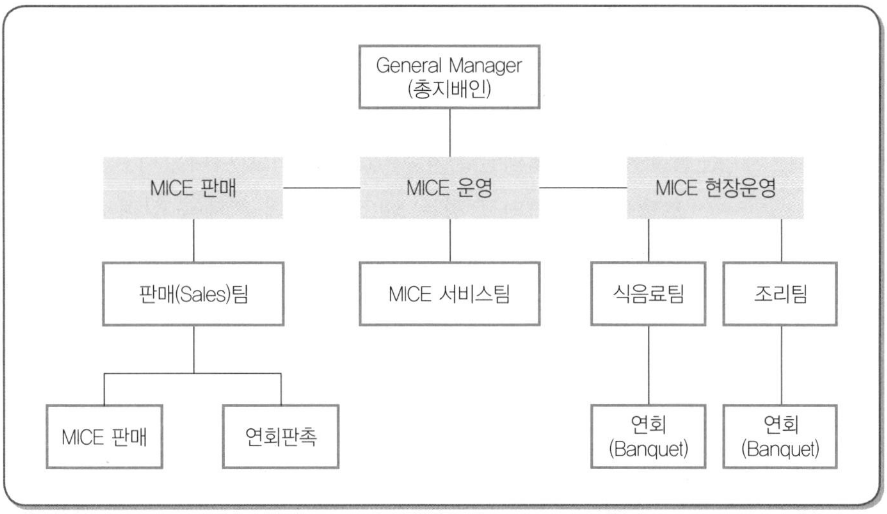

MICE를 세일즈 했던 팀에서 연계하여 행사 운영 및 고객 서비스를 담당하기도 한다.

보통 정규직이 MICE 마케팅 및 판촉, 판매를 담당하면서 호텔에서 이루어지고 있는 행사를 책임지고 있으며, 연회와 같이 행사 운영시 고객 접점 서비스를 위한 실제 주 업무들은 상당 부분 비정규직에 의해 운영되고 있다. 호텔 MICE의 연회 등 주요 행사에는 보다 전문적이고 숙련된 서비스를 제공할 수 있는 정규직이 투입되어야 한다. 그러나 실제 호텔은 인건비 절감과 효율성 및 경제성을 이유로 정규직보다 처우의 수준이 60% 정도인 저임금 저효율 인력을 연회나 MICE 행사시 대거 투입하여 일용직으로 활용하고 있는 실정이다.

연간 1~2회 정도 각 호텔마다의 이벤트 및 공연 등 자체 행사를 직접 기획하여 운영하고 있다. 그 밖의 기업회의와 인센티브, 이벤트 및 전시 등과 같은 행사에 대해서는 주로 외부의 PCO를 통하여 입찰에 참가하여 MICE 행사 유치 및 기획을 하는 것으로 나타났다.

MICE 행사의 유치 및 준비를 위해 컨벤션 서비스(convention service)나 Corporate 세일즈(기업회의 담당)팀과 같은 전담 부서를 별도로 만들어 운영하는 곳도 있었으며, 연회 부서에서 담당하여 운영하는 호텔도 있다. 이는 실제 호텔 운영에서도 MICE 행사가 더욱 중요해지고 있기 때문에 각 호텔들도 컨벤션 전담 직원인 컨벤션 서비스 매니저를 두거나, 호텔 자체의 인력이 투입되는 연회 행사에 대한 전문성과 서비스의 질을 향상시키기 위한 다양한 노력들을 수행하고 있다.

국내 특1급 호텔들의 경우에는 MICE 행사를 전문적으로 유치 및 운영하기 위한 전담 조직과 인력의 중요성을 인지하고 있었다. 이에 적정 인력 배치를 위해 외부 자문이나 컨설팅을 받기도 하고, MICE 조직을 확대 개편하여 그 전문성을 갖추는 노력들을 하고 있는 것으로 나타났다.

호텔에서 개최되고 있는 MICE 행사의 형태를 살펴보면, W호텔의 경우에는 기업회의가 전체의 30%로 가장 높게 나타났으며, 인센티브 25%, 컨벤션 25%, 이벤트 20%의 순으로 다양한 목적과 규모, 형태를 가지고 있는 MICE가 비교적 비슷한 비율로 운영되고 있다. 다른 호텔들에서도 모두 기업 회의 및 행사가 가장 높은 비율로 호텔에서 운영되고 있었고, 컨벤션 및 전시이벤트가 그 뒤를 따르고 있는 것으로 나타났다.

3.4. 호텔 MICE 인적자원의 중요성 및 운영 현황

현재 국내·외 호텔에서는 MICE 행사를 위해 상품을 개발하고 MICE 세일즈 부서의 조직화와 전문화, 효율적인 서비스 관리에 주력하고 있다. 특히 MICE 행사를 성공적으로 치루기 위해서는 행사장의 시설 등 물리적 환경뿐 아니라 종사원들이 제공하는 인적 서비스의 관리를 효율화하는 것이 무엇보다 중요하다. MICE 행사시 호텔 종사원들이 제공하는 서비스의 질과 고객만족 여부는 지속적인 MICE 행사 유치와 인지도 및 명성 확보에 결정적인 역할을 하기 때문이다. 그리고 호텔에서 종사원들에 대한 의존도를 높이다보니 종사원들의 감정 노동의 강도와 스트레스 또한 점점 더 증가하면서 직무 만족에 큰 영향을 받고 있는 실정이다.

MICE 행사는 특급 호텔들에서 주로 유치하여 운영하고 있었다.

표 3-5 호텔 MICE 운영 현황

구분	W 호텔	I 호텔
행사 운영 방식	• 자체 행사 기획: 연간 1~2회 진행 (Summer Party 등)	• 자체 행사 기획: 연간 1~2회 진행
	• 행사유치 및 기획: 자체 행사(Sales 팀), 유치 행사(외부 PCO) • 행사지원 및 준비: Convention Service팀, 식음료팀	• 행사유치 및 기획: 외부 PCO를 통한 행사 기획
행사 운영 전략	• 매출 규모, 특히 객실 매출 규모에 따라 우선 결정	• 행사 의뢰 순서에 최초 입각하나, Revenue Forecast를 통한 행사 약속 기간(cut-off) 유연하게 제안하여, 호텔 매출 극대화를 꾀할 수 있도록 선정
행사 개최 현황	• 연 350~500건 • 대표적인 행사로 G20 Summit, 핵 안보 정상회의 등 • 순수 대관 행사는 연 20건 내외	• 자체 행사: 연 약 1~2회(수요가 많은 기간에는 미 실시) • 유치 행사: 150(연 평균 약 15만명 이상 행사 참석) • 대관 행사: 100(연 평균 약 15만명 이상 행사 참석)
행사장 임대료	• Vista Hall(1300m2): 대관료 3,500만원 • Art Hall & Cosmos(320m2): 대관료 600만원 • WTR(996m2): 대관료 2,200만원 ※ Banquet 주문시 총 지불액이 대관료×1.5배 이상이 될 경우 대관료 면제	• Banquet 행사장의 규모에 따라 상이하며, 식음료 판매 금액에 따라 결정(1인 평균 10-20만원) • 행사 기간(비/성수기)에 따라 상이하며, 참석 인원수에 따라 결정(1인 평균 10-30만원)
가동률	• 행사장 가동률: 연 평균 60~65%	• 1건의 행사가 여러 행사장을 사용하는 경우가 대다수인 관계로 행사장 가동률에 대한 정확한 수치 제공이 어려움
	• 행사 비율: Meeting(30%), Incentive Tour(25%), Convention(25%), Event(20%)	• 행사 비율: 기업미팅(35%), 컨벤션, 전시, 이벤트(30%), 웨딩(30%), 가족행사(5%)

생각해 볼 문제

01 국내외 CVB 2–3개를 선정하여, 그들이 전개하는 MICE 유치 및 개최 활동에 대하여 분석하고, 시사점을 도출해 보자.

02 세계 주요 호텔에서 개최되는 MICE 행사를 조사하여, 그들의 유치 및 운영전략에 대하여 분석해 보자.

MICE MARKETING MANAGEMENT

제 4 장

MICE 마케팅 관리체계

학습 개요

"마케팅은 art인가 혹은 science인가?"라는 질문에 "마케팅은 과학적 프로세스를 가지고 현실에 대응하는 기술이 반영되는 학문이며 실용분야"라고 대답할 수 있다. 이를 달성하기 위한 접근이 마케팅 관리체계의 정립이다. 본 장에서는 SOSTAC (situation analysis, objective, strategy, tactics, action and control) 기법을 소개하면서 MICE 마케팅 관리 체계를 수립하는 절차에 대하여 학습하고자 한다.

제 1 절 MICE 마케팅 관리과정

1.1. MICE 시장의 이해와 관리과정의 필요성

Appadurai(1991)는 국제사회의 세계화 흐름(global flow)을 다음의 다섯 가지 영역으로 세분화하고 있다. 첫째, 관광객, 이민, 피난민, 외국인 노동자 등 사람의 흐름으로 인해 이루어지는 민족적 양상(ethnoscapes), 둘째, 다국적 조직, 직접투자, 기술의 흐름인 기술적 양상(technoscapes), 셋째, 통화시장과 주식거래에서 화폐가 급속하게 이동하는 금융의 양상(financescapes), 넷째, 신문, 잡지, 텔레비전, 영화에 의해 생산되고 분배되는 이미지와 정보의 매체 양상(mediascapes), 다섯째, 민주주의, 자유, 복지, 인권과 같은 서구 계몽주의 세계관의 요소로 이루어진 국가나 반국가 운동 이데올로기의 흐름인 이데올로기 양상(ideoscapes)이다.

이와 같은 다섯 가지 영역이 복합적으로 작용하면서 국제사회가 불규칙하게 움직이고 있다. 이러한 흐름 속에서 국가 간의 갈등이 존재하고 새로운 지식 체계를 공유할 필요성을 공감하게 되며, 자국의 이익이 과다하게 작용하여 국제사회의 공동의 비극(tragedy of commons)을 초래할 가능성도 상존한다. 이에 대비하기 위하여 국제사회의 협력체계가 요구되고 있고, 이러한 관점에서 MICE의 역할이 증대되고 이를 적극 활용할 필요성이 크게 대두되고 있다.

그러나 MICE와 관련된 현상을 이해하고 이에 부합되는 효과적인 마케팅 활동을 전개하는 데는 높은 수준의 관리적 기능이 필요하다. 즉, MICE 조직이 성공적인 마케팅을 수행하기 위해서는 매우 복잡하고 다양한 상황들을 철저하게 분석하고 관리해야만 한다. 그렇지 않으면 사업의 실패는 물론 마케팅 실행에 따른 막대한 예산 손실까지 감수해야 한다. 따라서 사업에 필요한 필수적인 마케팅 요소들을 빠짐없이 관리하고, 이에 소요되는 시간과 재원을 단축하며, 마케팅 실패로부터 조직이 받을 수 있는 위험을 최소화하기 위하여 체계적인 마케팅 관리과정, 즉 마케팅 계획의 수립이 절대적으로 필요하다.

1.2. MICE 마케팅의 관리과정

MICE 조직을 포함한 모든 조직의 마케팅 관리과정은 마케팅 기회를 도출하는 과정에서 상황분석(Situation Analysis)을 하고, 조직의 마케팅 목표를 달성하기위하여 목표설정(Objectives)을 하며, 목표를 성취하기 위한 전략(Strategy)을 도출하며, 그 전략의 세부사항인 전술(Tactics)을 수립하고, 이를 실제 실행(Action)에 옮기며, 최종적으로 이를 측정·평가·검토하여 수정하고 피드백하는 통제(Control)의 단계를 거치게 되는데 폴 스미스(Paul R. Smith)는 이를 하나로 체계화하여 SOSTAC(Situation analysis-Objective-Strategy-Tactics-Action-Control)이라 하였다. 본체계는 MICE 마케팅 관리 과정을 이해하고 분석하는 데 매우 유용한 틀이다.

SOSTAC의 각각의 단계를 살펴보면 다음과 같다(그림 4-1 참조).

그림 4-1 SOSTAC

1. 상황분석(Situation Analysis): 마케팅 기회분석

특정 MICE를 유치 및 개최하는 데 있어서 시장 상황에 대한 분석 없이, 무작정 사업을 시작했다면 결과가 어떠할지 생각해 보자.

유치 및 개최 하고자 하는 MICE에 대한 잠재 소비자의 반응 유형은 어떠한지, 또는 다른 유사 MICE나 경쟁조직 등에 대한 자기 조직의 내부 역량이 상대적으로 충분한 경쟁력을 갖추었는지에 대한 검토 없이, 단순히 그 주제가 사회적으로 큰 트렌드를 형성하고 있다는 사실에만 치중하여 사업을 진행하는 오류를 범한다면 그로 인한 사업의 실패와 손실은 피할 수가 없을 것이다. 행여나 사업이 성공적이었다고 하더라도 이는 행운이 따른 것일 뿐, 훌륭한 마케터로서의 역할을 하지는 못한 것이다.

"첫 단추를 잘 끼워야 한다."는 말이 있듯이, 어떠한 사업을 마케팅 함에 있어서 그 첫 단추인 상황분석은 효과적이고 효율적인 마케팅의 기본이 되므로 매우 중요한 과정이다.

SOSTAC의 첫 S는 상황분석(Situation Analysis)을 말하며, 이는 우리가 어디에 있는지(where we are now)를 알게 해준다. 현 조직내부의 상태 및 역량과 외부 경영환경 요소들을 파악하고, 이로 인하여 존재하는 새로운 마케팅 기회 또는 위협요인을 찾아낼 수 있다. 이 단계는 크게 정보나 자료를 수집하는 단계와 이를 통해 기회와 위협요인을 분석하는 단계로 구분할 수 있으며, 상황분석을 위한 대표적 도구로써 거시적 환경을 분석하는 PEST(Political, Economic, Socio-cultural, Technological)요인 분석과 미시적 환경을 분석하는 SWOT(Strength, Weakness, Opportunity, Threat) 분석을 들 수 있다.

'지피지기(知彼知己)면 백전백승'이라고 경쟁자를 알기 위한 경쟁자 분석은 필수적이며, 더 나아가 MICE 산업 혹은 시장이 가지고 있는 산업의 매력도(Industry Attractiveness) 혹은 시장의 매력도를 분석할 필요성이 있다.

2. 목표설정(Objectives)

상황분석에 의하여 포착된 마케팅 기회와 조직의 현재 위치를 바탕으로 마케팅 목표를 수립해야 한다. 마케팅 목표설정은 조직이 일정 기간 동안 추구하는 바의 가시적 방향성(where we want to go)을 제시하고, 이를 성취하고자 하는 조직원들에게 동기 부여를 할 수 있다는 점에서 중요하다. 마케팅의 목표는 구체적이며, 수치화를 통하여 측정 가능해야 하고, 성취 가능하며, 보유 자원에 대비하여 현실적으로 타당하며, 시의적으로 적절해야 한다. 이를 마케팅 목표의 SMART의 원칙(Specific, Measurable, Achievable, Realistic, and Time related)이 적용되어야 한다(그림 4-2 참조).

3. 전략(Strategy)

목표를 성취하기 위해서는 현재 상황에 가장 적합하고 경쟁자와 차별화된 전략이 있어야 한다. 전략 수립의 합리적 과정은 우선 시장의 세분화와 목표시장의 설정, 포지셔닝, 즉 STP(Segmenting, Targeting, Positioning)가 수립되어야 한다.

그림 4-2 목표설정의 SMART 원칙

S pecific	설정된 목표는 충분히 구체적인가?
M easurable	설정된 목표는 수치적으로 성공과 실패를 구분할 수 있는가?
A chievable	설정된 목표는 성취 가능하고 획득 가능한가?
R ealistic	설정된 목표를 성취하기 위한 현재의 보존자원은 타당한가?
T ime	설정된 목표의 성취는 언제까지 이룰 것인가?

MICE를 포함한 모든 조직에있어 자사의 제품 및 서비스를 불특정한 전체 시장을 대상으로 마케팅 활동을 전개하는 것은 매우 비효율적이다. 예산, 인력 등 주어진 조건을 백분 활용하여 효과적인 마케팅 성과를 창출하기 위해서는 전체 시장을 공략하기 보다는 시장을 지리적, 인구통계학적, 심리학적 변수 등으로 세분화하여 집중 공략하는 것이 바람직하다. 이러한 과정이 시장세분화(segmentation)이며, 세분화 시장에서 가장 수익을 많이 창출할 수 있는 시장을 우선적으로 선택하는 것이 목표시장의 설정이다(targeting).

포지셔닝(positioning)이란 소비자들의 마음속에 자사의 상품 및 서비스를 자리잡게 하는 것으로, 경쟁사와 차별되는 바람직한 이미지를 형성하기 위하여 전개되는 중요한 마케팅 전략 중의 하나이다.

M. Porter는 조직이 경쟁적 우위(Competitive Advantage)를 가질 수 있는 세 가지의 본원적 경쟁전략을 제시하였다. 저원가 유도전략(Cost Leadership Strategy), 차별화전략(Differentiation Strategy), 그리고 세분화전략(Segmentation Strategy)이며, 세분화전략은 집중화전략(Focus Strategy), 또는 틈새시장전략(Niche Strategy)이라고도 한다. 시장의 규모, 독특성과 가격의 민감성을 고려하여 각 전략들을 조직의 특성에 맞게 활용할 수 있다(그림 4-3 참조).

그림 4-3 3가지 본원적 경쟁전략

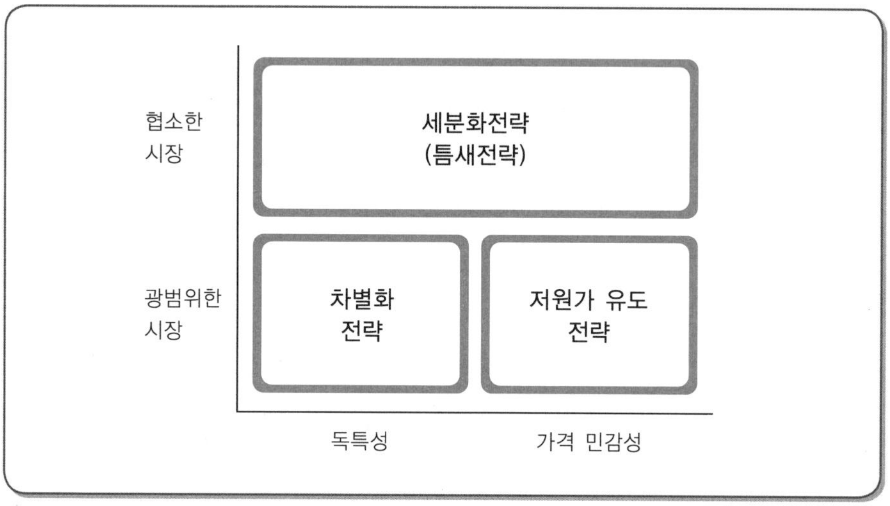

4. 전술(Tactics)

전술은 전략의 세부사항을 기술한 것으로 마케팅 전략을 수행하기 위하여 동원할 수 있는 핵심적 수단이다. 즉, 마케팅 목표의 달성을 위하여 전략을 구체적으로 실현할 수 있는 마케팅 믹스가 이에 해당되며, 상품, 유통, 가격, 홍보 등이 포함된다. MICE는 서비스 분야로 제품 마케팅의 마케팅 믹스인 4P(Product, Price, Place, Promotion)에서 서비스의 특성인 무형성과 이질성을 극복하기 위하여 추가된 3P(Physical Evidence, Process, People)를 포함하여 7P(Product, Price, Place, Promotion, Physical Evidence, Process, People)를 전술적으로 활용하고 있다.

5. 실행(Action)

실행 프로그램은 계획을 행동에 옮기는 것으로, 마케팅 계획에서는 마케팅 믹스의 요소별로 실행을 위한 프로그램을 작성해야 하며, 이를 토대로 예상손익계산서를 작성하여 마케팅 결과에 대한 예상과 동시에 향후 통제를 위한 기준을 마련해야 한다.

6. 통제(Control)

이 단계에서는 마케팅 실행 프로그램의 측정, 모니터링, 검토, 갱신, 수정 등을 포함한다. 마케터의 업무는 마케팅 상황분석에서 실제 실행계획까지 수립한 것으로 끝나는 것이 아니다. 실제 마케팅이 계획대로 수행되는 과정을 모니터링 및 측정하여야 하고 또한 평가 분석해야 한다. 마케팅 환경은 시시각각으로 급변하는 동태적(dynamic) 성격을 가지고 있다. 따라서 아무리 잘 세워진 마케팅 계획도 계획 당시의 상황과 변화된 현재 상황의 차이에 의하여 수정되고 피드백 되어야 한다.

제 2 절 MICE 상황분석 체계

2.1. 상황분석 과정(Situation Analysis)

1. 마케팅 환경과 상황분석의 의의

MICE 조직의 마케팅 관리과정은 고객과의 관계를 통해 조직의 목적을 획득하는 과정이라 할 수 있는데, 그 관계에 영향을 미칠 수 있는 모든 행위자 및 영향요인을 '마케팅 환경'이라 할 수 있다. 마케팅 관리과정의 첫 단계는 이러한 마케팅 환경을 파악하는 '상황분석'으로 조직에게 '지금 우리는 어디에 있는가?'를 이해하는 데 유용한 수단이 된다(그림 4-4 참조).

그림 4-4 마케팅 환경의 정의

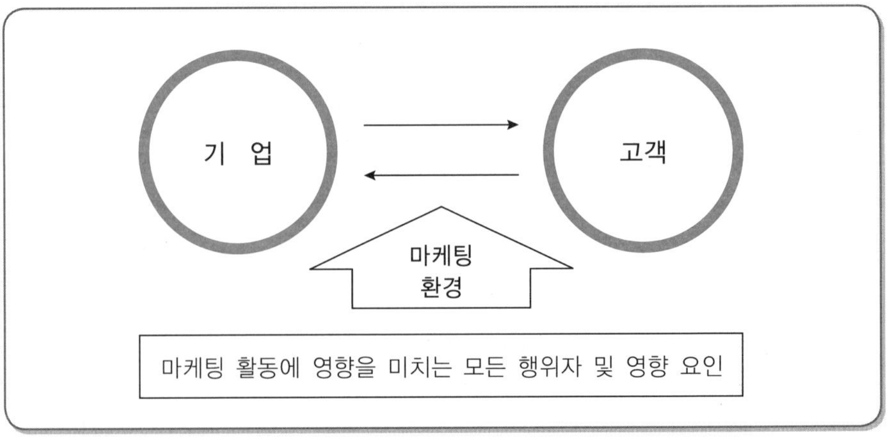

즉, 상황분석을 통해 MICE 조직이 가지고 있는 역량 및 내부사항을 파악하여 시장경쟁에서 MICE 조직의 현재 위치를 확인하는 한편 MICE 조직 및 MICE를 둘러싼 동태적 환경요인으로부터의 기회와 위협을 포착하여 불확실한 미래 상황에 대한 예측 및 대응을 할 수 있다.

첫 단추를 채우는 과정이 올바르게 이루어지지 못할 경우, 향후 MICE 마케팅 관리과정은 그릇된 결과를 낳게 될 우려가 크므로 MICE 조직의 마케팅 활동에 영향을 주고 있는 모든 요인들에 대하여 철저한 분석이 이루어져야만 한다. 특히 숲을 볼 줄 아는 통찰력을 가지고 마케팅 환경의 개별요인들뿐만 아니라 각 요인들의 상호연관성을 이해하는 것이 중요하다.

효과적인 상황분석을 하기 위해서는 그 전체적인 틀을 이해해야 하는데, MICE 조직이 가진 내부요인과 외부요인을 모두 분석해야 하며, 이를 위해 핵심 성과지표 분석과 PEST요인분석, 고객 및 경쟁분석, SWOT분석, 이해 당사자 분석 등을 실시해야 한다(그림 4-5 참조).

그림 4-5 MICE 마케팅 상황분석의 절차

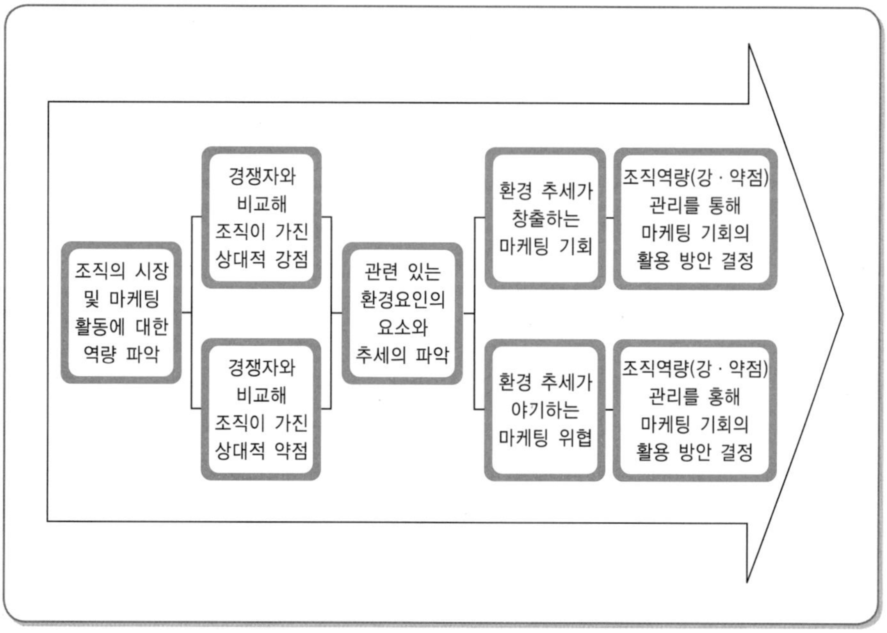

2. 내부요인 분석

상황분석을 위한 내부요인 분석에서는 먼저 MICE 조직의 핵심적인 성과 지표들을 검토하게 되는데, MICE 조직의 기존 마케팅 목표 및 전략에 따라 도출된 시장점유율, 수익성, 개최건수, 신 MICE 수요 등의 분석이 그것이다.

이는 절대적 성과의 분석이 아닌, 시장의 트렌드 또는 MICE 조직의 목표 달성 여부, 그리고 경쟁자의 성과(performance) 등을 비교한 상대적 성과의 분석이어야만 하며, 또한 이를 시기별로 비교하였을 때 MICE 조직을 실행해 온 마케팅 활동 및 전략이 가지는 효과성 및 문제점을 평가할 수 있어야 한다.

이와 같은 내부 환경요인의 분석은 경쟁자와 비교한 MICE 조직의 강점과 약점을 파악하기 위함이며, 이는 곧 외부환경에 대응할 수 있는 핵심역량(Core Competence)을 파악할 수 있어 향후 MICE 산업의 마케팅 전략 방향을 모색하는 토대를 제공할 수 있을 것이다.

MICE 조직 경영의 모든 부분에서 경쟁자와 비교하여 우월한 점과 열등한 점을 파악할 수 있는 질문은 〈표 4-1〉과 같이 할 수 있다. 일단 분석을 할 때는 정확하게 할 필요가 있으므로, 항상 '왜?'라는 물음에 대한 답을 구해야만 한다. 즉, 왜 우리가 성공(실패)했는지 또는 강점(약점)을 가지는지에 대한 해답을 철저하게 분석해야 하며, 이를 통해 MICE 조직은 성공(강점)을 극대화하거나 실패(약점)를 최소화할 수 있다.

표 4-1 강점과 약점 파악을 위한 질문 예시

우리의 입지는 더 편리한가?
우리의 서비스는 더 친절한가?
우리의 서비스가 좀 더 가치 있고, 저렴한가?
우리의 조직 및 사업(브랜드)을 소비자는 더 많이 인지하고 있는가?
우리의 조직 및 사업(브랜드)에 대한 소비자의 평가는 좀 더 좋은가, 나쁜가?
우리의 조직은 좀 더 많은 정보를 가질 수 있는가?
우리의 재무 상태는 더 안정적인가?
우리의 인적 자원은 더 우수하고 풍부한가?
우리의 조직 문화와 인사 구조는 좀 더 내부역량을 가지고 있는가?
우리의 조직과 외부 이해당사자(stakeholder)와의 관계는 좀 더 우호적인가?
우리의 조직 경쟁력은 보다 오래 지속가능한가?

조직의 내부 환경요인은 '통제 가능 변수'라고도 하는데 그 이유는 첫째, 조직 관리자의 결정에 따라 통제가 가능하며, 둘째, 조직이 가지는 자원의 배분, 즉 '사람', '돈', '시간'의 조절을 통해 통제가 가능하기 때문이다.

3. 외부요인 분석

외부요인 분석은 MICE 조직 외부에서 일어나지만 MICE 조직에 영향을 미치는 모든 환경요인에 대한 분석을 의미하며, 이러한 외부 환경요인은 일반적으로 각 요인에 대한 MICE 조직의 직접적인 통제력이 미치지 않는다하여 '통제 불가능 변수'라고도 한다. 이러한 외부 환경요인은 지속적이고 불확실하게 변하며, 그 속도가 점점 빨라지고 있고(가속성), 일시성·다양성·다원성의 특성을 가지고 있으며, 또한 자주 발생하는 다빈도성의 특성이 있다.

이러한 외부 환경요인에 대한 분석은 궁극적으로 이들 요인으로부터 조직이 받을 수 있는 주요 영향을 파악하고자 함이며, 이를 크게 '기회'요인과 '위협'요인으로 구분하여 도출하게 된다. 여기서 '기회'란 외부환경에서 MICE 조직이 경쟁적 우위를 획득할 수 있는 여건을 제공하는 것을 의미하고, 외부환경의 매력성 정도와 성공 가능성의 수준에 의하여 분석할 수 있다.

'위협'이란 MICE 조직의 경쟁적 지위를 잠식하는 환경 내의 바람직하지 못한 추세나 변화에 의해 제기되는 도전을 의미하며, 위협의 심각성 정도와 발생가능성 수준에 의해 분석할 수 있다.

외부 환경은 매우 다양한 기준으로 분류될 수 있으나, 크게 두 가지 관점으로 분류한다. 첫째, 그 환경적 영향이 조직 경영에 직접적으로 미치지는 않

그림 4-6 마케팅 외부 환경의 특성과 영향

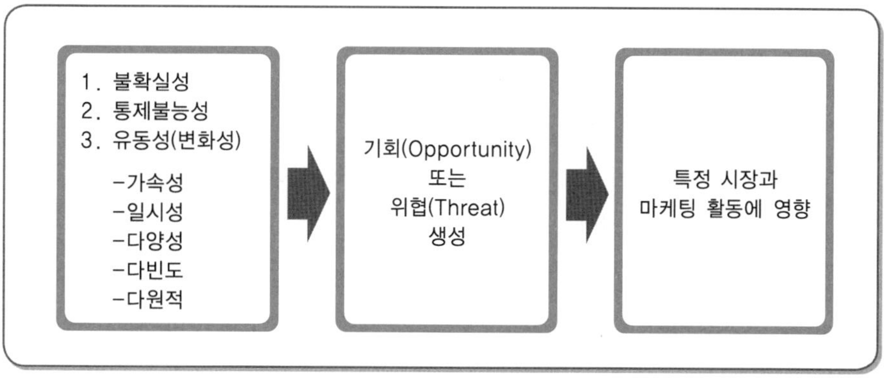

그림 4-7 국내 MICE 산업 PEST 1 분석 예시

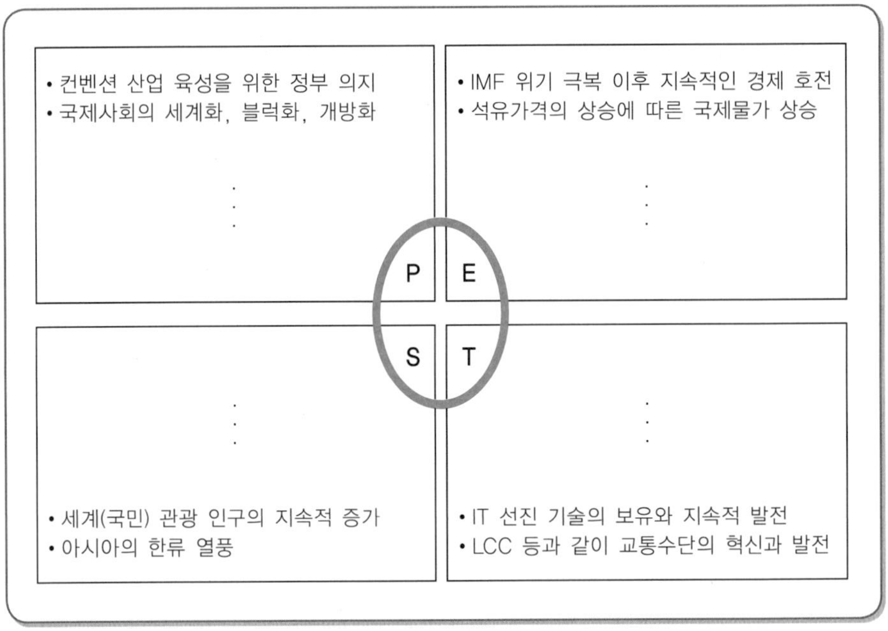

으나 거시적 관점에서 해당 시장과 산업 자체의 형성과 흐름에 관계할 수 있는 '원거리 환경요인'과 둘째, 조직 경영에 즉각적이고 직접적으로 영향을 미칠 수 있는 '근거리 환경요인'이다.

먼저 원거리 환경요인을 분석하는 도구로써 [그림 4-7]과 같이 'PEST 1 요인분석'을 들 수 있는데, 여기서 PEST는 Political Environment(정치적 환경), Economic Environment(경제적 환경; 거시), Socio-cultural Environment(사회·문화적 환경), Technological Environment(기술적 환경) 요인을 의미한다. MICE 조직은 PEST 1 요인분석을 통해 MICE 조직 및 해당산업에 관련된 흐름의 변화에 영향을 준다. 이는 곧, 근거리 환경요인의 변화에 있어서도 영향을 미치게 되는 주요 외부 환경요인을 파악하고, 장기적이고 거시적인 관점에서 조직의 현재 상황과 앞으로 다가올 상황에 대해 예측하고 대응전략 수립의 기초를 마련할 수 있다.

근거리 환경요인을 분석하는 도구로써 'PEST 2 + CC 요인분석'을 들 수 있는데, 여기에는 산업에 영향을 미치는 힘(Power Force Shaping Industry), 경제적 환경, 산업의 구조, 시장의 트렌드 요인과 경쟁자와 고객 요인들이 이에 해당한다. 이 중 경쟁자와 고객에 대한 분석은 특히 중요하며, 심지어 일부 마케

팅 매니저들은 이 두 요인을 외부 환경과 따로 분리하여 보다 심도 있게 분석하기도 한다.

경쟁자 분석은 자기 조직의 내부 요인 분석과 비슷하며, 경쟁자에 관해 가능한 모든 정보를 수집·분석하여 그들의 능력과 전략, 그리고 강점과 약점을 파악하므로 상호 경쟁에서 자기 조직이 우위를 가질 수 있는 마케팅 전략 방향을 모색하게 한다.

고객 분석은 고객이 가지는 욕구를 분석하고, 또 그들의 행동 패턴 및 의사결정과정을 파악하는 것으로써, 충족되지 못한 고객의 욕구, 행동 양식을 찾아내어, 이에 부합하는 마케팅 전략을 수립한다면 수익창출에 크게 기여할 수 있을 것이다.

근거리 환경요인은 MICE 조직의 마케팅 활동에 미치는 영향이 보다 직접적이고 민감성이 높기 때문에 MICE 조직의 성과와 관련하여 긍정적 성과를 창출할 수 있으므로 가능하다면 관련된 모든 사항에 대한 철저한 분석을 통하여 MICE 조직에 직면하는 기회와 위협을 미리 파악할 수 있어야 한다. 또한 마케팅 환경은 불규칙성과 가속성을 가지므로 지속적이고 규칙적으로 MICE 조직 내외의 상황을 분석하는 것만이 마케팅 오류를 범하지 않는 최선의 방법이 될 것이다.

2.2. SWOT 분석

SWOT이란 Strength(강점), Weakness(약점), Opportunity(기회), Threat(위협)의 약자로 마케팅 상황 종합분석의 도구이다. SW, 즉 조직의 내부 환경요인을 분석하여 도출한 상대적 강점과 약점을, OT, 즉 조직의 외부 환경요인을 분석하여 도출한 마케팅 기회 및 위협과 체계적으로 결합시키는 사고를 통해서 강점은 살리고, 약점은 줄이며, 기회는 활용하고, 위협은 억제할 수 있도록 조직적인 마케팅 전략 방향을 모색하는 것이 SWOT분석의 의의이다.

정확한 SWOT분석은 새로운 시장 기회를 잡기 위해 자신의 강점은 최대화하고, 약점은 최소화할 수 있는 마케팅 전략 방향을 도출할 수 있다. 특히 SW와 OT를 두 개의 축으로 하는 매트릭스를 만들어 SO, ST, WO, WT의 네 가지 전략 영역을 도출할 수 있다(그림 4-8 참조).

그림 4-8 SWOT 분석 매트릭스

	S	W
O	①	③
T	②	④

① SO전략(강점-기회전략): 시장의 기회를 활용하기 위해 강점을 사용하는 전략
② ST전략(강점-위협전략): 시장의 위협을 회피하기 위해 강점을 사용하는 전략
③ WO전략(약점-기회전략): 약점을 극복함으로써 시장의 기회를 활용하는 전략
④ WT전략(약점-위협전략): 시장의 위협을 회피하고 약점을 최소화하는 전략

하지만 일부 학자들은 이러한 SWOT분석의 한계점을 지적하기도 한다. SWOT분석 내에 경쟁자에 대한 고려와 대응이 효과적이지 못한다는 평가와 함께 조직의 심리적인 요소를 반영할 수 없다는 것이다. 물론 환경적 부분에 경쟁자에 대한 내용을 포함하여 분석하는 경우도 있지만 이는 외부 환경요인과 내부 환경요인 그리고 경쟁자의 요인을 동일선상에 놓고 전략을 수립함으로써 경쟁자의 전략을 상당부분 간과하게 되는 결과를 초래할 수 있다.

이러한 단점을 극복하기 위한 방안으로써'경쟁자를 고려한 SWOT분석'의 활용이 확산되고 있다. 그 분석의 틀을 살펴보면 다음 [그림 4-9]와 같다.

그림 4-9 경쟁자를 고려한 SWOT 분석 매트릭스

	S	W
(자사)	①	②
(경쟁자)	③	④
(환경)	⑤	⑥
	O	T

① 자사의 강점
② 자사의 약점
③ 경쟁자의 약점
④ 경쟁자의 강점
⑤ 환경의 기회요인
⑥ 환경의 위협요인

경쟁자를 고려한 SWOT 분석은 경쟁자의 강점과 약점을 별도로 분석함으로써 자사의 강점과 약점을 좀 더 확실하게 파악을 할 수 있는 이점을 가지고 있다. 또한 이를 외부 환경에서 오는 기회와 위협요인을 결합하여 일관된 SWOT전략을 수립하고 실행할 수도 있다.

즉, 매트릭스의 왼쪽 부분(①, ③, ⑤ 부분)은 자사의 강점과 경쟁사의 약점 그리고 환경에서의 기회요인을 하나의 축으로 삼고 있으므로, 경쟁사의 약점과 환경의 기회요인을 고려하였을 때에 자사의 어떤 강점을 활용할 수 있을 것인가에 대한 답을 얻을 수 있다.

매트릭스의 오른쪽 부분(②, ④, ⑥ 부분)은 자사의 약점과 경쟁사의 강점, 환경에서의 위협요인을 하나의 축으로 삼고 있으므로, 마케터는 경쟁사의 전략에 대해 쉽게 예측하고 자사의 대비전략을 수립할 수 있는 장점이 있다. 이는 첫 번째의 SWOT 분석방법의 단순한 WT전략과는 다른 좀 더 적극적인 대응전략이라 할 수 있다.

상기의 마케팅 환경요인을 분석하는 종합적인 틀은 아래 [그림 4-10]과 같다.

그림 4-10 MICE 마케팅 상황분석의 요약

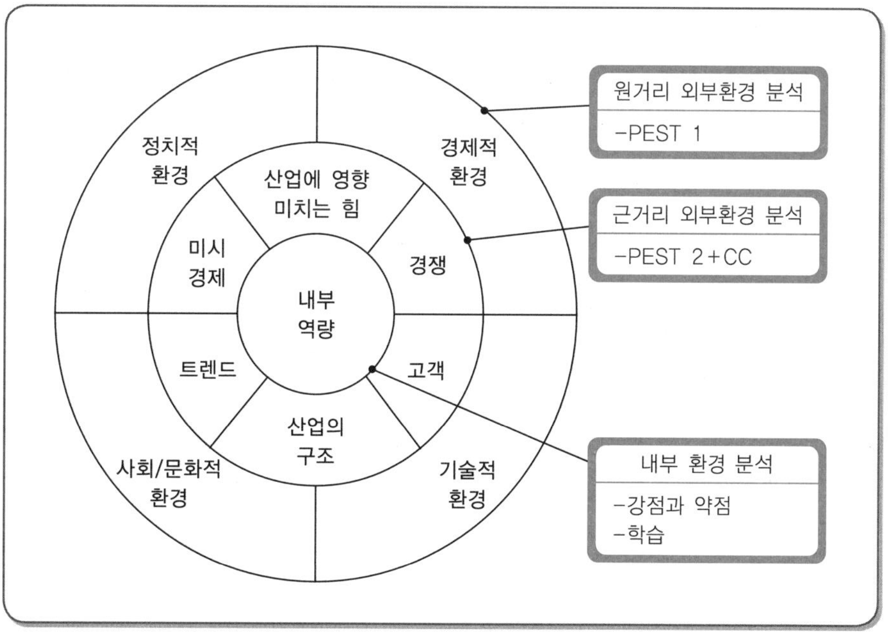

제 3 절 MICE STP 전략

3.1. STP의 개념과 기준

시장 세분화와 표적시장 선정은 마케팅 계획수립에 있어서 가장 핵심적인 요소이다. 시장 세분화는 잠재고객들로부터 이루어진 전체 시장을 비슷한 특성을 가진 동질적인 여러 개의 하위집단으로 나누는 작업이다. 특히, 시장 세분화 전략은 소비자의 욕구가 다양해지고 있고 기업이 가지고 있는 전문성과 자원의 한계로 지속적인 경쟁적 우위(sustainable competitive advantage)를 확보할 수 있는 시장을 찾아야 하는 것이다. 전체 시장을 세분화하는 전략의 수립은 기업의 필연적 선택 전략으로 흔히 STP(Segmenting-Targeting- Positioning) 전략이라고도 한다.

MICE 분야도 시장의 다양성과 고객의 복합성으로 MICE 기업이 경쟁력을 갖추기 위해서는 MICE 시장을 세분화하고, 표적시장을 선정하고, 포지셔닝을 하여 자원의 최적 배분과 효율성을 창출하여야 한다. 세분화 전략은 [그림 4-11] 과 같이 단계적 절차를 거쳐 마케팅 믹스 전략을 수립하는 토대를 제공해야 한다.

첫 번째 단계는 시장세분화 단계이다. 두 번째 단계는 최종적으로 진입 가능한 표적시장을 선택하고 그 표적시장에서 달성해야 할 마케팅 목표와 마

그림 4-11 세분화전략 과정

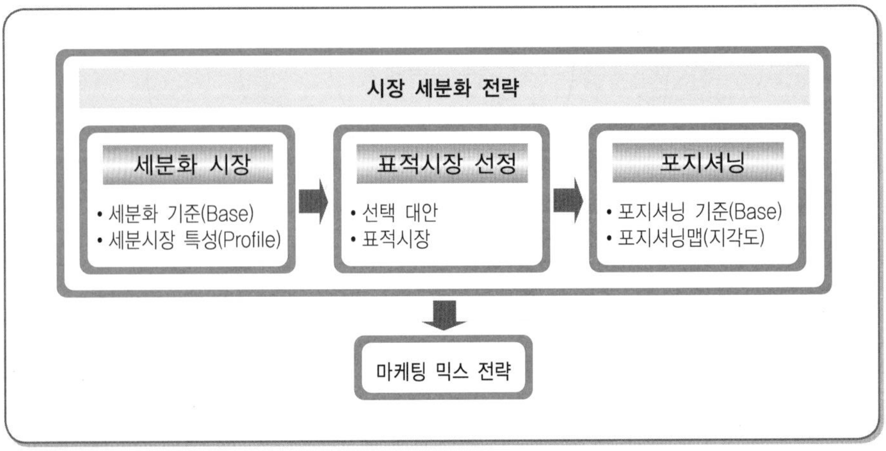

케팅 전략을 수립하는 과정이다. 세 번째 단계는 포지셔닝 전략의 개발이다. 선택된 표적시장에는 여러 브랜드가 이미 진입하여 나름대로의 시장 영역을 차지하고 있기 때문에 자사 브랜드가 가지는 경쟁우위를 파악하여 표적시장에 가장 효율적으로 소구하기 위한 위치를 결정해야 한다. 기존의 포지셔닝이 표적시장에서의 마케팅 목표를 달성하는 데 도움을 주고 있는가를 평가하고, 만약 그렇지 못하거나 새로운 차원의 경쟁변수가 등장했을 경우에는 재포지셔닝(repositioning)을 해야 한다. 구체적으로 STP의 단계를 설명하면 다음과 같다.

3.2. 시장 세분화(Segmenting)의 개념

시장 세분화란 하나의 시장을 비교적 유사하고 동질적인 집단으로 구분하는 과정이다. 이러한 시장 세분화를 실행하기 위해서는 소비자의 욕구는 상이하다는 점과 한 제품이나 서비스로는 모든 소비자의 욕구를 동시에 충족시키기 곤란하다는 점이 전제되어야 한다. 세분화는 반드시 시장을 작게 쪼갠다는 것만이 아니다. 비어 있는 시장 또는 소외된 잠재시장을 목표로 삼을 수도 있다.

브랜드는 시장을 분류하여 나누어진 세분시장 중 하나 혹은 그 이상을 표적으로 삼기보다는 전체 시장의 고객들을 끌어와야 하기 때문에 시장세분화는 최후의 수단으로 활용되는 전략이다[1]. 그러나 기업이 전체시장을 표적으로 선정할 때와 경쟁자로부터 자신을 차별화시킬 수 있는 수단을 가지고 있지 않을 때는 시장세분화가 필요하다.

예를 들면 MICE의 경우 시장을 세분화하는 과정이 과연 필요한가에 대한 의문을 제기할 수 있다. 정부, 학회, 협회, 기업회의 등 혹은 과학, 경제, 의학, 관광 분야 등으로 세분화할 필요성이 있는지에 대한 의문이다. 그러나 MICE 단체(CVB, MICE 센터, PCO 등)가 경쟁자와 차별화할 수 있는 자원이 없을 경우 틈새시장이라고 하는 우량시장을 찾기 위한 과정으로 시장 세분화가 필요할 것이다.

1. 시장 세분화의 기준 변수

그러면 시장 세분화는 어떻게 해야 하는가? 시장 세분화에는 기준이 있다.

1 D. Iacobucci, Kellog on Marketing, John Wiley & Sons, Inc. 2001.

그림 4-12 세분화의 기준 변수

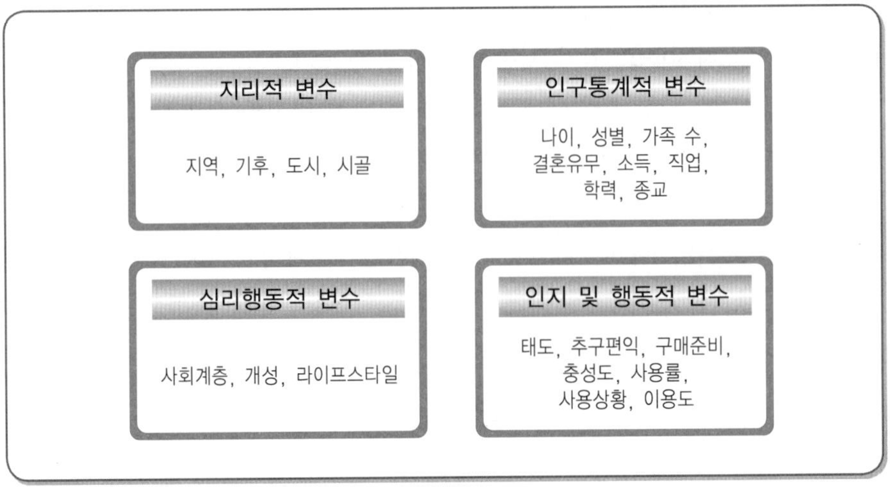

인구통계학적 변수(나이, 성별, 가족수, 결혼유무, 소득, 직업, 학력, 종교 등), 지리적 변수(지역, 기후, 도시, 시골 등), 심리행동적 변수(사회계층, 개성, 라이프스타일 등), 인지 및 행동적 변수(태도, 추구편익, 구매준비, 충성도, 사용률, 사용상황, 이용도 등) 등이 시장 세분화의 기준 변수들이다(그림 4-12 참조).

2. 시장 세분화의 효과

시장 세분화가 가져 오는 마케팅 효과로는 다음과 같은 세 가지 효과를 기대할 수 있다.

첫째는 경쟁우위(competitive advantage)의 확보이다. 다양한 상품과 서비스를 가지고 다양한 고객들에게 접근하기 때문에 시장세분화는 기업이 경쟁적 우위를 확보하는 데 기여한다.

둘째는 마케팅 기회의 발견이다. 시장 세분화는 틈새시장을 발견하여 숨겨진 고객들의 욕구를 찾아 낼 수 있다는 점에서 마케팅 기회의 포착이다. 예를 들면, 제주 컨벤션 센터가 MICE 시장을 세분화하는 마케팅 과정을 갖는다면, 정부, 협회, 학회, 기업 및 인센티브 회의 시장 가운데에서 기업 및 인센티브 회의시장을 좀 더 세분화함으로써 제주 MICE 시장의 마케팅 기회를 찾아 낼 수 있을 것이다. 광주의 김대중 컨벤션 센터나 대전 컨벤션 센터의 경우에도 시장 세분화를 통하여 새로운 마케팅 기회를 찾아 낼 수 있을 것이다.

셋째는 차별화를 통한 가격 경쟁의 완화이다. 동일한 소비자를 놓고 경쟁하는 경우에 대부분이 가격 경쟁에 의존한다. MICE 개최지 혹은 센터의 경우를 살펴보면 동일 소비자를 대상으로 가격 경쟁에 의존한 유치 전략을 구사하고 있어 업계의 수익을 악화시키고 이미지를 추락시키는 사례가 많다. 시장세분화는 차별화를 추구하여 가격에 대한 소비자의 민감도가 낮은 시장을 찾아낼 수 있기 때문에 차별화를 추구하는 시장 세분화 전략은 MICE 기업에게 매우 중요하다.

3. 시장 세분화의 단계

시장 세분화의 첫 번째 단계는 우선 시장을 세분화하는 목적을 명확하게 하는 것이다. 지나친 세분시장 마케팅은 수익성을 악화시킬 수도 있고, 혁신적인 신상품의 경우에는 시장 세분화가 시기상조일 수가 있다. 따라서 왜, 시장 세분화를 해야 하는지에 대한 명확한 목적을 가지고 있어야 한다.

두 번째 단계는 시장 세분화 기준을 선택해야 한다. 세분화 기준에는 지리적 변수, 인구통계적 변수, 심리행동적 변수, 인지 및 행동적 변수 등이 있으며, 이러한 변수들을 세분화 목적에 맞게 적절히 선택해야 한다.

세 번째 단계는 자료의 수집이다. 특히 고객 행동 변수와 고객 특성 변수에 대한 자료가 필요하다. 고객 행동 변수란 고객의 구매 행동과 밀접한 관련이 있는 변수들로, 예를 들면 추구편익, MICE 참가상황, 참가 횟수, MICE 브랜드 애호도 등이다. 고객 특성변수란 고객이 누구인지를 나타내는 변수로, 인구통계적 변수와 심리분석적 변수 등이다.

시장 세분화를 효과적이고 효율적으로 하려면 먼저 고객 행동변수를 이용하여 시장을 세분화한 다음, 고객 특성 변수를 이용하여 세분시장 각각의 전반적인 특성을 파악해야 한다. 〈표 4-2〉는 시장 유형과 고객 행동 변수를 구분하고 이에 따른 고객 특성변수를 통하여 세분화한 표이다.

4. 효과적인 시장 세분화를 위한 조건

시장 세분화를 효과적으로 하기 위해서는 기준변수의 선택과 단계별 세분화 분석이 필요하지만, 무엇보다도 시장 세분화 과정에서 아래와 같은 조건들이 충족되지 못할 경우에는 시장 세분화 결과의 유용성이 떨어지게 될 것이다(그림 4-13 참조).

소비자와 시장 세분화 기준변수를 통해 분류된 각 세분시장이 효과적으로

표 4-2 시장 세분화 분류

시장유형(집단)	I	II	III	IV	V	VI	VII
집단 성격	A	B	C	D	E	F	G
성별							
연령							
결혼유무							
직업							
학력							
월평균소득							
거주지							

이루어지기 위해서는 시장규모의 실재성이 있어야 하고, 측정 가능해야 하며, 접근 및 실행 가능해야 한다.

시장규모는 각 세분시장에 기업이 개별적인 마케팅 프로그램을 실행할 수 있을 정도로 충분한 규모를 지니고 있어야 한다는 것이다. 즉, 세분된 각각의 시장은 개별적인 마케팅 전략의 수립에 소요된 비용을 회수하고 기업에 충분한 이익을 보장해 줄 수 있을 정도의 규모를 가져야 한다.

측정 가능성은 마케팅 관리자가 각 세분시장의 규모와 구매력의 측정이 가능하여야 한다는 것이고, 접근 가능성은 마케팅 노력으로 세분시장에 효과적이며 경제적인 접근을 할 수 있는 적절한 수단이 존재하는가를 말한다. 만일 어느 세분시장이 존재한다는 것을 측정하였고, 그 규모가 기업의 이윤을 보장해 줄 수 있는 크기라 할지라도 그 세분시장이 구체적으로 어떤 특성을 가진 사람들로 구성되었으며, 이들에게 접근할 방법이 무엇인가를 알지 못한다면 세분시장으로서의 가치를 상실하게 된다.

시장 세분화가 마케팅 전략 수행과정의 핵심 개념이라 해도 잘못 사용되어질 경우에는 피해가 발생한다. 그 중에서 가장 흔히 발생하는 현상은 과도한 시장 세분화인데, 이러한 현상은 무리한 마케팅 비용의 지출을 가져오게 하여 수익 구조를 나쁘게 변화시킨다. 따라서 각 세분시장은 실행 가능하도록 해야 한다.

그림 4-13 시장 세분화의 조건

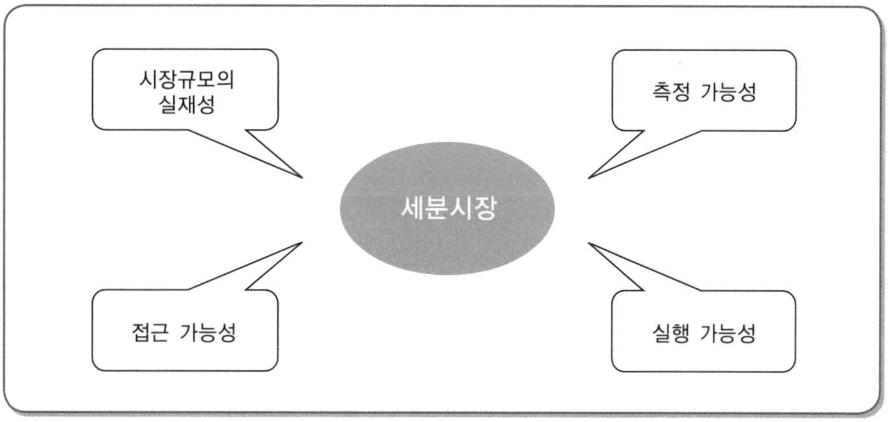

3.3. MICE 시장의 세분화

MICE 시장을 세분화하는 방법은 회의 규모, 유형, 행태, 목적, 회의 진행상의 분류가 일반적이다. 고객의 행동변수나 특성에 따른 분류보다는 외형적 형태에 따른 분류로 MICE 시장을 세분화하는 노력이 필요하다.

규모에 의한 분류로는 소규모회의 15~150명, 중규모회의 150~500명, 대규모회의 500~1500명, 초대형회의 1500~3,000명, 그리고 극초대형회의 3,000~20,000명으로 나눌 수 있다.

형태에 의한 분류로는 MICE 주제, 진행방법, 참가 인원에 따라 컨퍼런스(conference), 콩그레스(congress), 세미나(seminar), 포럼(forum), 심포지움(symposium), 패널토의(panel discussion), 워크샵(workshop)등으로 구분할 수 있다.

목적에 의한 분류로는 협회회의, 기업회의, 비영리단체회의, 정부주관회의 등으로 구분할 수 있다.

또한 회의시장을 공급자인 MICE 관련업체(Convention agency), 회의기획가 시장(Meeting Planner), 대표자 시장(Delegate)으로 분류할 수 있다.

한편, 회의 시장은 복잡하긴 하지만 협회시장과 기업시장으로 크게 분류할 수 있으며, 이 두 가지는 다시 국내적 부문과 국제적 부문으로 나눌 수 있다. 실제로 자신의 시설에 적합한 회의를 선택하기 전에 회의개최 기업이나 협회(단체)가 국내적 조직인가 국제적 조직인가를 확실히 구분해야 하며, 여기에 따라서 마케팅 접근법도 두 가지로 구분될 수 있다.

회의 운영 주체에 따른 분류는 협회회의와 기업회의로 분류될 수 있고, 지리학적인 기준에 따른 분류는 국내회의(National Meeting)와 지역회의(Regional Meeting), 그리고 국제회의(International Meeting)로 분류될 수 있으며, 회의 대상에 따른 분류는 기업회의, 전문인회의, 종교회의, 정치회의 등으로 분류될 수 있다.

한편, 회의 시장을 기업회의 시장과 협회회의 시장으로 분류할 수도 있는데 이는 MICE의 목적에 의한 분류로써 협회회의, 기업회의, 비영리단체회의, 정부주관회의 등으로 구분할 수 있다. 일반적으로 국제회의를 기업회의와 협회회의로 나눌 때 협회회의는 모든 국제회의의 80%를 차지하며 직접적인 소비의 71%를 차지할 정도로 크고 중요하다. 이러한 협회회의 참석자들은 개최지에 대한 인지도, 협회 구성원들, 그들 각자의 개인적인 욕구와 경제수준, 기타 여러 가지 요인들에 의해서 자신의 여행 유형과 구매행동이 잠재적으로 영향을 받기 때문에 그들이 흥미 있는 협회분야를 선정하여 참여할 수 있는 선택의 자유가 주어진다.

그림 4-14 시장 세분화와 관련된 잡지 광고

MICE를 협회회의, 기업회의, 비영리단체회의, 정부주관회의 등으로 분류할 수 있는데, 이는 MICE의 목적에 의한 분류이다.

1. 협회회의

협회회의(Association Meeting)는 협회와 관련된 주제와 관심을 다루며, 구체적으로 다음과 같은 8가지로 분류할 수 있다.

첫째, 무역협회(Trade Association)는 단일산업 내에서도 생산업자, 공급업자, 중간도매업자, 소매업자와 독립적인 소규모 협회가 있는데 이는 모든 산업이 전국적으로 하나 이상의 협회를 가지고 있기 때문이다. 따라서 이러한 무역협회의 회의들은 많은 참석자들을 대동하는 무역 컨벤션을 전시회와 동반하여 개최한다.

둘째, 전문가협회(Professional Association)는 일반적으로 비슷한 사업 욕구를 갖고 있는 개인·기업·조직으로 구성되는데, 대표적으로 의학, 은행, 건축 등 전문분야의 협회 등이 있고, 연차전국회의 및 지역모임 등을 개최하지만, 무역회의만큼 전시회를 수반하지는 않는다.

셋째, 과학 및 기술협회(Scientific and Technical Association)는 회의 산업에 또 하나의 이익 원천으로 정기적 연례회의 이외에도 새로운 발견을 토론할 필요가 생길 때마다 특별 회의를 개최한다.

넷째, 교육협회(Educational Association)는 가장 지명도가 높은 협회조직으로 학교가 쉬는 방학 기간에 교육관련 회의를 주로 개최한다.

다섯째, 예비역군인협회(Veterans and Military Association)는 퇴역군인단체로 전우애를 고양시키기 위해 연차총회를 개최하는 것이다. 전국단위로 회의가 열리게 되어 수많은 참가자들을 유치하는 데 주목적은 사교에 있다.

여섯째, 우애조합협회(Fraternal Association)는 회원들 간의 친목을 도모하기 위한 단체로서 공통적 관심·목적 및 상호 부조를 위한 단체, 즉 동호회나 대학동문회, 사회이익단체 등이다.

일곱째, 자선협회(Charitable Association)는 자선활동이 목적인 단체로 적십자 협회가 대표적이며, 자선을 위한 모금 때문에 존재한다.

여덟째, 정치협회와 노동조합(Political Association and Labor Unions)은 가장 가시적인 정치적 컨벤션이다. 대통령선거 때 각 정당에서 대통령후보를 지명하는 정당모임으로 미국의 민주당과 공화당이 대통령 후보자를 선출하기 위해 4년에 한번 개최되는 정당대회가 대표적이고, 노동조합은 대형 컨벤션 센터에서 전국적인 컨벤션을 개최하여 수천 명의 참가자를 유치한다.

2. 기업회의

기업회의(Corporate Meeting)는 기업의 활동과 관련한 회의로 다음과 같이 6가지로 분류된다.

첫째, 판매회의(Sales Meeting)는 기업회의 가운데 가장 잘 알려진 회의이며 지역적·전국적으로 직원들의 사기 진작, 신제품 소개, 기업 전략의 수립, 판매기술 향상을 위한 교육 목적으로 개최된다. 판매회의 개최에는 정해진 패턴이 없고, 그 규모나 개최시기도 매우 다양하다.

둘째, 유통업자회의(Dealer Meeting)는 판매를 할 목적으로 개최되는 판매업자 간의 회의이며 신상품 소개, 광고를 하기위한 회의로 1인당 평균지출이 기업회의 중에서 가장 높은 회의이다. 회의참석은 판매직원, 딜러, 소매점 유통업자 등이 참여하여 기업의 규모와 참여업체에 따라 20명에서 수천 명에 이르기까지 매우 다양하다.

셋째, 기술회의(Technical Meeting)는 전문기술자들 간의 이용기술에 대한 최신기술 개발, 기술 혁신을 위한 회의로 일반적으로 세미나와 워크샵의 형태로 이루어지고 있다.

넷째, 행정/경영자회의(Executive/Management Meeting)는 경영자를 대상으로 하는 경영혁신과 관련된 회의로 회사간부 회의와 경영개발 세미나 등을 포함한다. 참가자들 대부분이 유명회사의 간부이기 때문에 최고의 숙박시설과 서비스를 기대하므로 주로 도심에서 떨어진 리조트에 위치한 디럭스 호텔이나 컨퍼런스 센터가 적당한 장소이다.

다섯째, 교육훈련회의(Training Meeting)는 기업회의 시장에서 큰 시장으로 부각되고 있는데, 최고경영자들이 참가하여 교육하는 사원연수 회의로 기업의 모든 계층의 사람들로 구성되는 회의이다. 회의의 일정이 짧을 경우 회사에서 접근하기 편리한 장소로 소규모 리조트나 호텔 등을 사용한다.

여섯째, 공공회의(Public Meeting)는 주주를 대상으로 하는 회의로서 다른 회의 형태에 비해 그 개최 여부가 경제 흐름에 매우 민감한 편이며 보통 1일 이상 지속되지 않는 것이 특징이다.

3. 비영리단체회의, 정부주관회의

그 외에도 비영리단체회의, 정부주관회의 등이 있는데, 비영리단체회의(Non-Profit Meeting)는 영리목적이 아닌 단체의 회의로 세계잼버리대회, 세계그리스도교회회의, 로터리클럽 세계대회 등이 있고, 정부주관회의(Government Agency Meeting)는 정부가 주관하거나 정상 정부산하 조직이 주관하는 세계적 또는 전국적 회의로 아시아 태평양 지역의 노동부 장관회의, 관세협력이사회 등의 연례적인 회의, ASEM(아시아유럽 정상회의), OECD 국제포럼, APEC 관광장관 회의, 세계/국회의원 연맹 총회 등이 있다.

3.4. 표적시장 선정

시장 세분화를 통하여 비슷한 욕구를 가진 소비자 집단을 파악하여 마케팅 기회를 포착할 수 있다. 그러나 세분시장을 통하여 발견한 모든 시장을 표적시장으로 선정하여 마케팅 전략을 구사하는 경우는 흔치 않다. 자사가 가지고 있는 자원을 고려하여 수익성과 효과성을 창출할 수 있는 시장을 선택하여 집중할 필요성이 있다.

시장 세분화를 통하여 발견한 세분시장들을 소비자, 경쟁사, 자사의 여건을 분석하여 가장 바람직한 한 개 또는 그 이상의 세분시장을 찾아내는 작업이 표적시장(target market)의 선정이다.

선정된 표적시장은 수익성을 창출할 수 있는 높은 매력도가 있어야 하고, 경쟁자들보다 경쟁우위를 가져야 하여, 그 세분시장은 기업이 추구하고자 하는 기업문화, 목표, 마케팅 전술 등과 부합되어야 한다.

MICE의 경우, 인센티브 시장은 급성장하고 있고 매우 매력적인 시장이다. 특정 MICE 개최지의 경우에는 전형적인 리조트 지역으로 인센티브 회의를 유치하는데 타 MICE 개최지 경쟁자보다 유리한 조건을 가지고 있다. 다음 [그림 4-15]와 같이 같이 인센티브 시장의 세분화를 통해 그 기업이 가지고 있는 여건을 활용함으로써 인센티브 시장을 표적 시장으로 선정하여 마케팅 전략을 구사할 수 있을 것이다.

그림 4-15 인센티브 시장의 표적시장 예

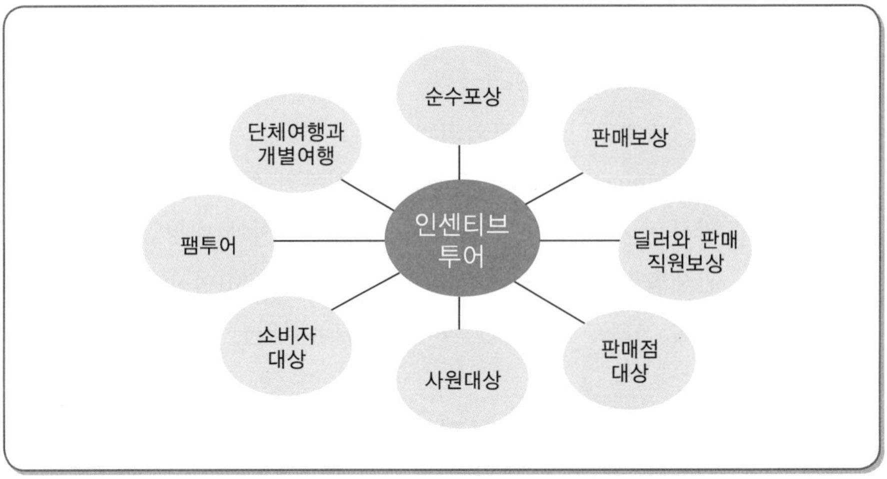

제 4 절 MICE 포지셔닝 전략

4.1. 포지셔닝의 개념

우리는 흔히 '첫인상이 중요하다'라는 말을 한다. 이 말에서 우리는 아주 중요한 포지셔닝의 기본접근 방법을 알아낼 수 있다. 사람들은 대부분 상대방을 볼 때 첫인상을 가지고 평가한다. 어떤 사람을 떠올릴 때 '아, 그 사람!'하면서 떠오르는 이미지가 있을 것이다. 그리고 이 이미지를 가지고 그 사람의 모든 것을 생각하게 되고 평가하게 된다. 첫인상이 강한 사람의 경우, 이 첫인상이 긍정적으로 자리잡은 경우 그 사람은 대인관계에서 50점 이상은 먼저 가지고 출발하는 것이다.

포지셔닝도 이와 같은 개념이다. 어떤 상품이 소비자의 마음 속에 긍정적 이미지로 자리잡고 있다면, 이 상품은 남보다 우위에서 시작하는 것이고 좋은 결과를 얻어낼 수 있을 것이다. 그리고 여기서 중요한 것은, 한 번 마음 속에 자리 잡은 첫인상은 좀처럼 바뀌지 않는다는 사실이다. 이것은 포지셔닝 개념에서 아주 중요한 의미를 갖는다.

포지셔닝의 의미를 한 마디로 정의하자면 '소비자의 머리 속에 상품의 위치를 잡아주는 것'이다. 이는 매우 단순한 개념이지만, 너무 단순해서 이 개념의 막강한 위력을 이해하지도, 실행하지도 못하는 우(愚)를 범하게 하는 개념이기도 하다.

그러나 확실한 것은 경쟁에서 유리한 위치에 서기 위해서는 반드시 포지셔닝에 성공해야 한다는 것이다. 포지셔닝은 단순히 상품을 판매하기 위한 목적을 위해서 뿐만 아니라, 인생에서 부딪히는 모든 경쟁에서 앞서나가기

위해 활용될 수 있다.

그렇다면 포지셔닝의 핵심 개념은 무엇인가? 오늘날과 같이 커뮤니케이션 과잉 사회에서 고객으로부터 큰 점수를 얻기 위해서는 어떻게 해야 하는가? 성공을 위해서는 단 하나의 현실, 즉 잠재 고객의 마음 속에 들어있는 현실을 잡아내야 한다.

포지셔닝의 기본적인 접근 방법은 바로 이미 잠재고객이 마음속에 들어 있는 내용을 조종하여 기존의 연결 고리를 다시 엮는 데 있다. 물론 새로운 것의 창조도 좋지만, 더 좋은 방법은 이미 있는 고리를 확실하게 엮어 주는 것이다. 이렇게 하는 것이 고객의 마음속에 빠르고 확고하게 상품을 인지시킬 수 있는 지름길이다.

일단 어떤 생각이 사람들의 마음 속에 자리잡으면, 이것을 바꾸는 것은 거의 불가능에 가깝다. 따라서 생각을 바꾸려는 광고는 별 효과를 거둘 수 없다. 특히 성인의 경우 이미 자신의 생각이 확고한 경우가 많기 때문에 이를 바꾸는 것은 상당히 어렵다. 따라서 포지셔닝을 효과적으로 하기 위해서는 잠재고객의 마음속에 들어 있는 생각을 읽고 파악하는 것에서부터 출발해야 한다.

4.2. 효과적인 포지셔닝이란?

그렇다면 잠재고객의 마음 속에는 어떠한 방법으로 파고드는가? 오늘날은 기아급수로 늘어나는 언론 매체, 상품, 광고, 소위 정보의 홍수시대에 살고 있다. 이렇게 과다한 양에 비해 소비자의 머리는 한정된 양의 정보만 수용할 수 있다.

오늘날 같이 과다한 정보 제공에 소비자의 머리 속은 거의 전쟁터를 방불케 하는 수준에 와 있다. 이렇게 전쟁터가 되어버린 소비자의 마음속에서 살아남기 위해서는 어떻게 해야 할 것인가? 또한 살아남은 자들 중에서 승자가

되기 위해서는 어떻게 해야 하는가? 가장 중요한 것은 사람들은 가장 강력한 것과 첫 번째 것만을 기억한다는 것이다.

즉, 사람들의 마음속에 들어가는 가장 쉬운 방법은 '첫 번째'가 되는 것이다. 다른 상품들이 잠재고객의 마음 속에 자리잡기 전에 그 비어있는 포지션을 선점하는 것이 가장 효과적이고 강력한 '한 방'이 될 수 있는 것이다. 최고가 되는 것보다 첫 번째가 되는 것이 더욱 효과적이다. 이 첫 번째가 되는 방법을 찾는 것이 가장 효과적인 포지셔닝이 될 수 있다.

사람의 머리는 평가할 수 없는 새로운 정보를 거부한다. 현재 머리 속 상황에 부합되는 새로운 정보에 한해서 받아들이며, 그 밖의 것은 모두 걸러버린다. 고객은 누구나 어떠한 상품군에 대해 마음 속에 사다리를 가지고 있다. 이 사다리의 구조를 이해한다면 포지셔닝은 좀 더 수월해 질 것이다. 복잡하고 다양한 상품들을 소비자는 어디까지 기억하고 있는가? 이 같은 복잡성에 대처하기 위해 사람들은 모든 것을 단순화하고 순서를 매기는 것을 배웠다.

컨벤션 센터라고 하는 브랜드의 경우를 보면 이 개념을 이해하기 쉽다. 마음 속에 있는 컨벤션 센터라는 브랜드의 사다리를 설명해 보라고 한다면, 일반적으로 1위는 COEX, 2위는 BEXCO, 3위는 KINTEX라고 할 것이다. 이 외에도 컨벤션 센터 브랜드는 여러 가지가 있다. 그러나 우리 마음 속에는 순서를 매겨 세 가지의 브랜드에 대한 사다리 구조로 가지고 있다. 이 사다리 구조에서 간과해서는 안될 것이 있는데 우리가 가진 사다리 구조의 순위에 맞춰 각 순위에 맞는 기대감을 갖고 있다는 것이다.

비슷한 수준의 컨벤션 센터 두 곳이 있다. 이 중 하나는 컨벤션 센터로 COEX를, 다른 하나는 부산의 BEXCO를 생각해보자. 아마도 우리는 둘 중 어떤 센터가 컨벤션 센터로서 긍정적인 이미지를 가지고 있냐고 하는 질문에 아마도 많은 사람들이 COEX라고 답할 것이다. 즉, 우리가 기대하고 있는 브랜드 이미지에 맞춰서 상품을 보는 것이다. 따라서 포지셔닝 시 중요한 것은 소비자가 기대감을 일으킬 수 있는 마케팅을 하는 것이다. 'COEX의 회의 운영은 세련될 것이다, 접근성이 좋을 것이다, 운영 인력이 탁월할 것이다.' 하는 기대감을 심어주는 것이다. 그러나 너무 지나친 기대감을 심어주었을 경우, 확연하게 보이는 치명적 실수를 했을 때, 역효과를 가져올 수 있다.

4.3. MICE의 포지셔닝은 어떻게 실행해야 하는가?

MICE 산업의 포지셔닝을 어떻게 실행할 것인가의 문제는 다음 단계들을 살펴보면 이해할 수 있다.

첫 번째는 국가 포지셔닝이다. '국가의 포지셔닝'은 우리나라 MICE 산업에 중요한 시사점을 준다. 우리나라는 컨벤션과 관련된 핵심 고객들인 개최 주최자들, 미팅 플래너, 오피니언 리더들에게 목적지 혹은 개최지로서의 인식조차 되지 않고 있다는 것이다. 물론 세계 1위의 컨벤션 개최지라는 UIA(Union of Association)의 순위를 가지고 있기는 하지만, 많은 국제회의를 기획하는 국가나 단체들, 특히 서구 국가들에게는 그들 머리속의 사다리 끄트머리에 위치하고 있다는 것이다. 정보의 홍수시대에 사다리의 끝이라는 위치는 의미가 없다.

고객이 인식할 수 있는 수준에 한국이 위치하고 있어야만 한국의 컨벤션센터도 그들의 후보 장소 안에 들어갈 수 있는 것이다. 관광객들 혹은 회의 참가자들의 마음 속에 확고한 이미지를 가지고 있는 국가들이 역시 MICE 개최에 있어서도 상위에 위치한다는 것은 누가 보아도 쉽게 알 수 있는 사실이다. 미국, 영국, 일본, 독일, 스페인 등 국가의 포지셔닝을 확고히 한 목적지에서 회의 개최 건수도 높다는 것을 알 수 있다. 따라서 우리나라 고유의 특성을 정확하게 파악하여 목적지로서 강렬한 인상을 남길 수 있는 국가 포지셔닝을 해야 한다.

두 번째는 우리나라의 경쟁자를 아는 것이다. 효과적인 포지셔닝을 위해서는 경쟁자의 위치를 파악하고 우리의 포지셔닝 전략을 수립해야 한다. 한국의 경쟁자는 어디인가? 아시아 지역에서 살펴보면, 아마도 싱가포르, 일본, 빠르게 성장하는 시장을 가진 중국 등일 것이다. 포지셔닝을 가장 수월하게 하는 방법은'첫 번째'를 차지하는 것이지만 그렇지 않을 경우에는 빈자리를 찾아 재빨리 포지셔닝해야 한다. 이 경우 경쟁자의 특성을 파악해 놓는 것은 필수요건이다. 경쟁자와 우리의 개최지로서의 강점과 약점을 분석한 뒤 이를 토대로 한 포지셔닝은 성공적인 결과를 얻을 수 있을 것이다.

세 번째는 case-by-case 포지셔닝이다. 즉 표적시장을 선정한 뒤 이에 적합한 전략을 구사해야 한다는 것이다. MICE 산업의 잠재시장은 어디인가? 세계의 수많은 국가 중 어느 지역에 어떻게 포지셔닝할 것인가? 북미 지역과 동남아 지역 그리고 유럽 지역은 각각 다른 전략의 포지셔닝이 각각 다른 강도로 실행되어야 한다. 또한 중점적 표적시장을 선정하여 집중적인 마케팅을 하는 것도 매우 중요하다. 우리나라의 지역별 컨벤션 센터를 분석하여 이를 토대로 각 표적시장에 맞는 포지셔닝을 구사하는 것이 필요하다. 이 때 각 컨벤션 센터별로 특화시킬 수 있는 분야를 선정하는 것도 좋은 방법이라 할 수 있다.

MICE MARKETING MANAGEMENT

제 5 절 MICE 마케팅 믹스

5.1. MICE 마케팅 믹스(Marketing Mix)의 개념

마케팅 믹스란 "표적시장을 만족시키기 위하여 기업이 보유한 자원의 효율적 배분 및 조절을 통해 통제 가능한 마케팅 수단(controllable variables)들의 조합"을 의미한다[2]. 이는 목표 고객을 대상으로 경쟁 브랜드와 상대적으로 구별될 수 있도록 브랜드를 차별화하기 위한 전략을 실천하기 위한 전술(tactic)의 개념이다. 이러한 마케팅 믹스는 고객의 욕구를 만족시키고 차별화를 창출하기 위하여 다양성과 탄력성을 가져야 한다. 즉, 마케팅 믹스는 여러 수단을 상황에 맞게 적용하여야 하고, 상황에 따라 수정 및 보완하는 유연성을 가져야 한다.

마케팅 믹스 구성요소에 대한 주장은 학자들에 따라 다소 차이가 있으나, 일반적으로 맥카시(E. J. McCarthy)에 의해 제시된 4P가 가장 전형적인 마케팅 믹스 요소로 받아들여지고 있다.[3]

하지만 이는 기업 중심의 상품 마케팅 개념에서 비롯된 것이라고 할 수 있다. 1980년대 후반부터 전세계적으로 서비스 산업이 급성장하고 제조업에서도 서비스 요인의 중요성이 증대되고 있다. 이런 점에서 서비스가 가지고 있는 특성(무형성, 비저장성, 비분리성, 이질성 등)을 반영한 3P, 즉 People(사람),

---

2 E. J. McCarthy and W. D. Perreault, Jr., Basic Marketing, 9th ed., Irwin, 1987, p. 35.

3 오늘날에는 마케팅 환경 요인이 국가 등 정치세력과 공중관계 등 통제 불능 요인이 점차 확대되어감에 따라 마케팅 믹스 요소를 4P 이외에 power(정치세력), 공중관계(public relation)를 추가하여 6Ps로 칭하는 경우도 있다.

Physical Evidence(물리적 환경), Process(서비스 제공 과정)가 대두되고 있으며, 이는 기존의 마케팅 믹스를 추가하여 서비스 마케팅 믹스의 7P를 구성한다.

MICE도 호텔, 외식, 여행사, 금융, 교육 등의 서비스 산업분야와 유사하게 전통적 4P 마케팅 믹스에 세 가지(People, Physical Evidence, Process) 요소를 추가하여 전술적으로 활용할 필요성이 있다. 〈표 4-3〉은 마케팅의 4P 개념이며, 〈표 4-4〉와 [그림 4-16]은 서비스 마케팅의 7P에 대한 개략적인 내용이다.

한편, MICE는 '인적자원에 의한 비즈니스'이고, 서비스의 전달과정이 매우 중요한 분야로 3Ps의 전술적 요소를 효율적으로 활용하여 소기의 마케팅 목표를 달성하는 '운영의 탁월성'(operational excellence)을 가져야 한다.

한편 Kotler(2004)는 「미래형 마케팅」에서 소비자 중심의 마케팅 개념을 강조한 4C, 즉 Customer Benefits(소비자 유익), Cost to Customers(소비자의 비용), Convenience(소비자 편의성), Communication(상호소통)을 제시하였다. 상품을 고객 가치로, 가격을 고객이 지불해야 할 비용으로, 유통을 고객 접근의 편리성으로, 촉진을 고객에게 알리고 고객의 반응을 접수하는 상호간의 커뮤니케이션을 파악한 것으로 이러한 4C는 궁극적으로 고객의 입장에서 고객

표 4-3 마케팅 4P

구분	내용
상품 (product)	• 기업경영의 성패를 좌우하는 중요한 열쇠로서 기존 상품을 개량하거나 신용도를 개발하여 소비자 욕구에 적응해 나가야 하며, 기업의 목적에 맞는 신상품을 개발하며 최적의 상품믹스(product mix) 결정에 기초가 된다.
유통 (place)	• 시간적·공간적 차원의 마케팅 활동을 취급하는 것으로서, 표적고객에게 적정한 상품을 적정한 시간에 적정한 장소에서 제공하는 데 필요한 활동이다. 유통경로와 물적 유통관리가 주된 관심대상이 된다.
가격 (price)	• 고객에게 적정한 가격 수준이고 생산자와 판매업자에게도 적정 이익이 보장되는 가격이어야 한다. 적정한 촉진으로 적정한 장소에서 유통될 수 있는 적정 가격이 설정(price setting)되어야 한다. 가격정책, 할인정책, 지불조건의 결정 등이 여기에 속한다.
촉진 (promotion)	• 상품의 수요를 자극하는 제 활동으로서 잠재고객들에게 정보를 제공하고 그들을 설득하기 위한 제 수단을 말한다. 광고, 인적판매, 홍보 및 기타의 판매촉진 수단이 여기에 속한다.

표 4-4 서비스 마케팅의 7P

Product	Price	Promotion	Place	Process	Physical Evidence	People
• 물리적 상품의 특성 • 품질수준 • 보조물 • 포장 • 제품계열 • 브랜드	• 유연성 • 가격수준 • 거래조건 • 할인 • 에누리	• 인적판매 • 광고 • 판촉 • 홍보	• 경로유형 • 중개상 • 매장위치 • 운송 • 저장 • 경로관리	• 서비스 활동의 흐름 • 서비스 전달 단계의 수 (단순/복잡) • 고객의 참여 수준	• 설비 설계 • 장비 • 표지 • 종업원 복장 • 명함 • 팸플릿 • 계산서 등	• 종업원 선발/교육 • 고객의 교육과 의사소통, 문화, 가치 • 종업원 조사

그림 4-16 서비스 마케팅의 7P

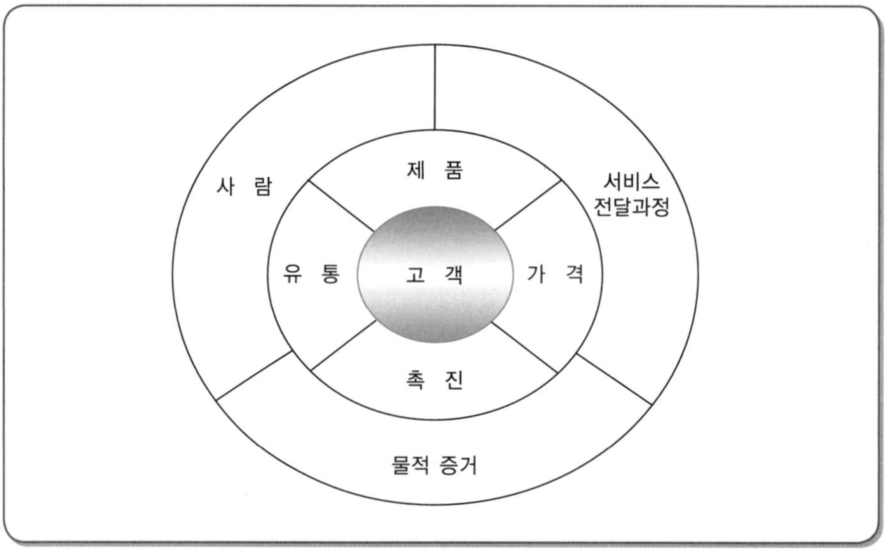

의 가치를 극대화하여 기업의 경쟁적 우위를 지속적으로 확보해 나가는 것이다.

MICE 분야는 기존의 4P라고 하는 마케팅 믹스에 집착하기 보다는 4C의 개념도 전술적으로 활용하는 것이 좀 더 고객의 욕구를 충족시키고 시장의 변화에 유연하게 대처할 수 있다. [그림 4-17]은 4P에서 4C로 전환하는 마케팅 패러다임의 변화를 보여주고 있다. 이는 기존의 4P의 전술로는 기업이 지속가능한 경쟁적 우위(sustainable competitive advantage)를 확보할 수 없다는 한계 인식에서 출발하였다.

즉, 상품은 신기술의 급속한 발달로 상품별 격차가 현저하게 줄어들었고, 유통구조는 사이버 시장의 확대에 의해 편리성이 무엇보다도 중요시 여기게 되어 one-stop solution, one-click solution의 요구가 증대되고 있다. 가격 또한 기존 시장에서는 가격경쟁의 심화로 수익성이 급격하게 감소하고 있어, 소비자의 심리를 활용한 'psychological pricing'을 통한 가격설정에 따른 원가 조정이 필요하게 되었으며, 특히 브랜드 가치의 중요성이 강조되면서 고객과의 커뮤니케이션이 지속적인 경쟁적 우위를 확보하는 데 핵심적 요소가 되고 있다.

한편 인터넷의 급속한 보급과 더불어 e-business 산업에는 기존의 마케팅 믹스를 적용하기에는 한계가 있어, Context(배경), Contents(내용), Community(공동체), Customization(고객맞춤),Communication(상호소통), Connection(연결), Commerce(통상) 등 7C로 대표되는 요인들로 마케팅 믹스가 형성되기도 한다.

특히 7C는 e-marketing의 핵심적 전술 요소이다. 홈페이지를 통하여 고객욕구를 충족시키면서 수익성으로 확보할 수 있다. 여기서 Context는 시각적 요소로 전체적인 화면의 구성, 배경의 칼라 및 디자인 등이 해당된다. Contents는 마케팅을 하고자 하는 대상 브랜드 혹은 서비스의 핵심적

그림 4-17 4P에서 4C로의 마케팅 믹스 변화

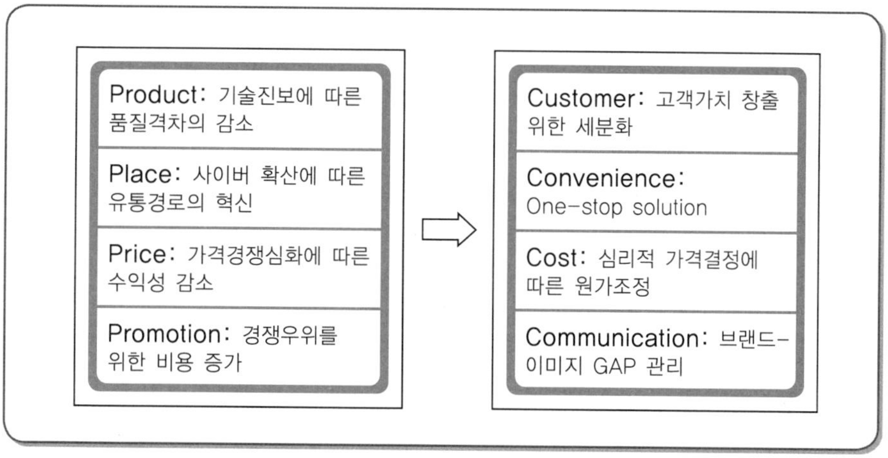

요소로 고객의 욕구와 기업이 제공할 수 있는 항목으로 구성되어야 한다. Community는 사이버 공간에서 고객들이 커뮤니티를 구성하여'구전효과'를 창출하는 공간이다. 요즘에는 SNS (Social Network Services)가 커뮤니티 공간에서 많이 활용되고 있다. Connection은 포털사이트 혹은 관련 사이트와 연계할 수 있도록 구성하는 요소이며, Customization은 고객 스스로 상품을 구성할 수 있도록 한 요소로 여행상품의 경우 고객 맞춤서비스를 통하여 고객 만족과 수익성을 동시에 충족시키고 있다. Communication은 고객과 기업이 서로 소통할 수 있는 공간이다. 마지막으로 Commerce는 앞서 제시한 6C를 통하여 반드시 고객이 브랜드 혹은 서비스를 구매하도록 하는 요소이다.

MICE 마케팅은 참가자라는 소비자의 만족을 추구하는 일련의 과정으로 주체별로 고객의 요구나 수요가 상이하다. MICE와 관련한 제반 서비스나 상품의 제공을 통하여 이해 당사자의 요구를 만족시킴으로써 각자의 가치 증진을 도모하는 것이 MICE 마케팅의 기본적인 원리라고 할 수 있으며, 이러한 기본 원리를 토대로 MICE에 적용될 수 있는 마케팅 믹스는 다음과 같다.

그림 4-18 마케팅 믹스의 변화

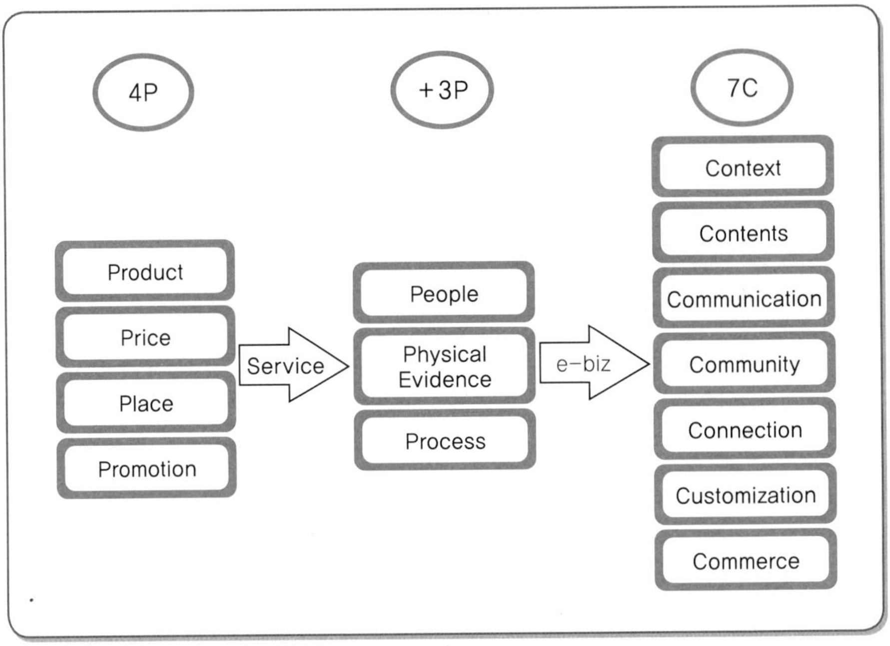

5.2. Product(상품) 전술

1. 상품의 개념

마케팅에 있어서 '상품'이라는 단어의 의미는 단지 물건이나 서비스, 또는 아이디어의 그 이상으로서, 기업이 소비자에게 제공하는 상품, 서비스, 또는 아이디어가 소비자의 필요를 만족시킨다는 보다 넓은 개념이다.

따라서 상품 전략은 소비자의 욕구를 정확히 파악하여 그들의 필요에 맞는 상품을 개발하고 부가가치를 높여서 타사 상품과의 차별성을 가지게 하는 것으로, 상품의 기능적 개발뿐만 아니라 고객 서비스, 디자인, 포장, 브랜드 네임, 상표까지도 포함한다.

MICE에서의 상품이란 MICE 주최자 및 참가자(소비자)의 욕구에 맞는 개최지의 프로그램을 개발하는 것이다. 이러한 개최지 및 프로그램을 개발하기 위해서는 개최하고자 하는 MICE 행사에 대한 전차대회 및 참가자 DB(database)를 통해 참가자의 욕구를 충족시킬 수 있는 핵심요소를 발굴하는 것이 무엇보다 중요하다.

또한 여러 국가에서의 MICE 개최의 가능성을 고려할 때, 참가 예정자가 최종적으로 한국에서 개최되는 컨벤션을 선택할 수 있도록, 차별화 전략을 수립하여야 한다. 더불어 MICE 자체의 기능 외에 개최지의 이미지, 접근성, 보완 및 안정성, 적당한 기후, 회의시설, 참가비 및 등록비, 관광 및 쇼핑, 진행 스텝 및 운영요원들의 친절도 및 외국어 능력, 서비스 등 개최지의 부수적인 부분까지도 고려해야 한다.

새로운 MICE 상품, 즉 MICE 프로그램을 기획할 때 회의 개최의 목적이 관련 기관(단체) 및 업계, 학계 등 유관기관들의 정보교류 및 기술교류를 원활하게 하는 것도 중요하지만, 회의를 개최함에 있어 '어떠한 부가적인 기능을 추가함으로써 참가자의 만족을 극대화 시키고 이익을 창출할 수 있을 것인가?', 또는 '회의 개최지의 이미지 및 재방문을 어떻게 유도 할 것인가?' 등 본래의 회의 기능과 관련된 사항이 아닐지라도 검토할 필요가 있다.

이와 관련하여 상품을 고객의 욕구 충족물로 이해하는 관점은 마케팅 관리자에게 매우 중요하다. MICE 상품은 고객의 물리적·정신적 욕구를 충족하고 사회에 공헌할 수 있는 속성을 지녀야 하며, 이러한 관점에서 상품은 5가지 다른 수준으로 이루어진 총 상품(total product)으로 이해될 수 있다. 이러한 수준이 다른 등급의 상품을 통하여 MICE 고객이 누리는 상품 가치가 첨가되므로 상이한 상품 수준은 고객의 가치 체계를 보여주고 있다(그림 4-19 참조).

그림 4-19 상품의 5가지 차원

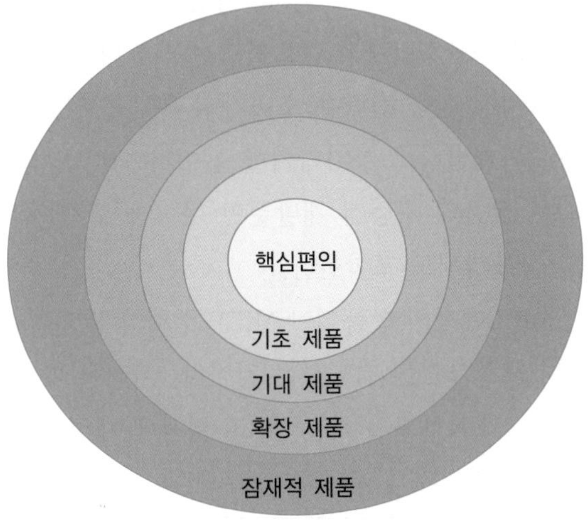

(1) 핵심적 편익(Core Benefit)

가장 기본적인 등급의 상품범주에 속하며, 구매자가 진실로 구매하고자 하는 기본적인 서비스 혹은 상품이 바로 핵심적 편익이다. 예를 들면, MICE 참가자는 '정보수집과 네트워킹' 등을 구매하는 것이며, 호텔 고객은 '휴식과 숙면'을 구매하는 것과 같다. 특정 상품을 구매하는 고객은 상품 자체를 구매하는 것이 아니라 그 상품이 제공해 주는 욕구(만족) 또는 편익을 구매하는 것이다. 마케팅 관리자는 상품의 이면에 내재되어 있는 잠재 구매자들의 기본적인 욕구를 찾아내야 하며, 상품 자체의 특성이 아닌 편익을 판매하도록 해야 한다.

(2) 기초상품(Basic Product)

MICE 마케팅 관리자는 기본적인 편익을 기본적인 상품으로 전환시켜주어야 한다. 예를 들어 호텔은 고객이 휴식과 숙면의 핵심적 편익을 누릴 수 있도록 침대, 타월, 욕실 등을 제공해 주어야 하는 것처럼, MICE에서 참가자들이 정보를 얻고 네트워킹 등의 편익을 누릴 수 있도록 등록, 수송, 의전, 연회, 관광프로그램 등을 잘 구성해야 한다.

(3) 기대상품(Expected Product)

기대 상품은 고객이 특정 상품을 구매할 때에 정상적으로 그 상품으로부터 기대하고 동의하는 여러 가지 속성과 조건의 총합이다. 기대상품은 소비자가 실제로 느낄 수 있는 물리적 형태의 상품이나 서비스 차원으로 생각할 수 있는데, 기초 상품보다 더 나은 특성, 스타일, 상표명, 포장 등의 요소가 부가된 상품이나 서비스를 의미한다(무형의 서비스나 아이디어는 이들 요소의 일부 또는 전부를 포함한다). 마케팅 관리자는 핵심적 혜택을 기반으로 기초상품에 이러한 제 요소를 가미한 상품의 형태로 형상화시켜야 한다. MICE의 경우 부가적 서비스와 연계되며, 특정 참가계층을 위한 다이어트 음식이나 종교적으로 금기된 음식을 고려해주는 것 등이 해당된다.

(4) 확장상품(Augmented Product)

부가적인 가치를 개발하여 다른 경쟁자보다 차별적인 속성을 제공하는 상품으로 확장 상품이라는 개념이 바로 보충 서비스(supplementary services)로서 핵심 상품의 가치를 제고하게 되는 것이다. 예를 들어 호텔에서는 그들의 고객에게 더 많은 욕구를 충족시켜주기 위해 신속한 숙박절차(express check in or check out services), 귀빈층 운영(executive floor services), 고급 레스토랑 운영 등을 통하여 서비스를 고급화시킨다.

오늘날 경쟁은 근본적으로 확장 상품을 공급하는 수준에서 이루어지고 있다. 확장상품 수준에서 나타나는 경쟁 형태에 따라 마케팅 관리자들은 소비자의 소비력을 확대시킨다. 그러나 확장상품화에는 비용이 필요하며, 이것은 가격 상승의 원인이 되므로 경쟁자들로 하여금 오히려 서비스나 기능이 생략된 상품(기초상품)을 저렴한 가격으로 공급하는 기회를 주게 된다. Hilton, Hyatt와 같은 고급호텔의 성장과 더불어 나타나는 저렴한 가격의 비즈니스호텔(예: IBIS 호텔)이나 중저가 숙박시설 등이 좋은 예가 된다.

(5) 잠재적 상품(Potential Product)

미래의 상품에 궁극적으로 추가되어야 할 특성 및 서비스를 겸비한 상품을 의미한다. 광의의 상품이 현재의 시점에서 상품에 포함되어야 할 내용을 서술하는 것인 반면에, 잠재적 상품은 가능한 상품의 진화 내용을 제시하는 것이어야 한다. 기업은 이러한 면에서 고객들의 욕구를 충족시킬 수 있는 새로운 방법을 추구하여야 하며, 경쟁자와 차별되어야 한다. 호텔의 과일 바구니 서비스는 고객에게 감동이나 기쁨을 주는 좋은 예가 된다.

치열한 경쟁상황에서 기업은 단순한 기대상품이나 표준화된 상품의 형태로만 상품을 생산할 것이 아니라 잠재고객들이 추구하는 욕구나 편익에 바탕을 둔 총 상품 개념으로서의 상품을 생산하여야 한다는 의미에서 상품의 구성을 상이한 차원으로 이해하는 것은 매우 중요하다.

2. 상품 수명주기

상품은 소비자의 욕구와 필요를 만족시키고 동시에 문제를 해결해야하며, 만약 소비자의 욕구와 필요에 부응하지 못하고 개선되지 못하면 폐기되는 것이 바람직하다.

상품 수명주기는 전형적으로 4단계, 즉 도입기, 성장기, 성숙기, 및 쇠퇴기로 구분된다. 각 단계가 시작하고 끝나는 곳을 정확히 표시하는 것은 어렵지만 각 단계의 기간은 주기적으로 검토되어야 한다. 즉, 경쟁이 격화되고 시간이 지남에 따라 PLC(Product Life Cycle)가 점차 짧아지는데, 그것은 상품들이 더 짧은 기간에 이익을 창출해야 한다는 것을 의미하기도 한다. 따라서 성장기의 성장률은 하락률로 변화하게 되는데, 기업들은 새로운 전략을 준비하기 위해 하락률이 시작되는 시기를 주시해야 한다.

또한 시장 성장을 가능한 한 장기간 지속시키기 위하여 신상품에 대해 품질, 특성 및 스타일의 개선, 새로운 모델과 주변 상품의 추가(주요 상품을 보호하기 위한 상이한 크기, 향 등의 상품), 새로운 세분시장 진출, 기존의 유통범위 증대, 새로운 유통경로에의 진출, 상품을 인식시키는 광고로부터 상품 선호를 위한 광고로 변경, 적기의 가격 인하 등의 여러 가지 전략을 사용한다. 상품 개선, 촉진 및 유통 경로에 많은 자금을 투입하면, 지배적인 시장위치를 구축할 수 있다.

이러한 상품주기 이론은 관광목적지와 MICE 개최지에도 적용된다. MICE를 개최하기 위한 개최지의 모습이 각 단계별로 주기를 가지고 있으므로 이에 적합한 상품이나 전략을 창출하여야 한다.

그림 4-20 상품수명주기(Product Life cycle)

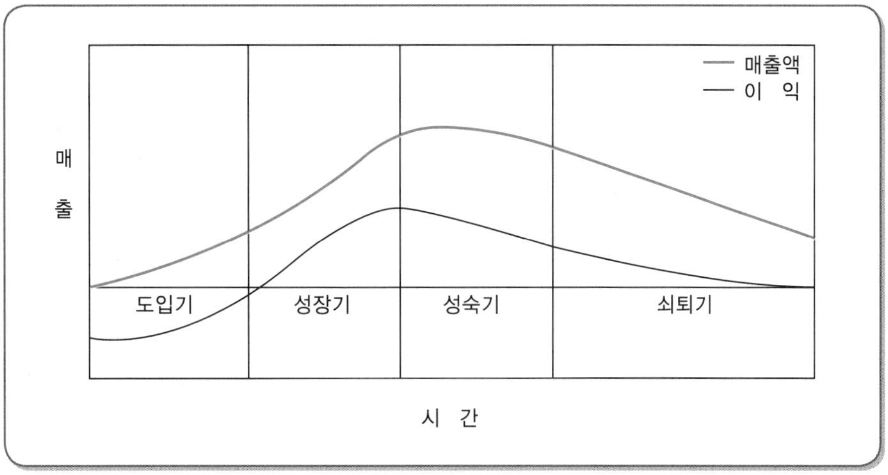

과연, 우리나라의 MICE 개최지는 수명주기상 어느 위치에 있을까? 우리나라의 MICE 개최지는 도입기를 지나 성장기의 마지막 단계로 평가되고 있다. UIA(Union of International Association)의 2016년 기준에 의하면 우리나라는 세계 1위의 997건을 유치하였으며, 관련 PCO업체의 증가, 컨벤션 센터 건립의 증대 등 전반적으로 경쟁이 심화되는 단계이나, 아직도 시장 점유율을 확대해 갈 수 있는 여지가 크다는 점에서 성장기의 후반이 될 것이다.

그렇다면 상품수명주기는 마케팅에서 어떻게 활용될 수 있는지를 생각해 볼 때 전형적인 상품수명주기(PLC: Product Life Cycle)상에서 설정되는 매출액과 비용관계를 살펴볼 필요가 있으며, 그 내용은 다음과 같다.

첫째, 상품개발단계에서는 말 그대로 신상품 아이디어를 발견하고 개발하는 단계로, 매출액은 없고, 투자비용은 증가한다.

둘째, 도입기에서는 상품이 시장에 도입되면서 판매가 완만하게 증가하는 단계로서 상품도입에 따른 막대한 비용이 소요되므로 이익은 나지 않는다.

셋째, 성장기는 시장 수용 및 이익이 급속하게 증대되는 기간이다.

넷째, 성숙기는 대다수 잠재 구매자들이 그 상품을 구매하였으므로 판매성장이 둔화되는 기간이다. 또한 자신의 상품을 경쟁자로부터 보호하기 위해 마케팅 비용의 지출이 증가되므로 이익은 정체되거나 하락한다.

다섯째, 쇠퇴기에는 판매와 이익이 급속하게 하락하므로 이 단계에서는 재포지셔닝(repositioning)에 대한 고려가 있어야 한다.

〈표 4-5〉는 MICE 시장의 수명주기 발전 추이에 따른 시장, 전략 및 경제

표 4-5 MICE 시장의 수명주기 변화에 따른 효과

효과 분석	도입	성장	성숙	포화	쇠퇴
상황	새로운 MICE 개최지 등장	관심증가 시설투자 증가	방문객 최대화 시설확충	공급초과 수요변화 발생	수요 감소 특별판촉 활동
MICE 개최지 특성					
MICE 개최 수	소수	다수	매우 다수	다수	다수
성장률	낮음	매우 높음	높음	침체	침체
숙박능력	아주 낮음	낮음	높음	아주 높음	낮음
점유율	낮음	매우 높음	매우 높음	높음	낮음
서비스 가격	높음	매우 높음	높음	낮음	매우 낮음
1인당 지출	높음	매우 높음	매우 높음	낮음	매우 낮음
회의 유형	정부회의	정부, 협회회의	정부, 협회, 기업회의	정부, 학회회의 인센티브	정부회의
이미지, 매력	낮음	매우 높음	높음	낮은	매우 낮음
참가자 이미지	매우 낮음	낮음	높음	낮음	매우 낮음
시장의 반응					
마케팅 목표	인지도	정보 전달	설득	설득	충성도/ 신시장 개척
전략중점	시장 확대	시장 침투	시장 방어	시장 방어	시장 재도입
마케팅비용	증가	높음	높음	감소	확대
상품	기본적	개선	고품질	품질 하락	품질 최악
프로모션	Presentation	PR, 광고	IMC	IMC	PR
가격	낮음	낮음	높음	높음	낮음
유통	중앙 CVB	중앙, 지역 CVB	CVB, 관광업계	CVB, 관광업계	CVB, 관광업계
경제적 효과					
고용	낮음	높음	매우 높음	높음	낮음
민간 수익성	마이너스	성장	매우 높음	높음	감소
지역주민 수익	낮음	매우 높음	매우 높음	낮음	매우 낮음
투자	낮음	매우 높음	매우 높음	낮음	매우 낮음

적 효과에 대하여 종합적으로 정리한 것이다.

5.3. Place(유통) 전술

마케팅에 있어 유통은 상품의 생산에서 최종 소비 고객까지 이동하는 모든 과정을 의미한다. 유통전술의 핵심은 고객이 필요한 시점에 알맞은 장소에서 필요한 양만큼의 상품을 제공받을 수 있도록 보장하는 유통체계를 개발하는 것이다.

고도로 분화되고 전문화된 오늘날의 경제상황에서 대부분의 생산자들은 자사의 상품이나 서비스를 최종 소비자에게 직접 판매하기보다는 다양한 형태의 중간상(도·소매상)을 이용하게 된다.

그러나 관광이나 MICE의 유통경로는 기존 경로와 차이가 존재한다. 중간매개체(intermediaries)로서 관광의 경우에는 여행업자 등이 유통경로에서 핵심적 역할을 수행하며, MICE의 경우는 좀 더 복잡한 구조를 가지고 있다.

MICE에 있어서 유통은 회의가 개최되는 개최장소와 개최를 유치하고 운영 지원하는 CVB, 실제 운영하는 PCO가 포함된다.

회의 개최지를 선정할 때 접근성, 회의시설, 편의시설의 용이성, 객실확보 등도 중요하지만 무엇보다 회의 특성과 참가자들의 특성을 고려하여 개최지에 부합된 참가경로를 정확히 고려하여 결정해야 한다. 참가자 및 배우자, 어린이들을 위한 유흥시설과 볼거리 등의 프로그램개발도 병행하여 개최지를 선정하게 된다면 참가자는 당연히 증가할 것이다. 또한, 개최지 장소의 적절

그림 4-21 MICE 개최에 따른 유통경로

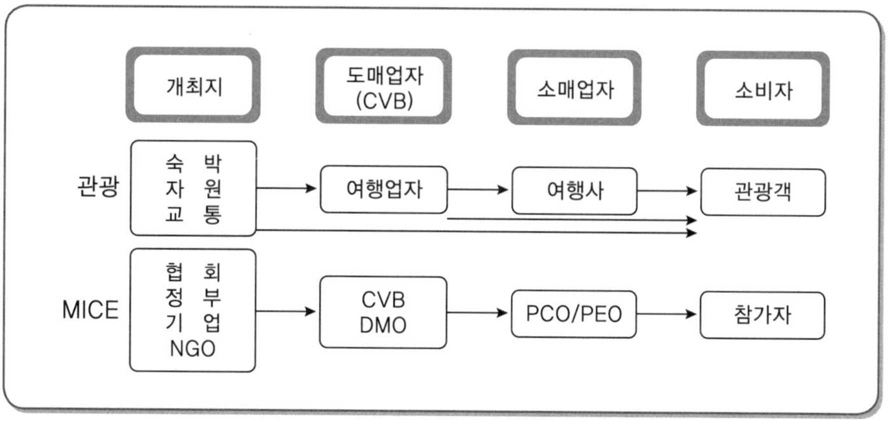

한 활용과 효율적인 진행시간 배분 등의 세밀한 프로그램 개발이 뒤따라야 할 것이며, 합리적인 관리시스템과 공간의 확보도 선행되어야 한다.[4]

MICE는 공급자를 위하여 중간 매개 역할을 하는 유통조직과 수요자를 위하여 중간 매개 역할을 하는 유통조직이 있다. 공급자를 위한 MICE 중간매개 조직은 'Destination marketing organization(DMO)'와 'Convention Visitors Bureau(CVB)'가 있다. DMO는 국가 혹은 지역 마케팅 조직으로 NTA(National Tourism Administration), NTO(National Tourism Organization)과 RTO(Regional Tourism Organization)이 포함된다. 수요자를 위한 중간매개 조직으로는 PCO, venue-finding service, association management company, destination management company와 conference production companies(예: 회의자료 디자인 및 인쇄, 조명, 음향, 무대장치, 웹스트리밍 등)들이 있다.

5.4. Price(가격) 전술

1. 가격의 의의

가격이란 제공된 재화에 대한 가치평가의 정도를 말한다. 모든 기업들 및 많은 비영리단체들은 자신들이 제공하고 있는 상품/서비스에 대해서 가격을 설정하고 있으며, 가격은 다양한 형태로 나타나고 있다.

일반적인 마케팅 믹스에서 가격의 의미는 구매자들이 특정상품을 구매함으로써 얻게 되는 효용에 부여된 가치라고 할 수 있다. 가격은 마케팅 구성요소에서 가장 중요한 요소인데, 그 이유는 나머지 마케팅 요소들은 항상 비용을 수반하는데 비해서 가격은 그렇지 않다. 가격은 기업의 수익을 실현하는데 매우 결정적인 요소이다.

MICE에 있어서 개최지의 프로그램을 상품으로 본다면, 상품의 가격은 참가비와 등록비를 얼마로 할 것인가를 결정하는 것이다. 이는 수익과 직결되는 사항으로 MICE 주최자의 입장에서 가격결정을 하는 것보다 참가자의 유치 증대 및 참가유도를 위해 참가자의 입장에서 결정을 하는 것이 더 유리하다고 볼 수 있으며, 이는 MICE 참가비 및 체재비가 참가의사 결정에 큰 영향을 미치기 때문이다.

---

4 Michael Morgan, Mangement for Leisure and Tourism, Bournemouth, Univ., 1996

또한, MICE에 있어서 가격은 행사의 특성, 규모, 기간에 따라서 어느 정도 탄력적 가격결정이 가능하며, 가격에 맞추어 행사를 진행할 수 있기 때문에 탄력적으로 운영이 가능하고, 참가자들의 취미와 여가 활동을 파악하여 기본 참가비 외에 선택의 폭을 다양화하여 수익을 극대화할 수 있도록 해야 한다.

2. 가격 결정방법

가격결정은 이론상으로 너무 낮아서 이익을 낼 수 없을 정도의 하한선(lower limit)에서, 너무 높아서 더 이상의 수요를 창출할 수 없게 되는 상한선(upper limit) 사이에서 이루어질 수밖에 없다. 따라서 상품이나 서비스 제공의 원가가 한 극단(extreme)을 이루고 그 상품/서비스 가치에 대한 소비자의 인식이 다른 극단을 형성하게 된다. 서비스 기업은 이러한 양 극단 사이에서 가장 적합한 가격을 찾기 위해서 경쟁사의 가격 및 기타 외부 및 내부 요인들을 고려하여야 한다.

가격산정은 일반적으로 가격결정 요소인 원가, 수요, 경쟁에 의하여 주로 영향을 받게 된다. 따라서 가격산정 방법도 이들 3요소를 중심으로 원가중심, 수요중심 및 경쟁중심의 가격산정 방법으로 크게 구분한다.

(1) 원가중심의 가격결정

1) 원가가산 가격결정(markup pricing)

가격결정에 있어서 비교적 많이 사용되는 것으로서, 원가(직접비+간접비)에 일정한 비율의 마진을 가산한 것을 판매가격으로 하는 것이다. 이는 일반적으로 가격의 하한을 결정하는 것으로서 원가에 가산하는 이익률에 대한 정확한 결정방법이다. 기업에 있어서는 과거의 실적 또는 업계의 관습에 의하여 일정한 마진율을 결정하거나, 원가에 일정한 판매자이윤(markup)을 적용하여 판매가격을 결정한다. 이것은 원가에 일정한 율의 이익률을 가산하여 판매가를 결정하는 것으로서 총원가원칙(full-cost principle)이라고 한다.

총원가원칙에 있어서 원가와 목표이익률의 산출방법에 의하여 이익액이 크게 좌우된다. 목표이익률은 기업이나 상품에 따라서도 다르나, 관습에 의하여 결정되는 경우가 많다.

2) 이폭가산 가격결정(markup pricing)

단위원가에다 일정 비율의 이익을 가산하여 가격을 결정한다. 일정비율의 마진을 구매원가에 가산하여 가격을 결정하는 방식으로 유통기업이 흔히 쓰는 방법이다. 상품수명주기의 단계에 따라서 비용이 재계산되고 마진율이 조정되어 가격이 산정되는 경우도 가끔 있다. 계획되고 조직적인 방식이나 고의적으로 산정되는 일은 거의 없지만, 상품수명주기 가격산정(product life cycle pricing) 방식도 존재한다. 초기 고가전략이나 시장침투가격전략도 일종의 상품수명주기 가격산정으로 볼 수도 있다. 그러나 초기 고가전략이나 침투가격전략은 원가위주의 가격산정이라기 보다는 수요위주의 가격산정 방식으로 보는 것이 옳다.

(2) 목표수익률(Target Pricing)

이는 손익분기점의 원칙을 가지고 가격을 결정하는 방법이다. 손익분기점이란 총비용(total-cost)과 총수익(총수입)이 일치할 때의 판매량을 구하려고 하는 것이다. 이 총비용과 총수입이 일치하는 점을 손익분기점(BEP: break-even point)이라고 하는데, 일종의 cost-plus 방식의 변형이다. 등록비를 지불하고 참가하는 MICE 참가고객이 고정비용과 가변비용을 커버할 만큼 많으면 총수입 쪽이 많아져 이익이 생기고, 그 이하이면 총 비용 쪽이 많아 손실이 생긴다. 그러므로 그 점은 손익의 분기를 가리키게 된다. 이 손익분기점을 도시한 것이 손익분기도표(break-even chart)이다. 도식화하면 [그림4-22]와 같다.

(3) 수요중심의 가격결정

상품의 가격을 결정하는 경우에 시장 요인으로서의 시장수요, 즉 수요의 변화, 수요의 가격탄력성을 구하여 가격설정을 도모하는 방법이다. 시장수요의 탄력성은 가격결정에 커다란 영향을 주고 있고, 시장수요가 직접 가격의 변화에 의하여 영향을 받는 경우에는 탄력성이 크다. 그러므로 가격이 인상되면 시장수요는 감소하고, 반대로 가격이 인하되면 시장수요는 증대하는 것이다. 그러나 수요가 비탄력적인 경우에는 가격의 변화가 수요에 대하여 영향을 주지 않는다.

수요의 가격탄력성은 여러 요인에 의하여 영향을 받고 복잡한 변동을 나타

그림 4-22 손익분기도표

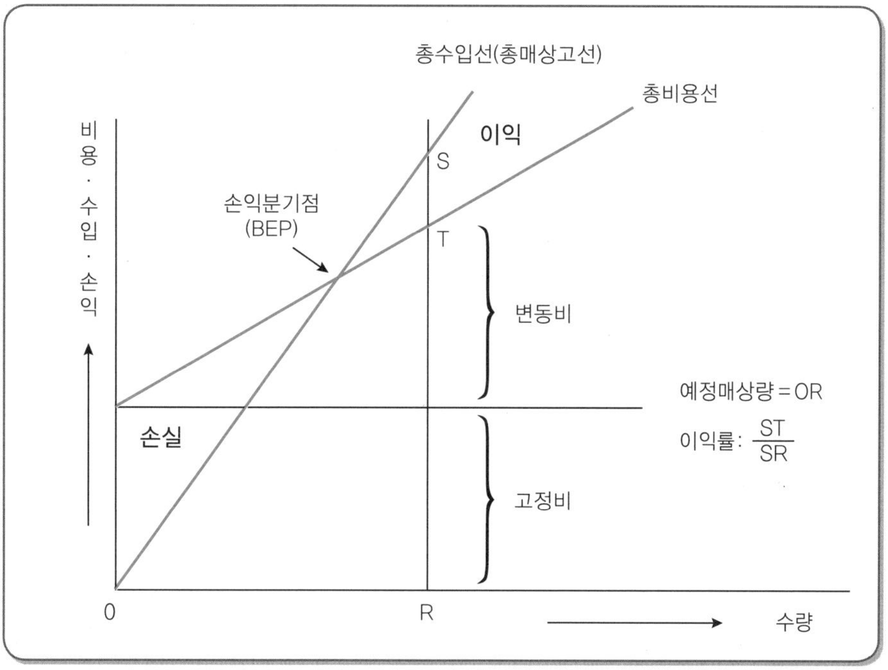

내지만, 주요한 요인은 '상품에 대한 소비자의 필요와 욕구', '관련있는 상품의 수요', '경쟁상품의 존재'등이 있다.

상품에 대한 수요에 있어서도 생활 필수품의 수요는 비탄력적이며, 비록 가격이 상승해도 각별히 구매력이 감소하지는 않다. 반대로 사치품은 탄력적이며, 가격이 등귀하면 구매력이 약해진다. 또한 소비자의 심리분석도 가격결정에 있어서 고려하지 않으면 안된다. 그 상품을 구매하리라고 예측되는 소비자가 존재하고, 그들의 구매력이 크면 비교적 높은 가격을 매길 수도 있다. 소비자가 구매하여 지불할 수 있는 가장 유리한 품질과 가격을 결정하는 일은 매우 어렵다.

소비자라고 해도 소득층·연령층·직업층·성별 등에 의하여 시장표적이 상이하므로, 시장표적에 대응한 심리적 가격반응을 충분히 고려하지 않으면 안 된다. 이와 같은 심리적 가격의 결정으로서 다음과 같은 방법이 있다.

1) 품위가격(prestige pricing) 결정법

고가격일수록 고급품질의 상품이며, 소비자의 지위도 높게 보이는 소비자 심리를 이용한 방법이다. 물론 그 상품의 품질도 고급으로 해야 함은 당연하

그림 4-23 품위가격 곡선

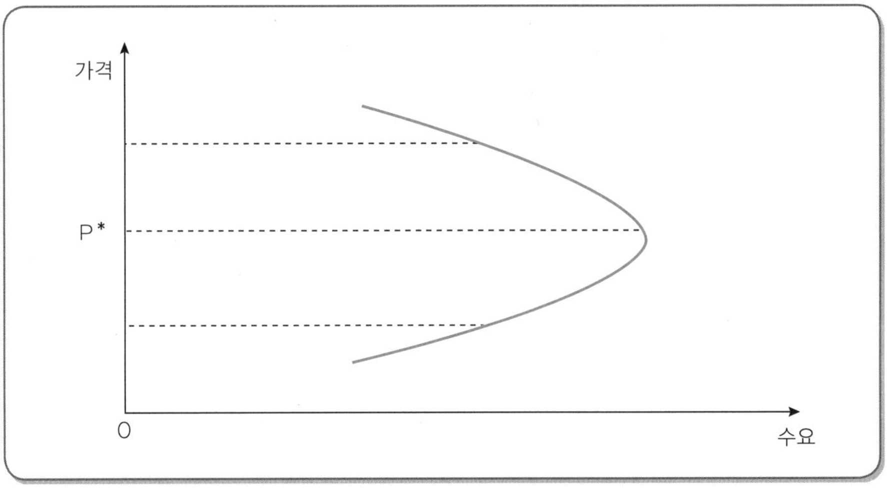

다. 예를 들면 시계·향수·위스키 등에서 볼 수 있는 바와 같이 수요가 가장 많은 수준에서 가격이 결정되어지는 방법이다. 즉, 가격이 하락하면 수요가 증가하는 것이 일반적인 수요곡선의 양상인데, 이 경우는 가격이 일정한 수준 이하가 되면 판매량이 오히려 감소하는 기현상을 보인다. 따라서 이러한 가격방식에 의하여 결정되는 상품들은 [그림 4-23]과 같이 D커브(D curve 또는 backward-bending curve)상품이라고 한다.

한국의 세계지식포럼(World Knowledge Forum), World Economic Forum, 그리고 많은 고가의 회의 등이 품위가격을 고려한 등록비 책정이라고 할 수 있다.

2) 단수가격(odd pricing) 결정법

판매가격에 단수(우수리)의 가격으로 결정하는 방식이며, 이 가격은 소비자가 싸다는 감각을 가지고 구매심리를 행동으로 옮기는 심리적 효과를 노린 것이다. 예를 들면, 1,000원이 아닌 990원과 같은 가격은 마치 저가인 것처럼 착각을 일으키게 한다. 특히 슈퍼마켓에 있어서는 대부분의 상품에 이 방식을 적용하고 있다.

3) 가격차별(demand differential pricing)

동일한 상품에 대하여 둘 이상의 상이한 가격으로 판매가를 정하는 경우를 말하며, 가격차별의 전제는 '상이한 가격탄력성이 존재하는 세분시장'이 있어야하고, '세분시장(market segment) 간에는 상호 상품 유입이 불가능'하여야 한다는 것이다. 또한 가격차별의 기준은 '용도별 내지 고객기준의 가격차별', '상품기준의 가격차별', '장소기준의 가격차별', '시간 기준의 가격차별'을 들 수 있다.

표 4-6 심리학적 가격결정(psychological pricing)

구 분	내 용
단수가격결정 (odd pricing)	• 소비자는 어림수로 표시된 개수 가격이 아니라 끝수로 끝나는 단수가격을 더 좋아한다고 보고 1,000원이 아닌 970원으로 결정하는 것
가격단계화 (pricing lining)	• 소비자는 가격차이가 적게 날 때는 반응을 보이지 않으나 큰 차이가 있는 경우에는 반응을 나타낸다고 가정하고 한 상품계열에 한정된 몇 가지의 가격대를 설정하는 방법
품위가격결정 (prestige pricing)	• 가격이 높을 때 그 서비스의 품질이 고급이라고 인식되는 경우
유도가격 (leader pricing)	• 소비자의 반응을 유도하기 위해 정책적으로 낮은 가격을 설정하는 것. 소비자는 특별히 할인을 받았다고 느끼는 특별가격에 높은 반응을 나타냄

5.5. Promotion(촉진) 전술

촉진은 기업이 자기 상품의 컨셉과 정보를 소비자에게 전달하고, 경쟁 상품과의 차별성을 강조하여 기업 및 브랜드의 이미지와 인지도를 높임으로써 상품의 판매를 증대시키고자 하는 마케팅의 한 수단이다. 촉진에는 광고와 인적판매, 판매촉진, 홍보 등이 그 대표적 활동이라고 할 수 있다.

광고는 표적시장에 대한 소구방법으로서 매체의 선정이 가장 중요한 과제가 되며, 인적판매는 판매원의 수와 종류, 그 편성이나 배치 등이 중요한 과제로 된다. 또 판매촉진은 진열, 견본배포, 전시회, 경연대회(contest), 쿠폰, 소비자 교육 등의 각종 촉진방법을 표적시장에 대하여 적절히 편성하는 것이다. 이들 촉진믹스는 표적시장의 검토는 물론이고 상품의 특성이나 경쟁기업의 행동 등을 충분히 검토한 다음 적절한 판단을 내릴 필요가 있다. 즉, 촉진전략은 어떻게 하면 소비자에게 효율·효과적으로 자기의 상품 정보를 전달할 수 있을까 하는 의사결정으로 소비자의 특성과 상황에 맞게 여러 촉진 요소들을 적절히 혼합하여 사용하는 것이 그 핵심이라 할 수 있다.

홍보는 마케팅 의사전달의 형성과정으로서 판매촉진이라고도 하며 MICE에 있어서 홍보는 개최지의 전체적인 이미지와 관련이 있다.

MICE는 MICE 주최자 및 참가자의 욕구를 충족시키고, 참가자로 하여금 MICE 행사에 대한 취지를 알림으로써 많은 사람들이 MICE에 참가하도록 유도하여야 한다. 이를 위해 다양한 매체를 통한 MICE 개최지의 이점을 홍보해야 하며, 홍보는 참가자들에게 수용 가능한 적절한 메시지를 선택해서 전달할 때만이 가능해진다.

이러한 홍보는 MICE을 유치하기 전부터 유치가 확정된 이후 본격적인 홍보 활동 전개 시까지 모든 과정에 걸쳐 치밀하고 적극적인 마케팅을 필요로 한다. 따라서 홍보의 주요 내용은 개최지에 대한 주요정보를 수록하거나, 개최도시의 홍보 전략, MICE 관련책자 및 홍보물 발간, 각 주제에 적합한 영상자료의 활용과 장소 행사, 지역의 특성을 반영하는 메시지로 구성되어야 할 것이다.

최근 많은 기업들이 IMC(Integrated Marketing Communication)를 촉진 활동에 적용하는데 이는 광고, Direct Mail, 판매행사, PR 등 다양한 커뮤니케이션 수단들의 전략적인 역할을 비교·검토하고, 명료성과 정확성 측면에서 최대의 효과를 거둘 수 있도록 통합하는 총괄적인 촉진계획의 수립과정을 말한다.

1. 광고

광고는 자신의 이름을 밝힌 광고주가 사람의 대화가 아닌 정보전달의 매체를 이용하여 어떤 상품(서비스, 생각, 사람, 조직단체 등 포함)을 특정 대상에게 소개하거나 판매를 촉진하는 활동이다.

광고는 PR과 함께 마케팅 활동을 보다 활발하게 지원하는 강력한 수단으로, MICE와 비즈니스 이벤트 부문의 이해와 참가를 증대시키기 위해 전문화된 광고 대행사를 통해서 광고를 만들기도 한다. 광고는 전통적으로 대중매체에 지불하는 비용이 높기 때문에 PR보다 더 많은 비용이 든다. 하지만, 광고 대행사는 광고 캠페인을 위하여 보다 명확하게 목표를 설정하여 소구할 수 있고, 목표에 대한 측정도 수행한다.

2. MICE 개최지 및 장소에 대한 안내지, 브로슈어

컨퍼런스나 이벤트가 열리는 대부분의 MICE 개최지와 장소에서는 보통 안내 팸플릿을 만들게 된다. MICE 개최지의 안내지는 개최지와 개최지의 매력성, 세부적인 교통수단과 기반 시설, MICE을 개최하는 주최자에 대한 정보를 제공한다. 따라서 이러한 안내지에는 고품질의 사진을 사용하고, MICE 개최지의 위치(지역, 국가)와 장소에 대한 지도를 포함하고 있어야 하며, MICE 개최지에서 즐길 수 있는 이벤트라든가, 숙박시설 등에 관해 한눈에 볼 수 있도록 간결하면서도 명확한 요약이 필요하다.

그리고 MICE가 개최되는 장소(venue)에 대한 브로슈어는 장소에 대한 세부적인 정보를 제공하는데 중요한 역할을 한다. 따라서 장소에 대한 브로슈어에는 다음과 같은 것들이 고려되어져야 한다.

- MICE가 개최되는 장소에 대한 세부적인 지도와 지역 정보들
- 개최 장소에 대한 사진들(예: 회의실, 숙박시설, 레스토랑, 오락 및 레저 시설 등)
- 회의 및 컨퍼런스 룸 각각의 수용력 및 첨단 시설 등에 대한 세부적인 정보
- 내부 배치계획 안내

3. 웹사이트

오늘날 인터넷 환경의 영향으로 모든 컨퍼런스, MICE의 개최지 및 장소들은 그들의 웹사이트를 가지고 있거나, 또다른 웹사이트에 링크되어 있기도 하다. 이러한 웹사이트는 지속적으로 업데이트 되어야 하고, 안내지나 브로슈어가 한번 인쇄되면 수정이 불가능 하다는 약점을 가지고 있으나 웹사이트는 수정 및 대체가 가능하다는 장점을 지닌다. 또한, 웹사이트는 24시간 언제든지 접근이 가능하고, 전 세계 어디든 장소에 구애를 받지 않는다는 이점이 있으며, 무엇보다도 MICE가 조직되고, 개최될 때 참가자들의 관심과 참여를 이끌어 낼 수 있는 중요한 홍보 마케팅 수단으로 활용될 수 있다.

성공적인 MICE 개최지 및 장소 웹사이트는 다음과 같은 특징이 있다.

1) 빠른 로딩과 쉬운 사이트 운용
2) 매력적인 비주얼과 풀 스크린의 활용
3) 훌륭한 지도와 여행 가이드 포함
4) 장소 배치 및 수용 시설에 대한 실제 정보

4. 뉴스레터

뉴스레터는 MICE 개최지 및 장소를 위한 대중적인 마케팅 수단으로 오래 전부터 활용되고 있다. 전통적으로 뉴스레터는 인쇄되어 발행되는 형식을 취하고 있는데, 매력적인 사진과 그림, 간결하고 시의적절한 기사 및 뉴스 등으로 구성되어 있으며, MICE 개최지 및 장소와 그들의 고객과의 관계를 강화시키는 효과적인 CRM(Customer Relationship Management) 매체 가운데 하나이다.

그러나 뉴스레터는 표지의 카피라이팅, 전문적 수준의 사진, 디자인, 타이핑, 인쇄, 우편발송 등에 높은 비용이 지출된다. 따라서 최근에는 인쇄되는 뉴스레터 대신에 e-뉴스레터로 대체하고 있기도 하다. e-뉴스레터는 보다 생산 비용이 저렴하고, 보다 의미 있는 정보들을 더 많이 포함할 수 있으며, PDF에 의해 제작이 되어 이메일이나 웹사이트 등에 연결하여 언제 어디서나, 누구든지 볼 수 있다는 장점이 있다.

5. PR

매우 중요한 IMC의 수단 가운데 하나는 바로 PR이며, 이는 때때로 언론매체 및 정부에 의한 기사의 형태로 보도되기도 한다.

PR은 비교적 자유로운 언론 노출이 가능하다는 이점이 있으며, MICE 개최지나 장소의 이미지가 어떻게 PR 메시지를 사람들에게 소개하느냐에 따라 좌우될 수 있다. 그러나 이러한 PR로 인해 사람들에게 얼마만큼의 영향을 주었는지, MICE 개최지 및 장소의 브랜드가 어떻게 포지션 되었는지 정확하게 측정되기는 어렵다. 그럼에도 불구하고 PR 대행사 등에 의하여 주요한 PR 행동지표(key performance indicators: KPIs)를 통해서 PR의 효과를 측정하고자 노력하고 있다.

PR이 효과적으로 수행되기 위해서는 적절한 계획이 준비되어야 하고, 전체적인 MICE 개최지나 장소에 대한 마케팅 플랜도 병행되어야 한다. 또한 마케팅 활동들이 PR에 의하여 보다 활발해지고, 견고해 질 수 있도록 한다.

PR 계획은 다음과 같이 구성될 수 있다;

① 목표 설정(Setting Objectives)

② 타겟 설정(Identifying the customer)

③ 가능한 PR 수단 설정(Identifying possible PR vehicles)

6. 트레이드 쇼

트레이드 쇼를 통한 전시는 효과적인 마케팅 수단으로 이와 같은 전시회나 쇼는 MICE나 비즈니스 이벤트 부문에서 오래 전부터 행해져왔다.

트레이드 쇼는 MICE 개최지나 장소 마케팅 전략의 한 부분이며, 광고 및 PR과 같은 방식의 캠페인 계획을 수립하여 일관성 있게 진행해야 한다.

독일의 프랑크푸르트에서 매년 개최되는 business tourism exhibition과 convention들은 성공적이고 효과적인 전시회이다.

특별히, 트레이드 쇼를 통한 전시회에서는 새로운 브로슈어, 새로운 캠페인, 새로운 상품이나 이미지 등의 런칭을 위한 기회를 제공하거나 제공받기 위해 참가한다. 따라서 MICE 개최지나 장소의 모습 및 앞으로의 활동 계획 등에 대해 국가적으로 또는 전 세계 적으로 쇼를 통해 연출할 수 있다.

이러한 MICE을 위한 트레이드 쇼를 통한 전시와 연출은 IMC를 위한 효과적인 접근 수단이 될 수 있으며, 프로모션 활동들을 촉진하고 활력을 불어 넣는 중요한 활동이라고 할 수 있겠다.

7. 팸투어

팸투어(Familiarization trip: Fam trip)는 MICE 개최지나 장소 마케팅 활동을 위한 마케팅 믹스 전략 가운데 중요한 한 부분이다. 팸투어를 통해서 마케팅과 판매를 조합한 활동들을 수행할 수 있으며, MICE 주최자들로서는 보다 마케팅을 극대화 할 수 있는 기회가 되는 것이다.

팸투어는 MICE에 참가한 사람들뿐만 아니라 MICE가 개최되는 목적지나 장소에 대해 특징적으로 기사를 쓸 수 있는 언론사 관계자들을 초청하여 할 수도 있다.

5.6. People(사람) 전술

사람은 서비스를 제공하는 사람 즉, 기업의 종사원을 의미하며, 서비스는 종사원의 행위를 통해 고객들에게 전해지기 때문에 종사원은 서비스의 생산자이자 중개자이다. 또한 종사원 역시 기업의 고객이라는 개념에서 시작하여 내부 고객이라고도 한다.

사람 전략은 고객과의 접점에서 실제 서비스 활동을 실행하는 종사원의 최상의 서비스 질을 확보하는 것이 중요하며, 결과적으로 고객의 만족을 최대한 이끌어 낼 수 있도록 동기부여 하는 것이 그 핵심이다. 이를 위해 채용, 교육, 보상 등의 내부 마케팅 활동이 필요하다.

특히 MICE은 people's business로서 핵심역량을 갖춘 인적 자원의 개발이 매우 중요하다.

5.7. Physical Evidence(물리적 환경) 전술

서비스는 눈에 보이지 않는 무형의 상품이기 때문에 서비스가 전달되어지는 물리적 환경은 고객이 그 서비스의 품질을 결정짓는 데 중요한 단서가 된다. 여기에는 서비스가 이루어지는 장소, 내·외부 장식, 조명, 색상, 시설물, 의상, 상징물, 표지판 등이 해당되며, 일부에 따라서는 물리적이지 않은 단서인 향기, 소음, 온도 등도 포함한다. 따라서 물리적 환경전략은 고객이 만족할 만한 고품질의 서비스 제공을 위하여, 통제 가능한 서비스 환경을 조정하는 마케팅 활동을 의미한다.

5.8. Process(서비스 전달 과정)전술

서비스는 생산에서 소비자에게 전달되기까지 일련의 과정과 그 흐름을 가지기 때문에 서비스 생산 및 전달 시스템을 설계하는 서비스전달 과정전략이 매우 중요하다. 즉, 이것은 서비스가 전달되어지는 절차나 매커니즘 또는 활동들의 흐름을 의미하는 것으로서 대부분의 서비스는 일련의 과정(process)이며 흐름(flow)의 형태로 전달된다.

서비스 프로세스의 단계와 서비스 제공자의 처리 능력은 고객의 눈에 가시적으로 보여진다. 따라서 서비스 생산 프로세스를 설계할 때에는 프로세스에 대해서 고객이 느끼는 점들에 대해 특별하게 주의해야 하고, 반드시 고객의 관점이 반영되어야 한다. 이를 위해 서비스의 형태(표준화 또는 맞춤화), 서비스 단계의 수, 고객의 참여 수준 등을 조정하는 마케팅 활동이 필요하다.

다음은 영국의 사례로 유서가 깊은 건축물을 활용하여 MICE를 상품화하고 세계 최고의 회의 개최장소로 브랜드화한 사례이다.

사례

Mice Marketing Management

Royal College of Physicians 회의시설의 상품화[6]

배경

런던에 위치한 Royal College(영국왕립의과대학)는 리전트 공원이 내려다보이는 내과 의사들을 위한 숙소로, 1960년대에 지어진 건축물이다. 이 건물은 1518년에 헨리 8세의 시대적 배경을 가지고 있는 Royal College의 특색을 현대적으로 표현하고 있으며, 1992년에 Royal Institute of British Architects(RIBA)로부터 건축 금상을 받은 바 있다. RIBA의 심사위원단들로부터 '전통적인것과 현대적인 형태가 혼합된 건축물로 새로운 것과 낡은 것의 사이에서의 절묘한 조화' 라고 칭찬을 받은 바 있다.

Royal College는 의학분야의 학문적 명성과 함께 전통과 역사를 가지고 영국 의학계를 이끄는 핵심적 역할을 하고 있으며, 전세계적으로 약 2,000명의 회원들을 가지고 있다.

대학은 의사 교육과 훈련을 위한 11개의 공간을 가지고 있으며, 이중에서 Wolfson Theatre(300명 수용)와 Seligman Theatre(140명 수용)가 제일 큰 반면 개인 정원과 근접한 건물이 보이는 Osler Room은 연회뿐만 아니라 240명이 수용 가능한 공간이다. Council Chamber에는 곡선 모양의 벽과 아치 모양의 아름다운 천장, 프리젠테이션, 음료 리셉션과 다른 행사가 가능한 책이 진열된 인상적인 Dorchester 도서관이 있다. 2003년에 Jerwood Education Centre로 새로

영국 Royal College의 회의시설 및 연회장소

지은 건물엔 독립된 시설과 최신 설비가 구비되어 있다.

의사들을 위한 시설의 Royal College의 상품 개발 및 마케팅 믹스 전술

1998년에 대학의 새 학장이 취임하면서 의학 발전을 위한 재원 물색을 계기로 MICE과 연회 서비스를 상품화하는 계획을 수립하였다. 상품화하는 과정에서 의학 관련 회의뿐만 아니라 비의학 분야에서도 회의와 연회를 할 수 있도록 상품을 개발하였다, 새로운 상품을 개발하는 과정에서 경쟁대학교의 분석, 시장의 수요를 분석하였고, 포지셔닝을 철저히 분석하여 대학 시설중 최고의 회의 및 연회 시설로 만들고자 하였다. 브랜드의 이름도 매우 중요하게 생각하여 처음에는 'The Royal College of Physicians(RCP)'와 'Regent's Park Conference Centre'와 '11 St Andrews Place' 중 브랜드 선택에 대한 긴 논의가 있었다. 전 세계적으로 저명한 의사들이 속해 있는 이 곳이 이미 의학 대학으로 국제적인 브랜드를 구축했으므로 결국엔 장소를 'Royal College of Physicians'로 활성화 시키는 것으로 결정하였다.

사실 브랜드 이름을 결정하는 데 어려운 요소는 '대학'이라는 단어의 의미로, 학생, 저렴, 낮은 질, 그리고 다른 부정적인 의미를 함축하고 있고, 프로모션 활동, 제품 개발, 그리고 비즈니스에서 장소는 전문적 의료 기관의 정신과 가치가 요구되어야 한다. 예를 들어, 비즈니스가 Royal College의 의사들과 욕구가 다를지도 모르기 때문에 특정한 회의 비즈니스로 활용하는 것에 대해 거부 반응을 나타낼 수 도 있다(예를 들면, 제약회사가 물의를 일으키는 신약 승인을 얻기 위해 장소를 사용하기를 희망할 수도 있다).

수익도 중요하지만 역사적 가치와 대학의 좋은 이미지를 유지하는 것이 더욱 중요하기에 건물과 시설에 대한 투자는 좋은 질의 제품과 서비스 역량을 키우는 데 초점을 맞출 필요성이 있었다.

2002년에 상품개발을 위하여 전문기관을 선정하여 RCP를 다른 영국의 회의 장소와 다른 차별화 요인을 알아내고, 역사적 건물 위치, 회의와 연회만 개최되지 않는 장소, 윤리 기관, 숙박 촉진, 독특한 장소, 역사적 건물을 통하여 핵심 제공품(Key Selling Proposition-KSP)과 독점제공품(Unique Selling proposition)을 개발함으로써, 이들이 대학 건축물이 세계적인 회의장소로 상품

영국왕립의과대학(Royal College) 회의시설 및 레스토랑

화하고 브랜드화는 데 크게 성공하고 있다.

회의 장소로서 RCP는 회의와 행사 운영 서비스의 질로 ISO9001:2000을 통해 국제 신임을 받았다. Conference Centres of Excellence(www.cceoline.co.uk), Association Internationale des Palais de Congres(www.aipc.org), the International Association of Conference Centres(www.iacconlline.com)과 Unique Venues of London(www.uniquevenuesoflondon.co.uk)의 회원으로 RCP의 브랜드 가치를 제고시키고 있다.

대학이 가지고 있는 50,000권의 장서, 지도와 다른 아이템들로 가득한 Dorchester Library는 정말 독특한 자산이다. 영국의 역사와 문화유적의 핵심 부분을 나타내는 많은 자료들을 갖추고 있다. 3천 5백만 파운드의 가치를 가지고 있는 콜렉션과 이를 유지하기 위해 기록보관인과 역사유적센터 운영자를 포함한 직원들이 고용되었다. 어떤 보물들은 저녁과 특별한 행사를 위해 따로 전시할 수 있고 특별한 국제 의학 회의를 유치할 때 '판매'가 되기도 한다.

대학이 회의 장소로 명성을 얻고 성공한 사실은 다음 통계에서 알 수 있다. 2003년에서 62%로의 성장을 보인 1,667건의 내부 행사(i.e. Royal College 회원들만)가 2004년에 이루어졌으며 2003년에서 28%로의 상승을 보인 621건의 외부행사가 있었다. 이 조합된 수치는 전년 대비의 30.5%의 평균 상승을 의미한다. 수입 측면에서, 비록 외부 행사와 내부행사의 비율이 3:1이긴 하지만 외부 행사는 내부 행사에서 얻어지는 수익의 5배 이상이다(www.rcplondon.ac.uk/venue).

상기의 사례를 볼 때, 우리나라도 대학 등 우리나라 역사유적지 혹은 건축물로 MICE 개최장소로 활용될 수 있는 곳이 있을 것이다. 이를 조사해보고, 있다면 어떻게 회의장소로 상품화할 수 있는지?

Royal College의 의사들의 상품		
1	KSP	훌륭한 회의와 연회 시설 전반적으로 인상적인 디자인과 레이아웃
	KSP	회의 목적으로 지은 강의실 최신 오디오 장비와 기술
	KSP	유연한 전시 공간
	KSP	리셉션을 위한 정원
	USP	'왕관의 보석' Dorchester Library - 16세기에 옥스퍼드와 캠브리지 외곽에서 가장 중요한 도서관
	KSP	정전이 생길 경우를 방지해서 사전 예방으로 발전기 소유
	KSP	금액에 어울리는 가치가 있는 훌륭한 장소
	KSP	새로운 목적으로 지은 의학 관련 훈련 센터
	KSP	전문적 기구와 연결되어 더 많은 자원을 가지고 있다. (IT 지원, 사진 복사기, 스캐너, 장비 등등)

2	KSP	센트럴 런던 위치 좋은 접근성, 도로, 기차와 지하철 (런던 히드로 공항과 패딩턴 링크) 주최자들을 위해 무료 주차(도시 진입료 부과 밖)
3	KSP	높은 질의 음식과 서비스 폭넓고 현대적 요리법 음식에 관한 열정적인 케이터링 매니저 5성급 출장 연회 기준
4	KSP	전문적이고 친근한 여러 언어/문화의 직원들 훌륭한 백업팀(리셉션, 운반인) 지원 서비스, e.g. 호텔 예약 팩스와 복사기에 접근
5	KSP	국제회의 경험이 있는 전문적 장소 회의와 행사 운영 서비스 설비에 대한 ISO 9001:2000에 승인 Conference Centres of Excellence의 회원 두 개의 국제회의 센터 연합의 회원
6	KSP	'전시 중'인 500년의 역사적 건물에서 뛰어난 세팅으로 1등급으로 상 받은 현대적 건물 Unique Venues of London 콘소시움의 회원 저명한 의학 기관 리전트 공원이 보임 매력적인 Nash 집과 약초 정원의 전망 매력적적으로 광활한 아트리움
7	KSP	선정된 단체에게 제공되는 역사적인 가이드 투어 (국제 의학 회의에서 특별한 목적)
8	USP	책과 물건의 대학 컬렉션

5 본 사례는 R. Davidson & T. Rogers (2006). Marketing Destinations and Venues for Conferences, Conventions and Business Events. P.87-p100에 수록된 사례를 번역한 것임.

사례

주요국가의 경쟁력 포지셔닝

경쟁국 컨벤션뷰로 포지셔닝 전략

일본	중국	태국	싱가포르	말레이시아	홍콩	호주
• Meet Japan • 박람회 참가 • MICE 앰버서더 • 유니크 베뉴 • 고가의 목적지 인식 전환 • MICE 행사간융 복합화 확대	• 교육포럼 개최 • 앰버서더 프로그램 • MICE 테스크포스 • E-매거진 • 모바일 앱 • 위챗 • ICCA지역 위원회 설립 • 관광정보 선반 • MICE Alliance	• Be my guest • 글로벌 온라인 마케팅 • 소셜미디어 마케팅 • Key MICE Industry • 친환경 회의 • 거리시장 재현 • 아세안 통합 베뉴기준 개발 • MICE Intellegence Center • 품질관리를 위한 국제인증 • Fast Track서비스	• 5 Appeal Point • MICE 중점 육성산업 • 친환경 회의 • 관광업제 모임의 장 마련	• Malaysia Twin Deal ++ • Let's Meet & Green 프로그램 • Business Event Support 프로그램 • Industry Partner 프로그램 • PCO Partner 프로그램 • 팸투어 • 박람회 참가	• 전략적 재휴 • 팸투어 • 홍콩 리워드 • 암전체험 • 유니크 베뉴	• 무역진흥기관, 관광청 공동 해외 비즈니스주간 개최 • Best Cities • 공동 마케팅 • 박람회 개최 (AIME) • 앰버서더 프로그램

경쟁국 포지셔닝 구축 활동

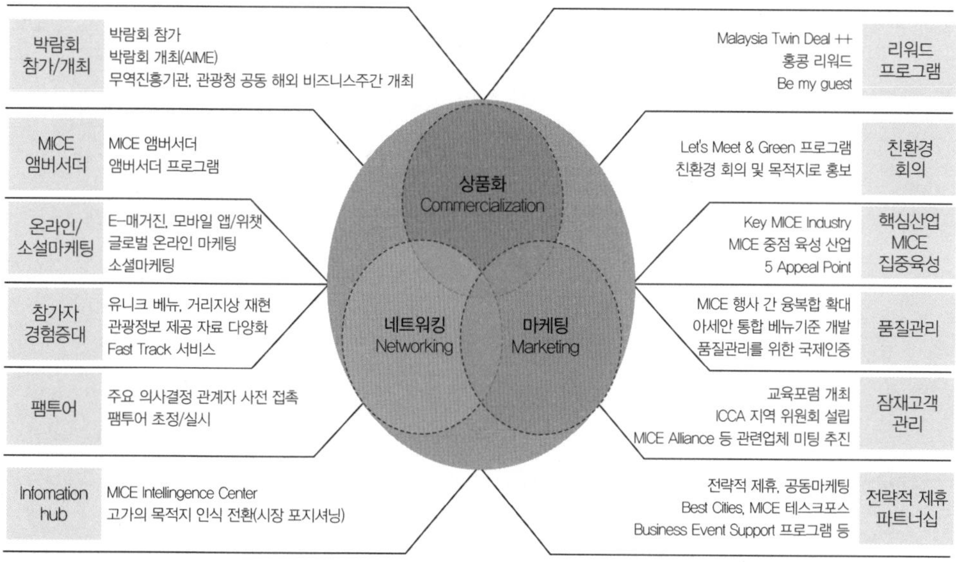

경쟁국 시사점

핵심 이슈	경쟁국 현황	대응 방향
컨벤션 분야 선택 및 집중	• 싱가포르, 태국은 자국이 선도하고 있는 산업분야에 대한 적극적 투자 수행 • MICE앰버서더 위촉 시, 유치하고자 하는 분야의 권위있는 전문가를 선정	• 한국이 경쟁력을 가진 산업분야에 대한 집중적 투자 및 세일즈, 업계 리더 및 전문가의 적극적 활용 필요 • 한국의 주력산업은 자동차, 조선, 플랜트, 철강, 정밀화학, 섬유, 통신기기, 반도체, 디스플레이 등1)
마케팅 채널 다각화	• 태국, 중국 등은 소셜미디어, 모바일 앱 등 새로운 마케팅 채널을 적극적으로 활용 • 목적지 이미지 및 브랜드 제고 효과를 꾀할 수 있음	• Korea, Beyond Meetings브랜드를 모든 마케팅 커뮤니케이션 채널에 일관적으로 적용하여 이미지 구축 • 영향력 높은 소셜미디어, 온라인 이벤트, 모바일앱 등을 활용한 잠재고객 확대
다방위 협력강화	• 지역간 협력강화로 과다경쟁방지, 정보공유를 실시, 국가전체 경쟁력 향상 기여 • 컨벤션센터, 호텔, 여행사, PCO 등 업계 Player들과 공동마케팅, 공동박람회 참가, 전략공유 등을 수행	• Korea MICE Alliance 회의 정례화, 공통 중장기 전략 수립 및 실행 • 정부기간과의 연계 강화, 문체부 외에도 산자부, 복지부, 외교부 등과 협력체계 구축하여 기회를 포착 및 창출
품질관리	• 컨벤션 서비스 및 시설의 글로벌 표준을 세우기 위해 노력 • ISO국제인증 및 Best Cities가입 등 고객에게 품질에 대한 인식 제고	• 한국의 컨벤션 서비스 및 시설에 대한 표준 가이드라인을 제작/배포하여 품질관리에 대한 다양한 시도 필요 • 산업 관계자들이 국제적 인증을 받을 수 있도록 다양한 제도 마련 및 장려

생각해 볼 문제

01 전통적인 MICE 시설과는 별도로 MICE를 진흥할 수 있는 Unique Venue를 조사하여, 상품화 계획을 수립해 보자.

02 주요 국가의 MICE 산업의 최근 포지셔닝 전략을 조사해보자.

03 MICE 조직의 Marketing 부서에 근무한다고 가정하고, 아래 표를 활용하여 CVB 혹은 컨벤션 센터, 혹은 PCO 입장에서 MICE 마케팅과 관련하여 상황분석을 해보자.

상황분석	
구 분	주 요 내 용
경제적 환경	
기술적 환경	
사회·문화적 환경	
정치·법률적 환경	
요 약	

경 쟁 분 석					
경쟁분야			핵심사업분야		
경쟁자	강점		제품 및 서비스	강점	
	약점			약점	
시장 점유율			대외적 이미지		
전년도매출액			매출 증가율		
기타 의견					

고객분석		
MICE 상품 및 서비스		
구매의사결정자 유형	구체적인 일	영향력 정도
발안자		
영향자		
의사결정자		
사용자		
구매자		
판매자		

자 사 분 석					
조직목표			마케팅목표		
마케팅 자원현황	인적자원		핵심 역량	조직	
	물적자원			개인	
자사의 강점			자사의 약점		
시장 점유율			대외적 이미지		
매출 증가율			무형자산		
제도적 문제점			기타의견		

SWOT분석 및 전략대안 도출									
내부능력 / 외부능력		강점				약점			
기회									
위협									

Book Review 「마케팅 불변의 법칙」

1. 선도자의 법칙(The Law of Leadership)
: 더 좋은 것보다는 맨 처음이 낫다.

2. 영역의 법칙(The Law of Category)
: 최초로 뛰어들 수 있는 새로운 영역을 개척해야 한다.

3. 기억의 법칙(The Law of Mind)
: 시장보다는 고객의 기억속에 맨 먼저 들어가는 것이 더 중요하다.

4. 인식의 법칙(The Law of Perception)
: 마케팅은 제품이 아니라 인식의 싸움이다.

5. 집중의 법칙(The Law of Focus)
: 마케팅에서 가장 강력한 개념은 잠재 고객의 기억 속에 한 단어를 심는 것이다.

6. 독점의 법칙(The Law of Exclusivity)
: 두 회사가 같은 단어를 고객의 기억 속에 심을 수는 없다.

7. 사다리의 법칙(The Law of the Ladder)
: 각 영역별로 어느 가로대를 차지하느냐에 따라 채용할 전략이 달라진다.

8. 이원성의 법칙(The Law of Duality)
: 모든 시장은 두 마리의 말만이 달리는 경주가 된다.

9. 정반대의 법칙(The Law of the Opposite)
: 2인자를 겨냥하고 있다면 전략은 선도자에 의해 결정된다.

10. 분할의 법칙(The Law of Division)
: 시간이 지나면 하나의 영역이 둘 이상으로 분할된다.

11. 원근의 법칙(The Law of Perspective)
: 마케팅 효과는 상당히 긴 기간에 걸쳐 나타난다.

12. 계열 확장의 법칙(The Law of Extension)
: 기업은 성공한 브랜드의 이미지를 확대하려는 유혹에 쉽사리 빠진다.

13. 희생의 법칙(The Law of Sacrifice)
: 얻기 위해서는 포기해야 한다.

14. 속성의 법칙(The Law of Attributes)
: 어느 속성이든 효과적인 것이 단 하나라도 있게 된다.

15. 솔직성의 법칙(The Law of Candor)
: 스스로 부정적인 면을 솔직하게 드러낼 때 오히려 잠재 고객의 신임을 얻게 된다.

16. 단독의 법칙(The Law of Singlarity)
: 각각의 여건에서 오직 하나의 행동만이 실질적인 성과를 올린다.

17. 예측불능의 법칙(The Law of Unpredictability)
: 경쟁자의 계획들을 작성해보지 않으면 미래를 예측할 수 없다.

18. 성공의 법칙(The Law of Success)
: 성공은 오만으로 이끌고 오만은 실패로 이끌어간다.

19. 실패의 법칙(The Law of Failure)
: 실패는 예상되고 받아들여져야 한다.

20. 과장의 법칙(The Law of Hype)
: 기업의 상황이 언론에 드러나는 것과 정반대인 경우가 있다.

21. 가속의 법칙(The Law of Acceleration)
: 성공은 일시적 유행이 아닌 장기적인 추세에 따라 계획되어야 한다.

22. 재원의 법칙(The Law of Resources)
: 자금의 뒷받침이 없는 아이디어는 소용이 없다.

MICE MARKETING MANAGEMENT

제 5 장

MICE 의사결정구조

MICE
MARKETING
MANAGEMENT

학습 개요

본 장에서는 MICE 소비자의 시장을 세분화하여 표적시장 선정 및 효율적인 마케팅 전략 수립을 위해 MICE 소비자의 행동에 영향을 미치는 요인들을 파악한다.

MICE 소비자는 크게 MICE 개최 주체와 참가자로 구분된다. MICE를 개최하고자 하는 국제기구, 협회, 학회 및 기업이 있고, MICE에 참가하는 고객이 있다. 이들이 MICE를 개최하고 참가하고자 하는 의사결정 구조에 대하여 학습하고자 한다.

또한 MICE 개최지의 선정 과정과 MICE 참가동기 및 제약요인을 심층 분석함으로써 MICE 소비자의 행동을 이해하고자 한다.

제 1 절 MICE 소비자 행동분석

MICE 소비자는 MICE 개최의 주체(예: 국제기구, 정부, 협회, 학회 및 기업 SMERF 단체 등)와 일반 MICE 참가자로 구분된다. MICE 소비자 행동분석을 이해하기 위해서는 일반적으로 소비자들이 내리는 의사결정과정을 이해하고 이를 MICE 소비자 군에 적용하는 과정을 파악할 필요성이 있다.

1.1. MICE 소비자 행동분석의 의의

MICE 시장의 소비자 욕구는 주로 관련 당사자의 주관적인 판단이나 경험에 의존하여 파악되고 있다. 그러나 MICE 시장 환경이 점점 복잡해짐에 따라 MICE 마케팅 관리자와 소비자의 거리가 점점 멀어지기 때문에 관리자의 주관적인 판단만으로는 MICE 소비자의 욕구를 정확하게 파악하거나, MICE의 유치 및 참가자의 참여 증대를 위한 자사의 마케팅 활동에 대한 소비자들의 생각을 정확히 파악하기란 쉽지 않다.

MICE 소비자를 정확히 파악하지 못하면 이를 기초로 수행되는 시장세분화나 표적시장의 선정 등과 같은 마케팅 활동을 효과적으로 전개할 수 없다. 따라서 MICE 마케팅 관리자는 급변하는 시장 환경 속에서 다양한 MICE 소비자 욕구를 만족시킬 수 있는 마케팅 전략을 수립하기 위해 MICE 소비자 행동을 체계적으로 이해하여야 한다.

1.2. 다속성 태도모형

1. Fishbein의 다속성 태도모형[1]

소비자 행동에서 태도(attitude)란 "어떤 대상물에 대하여 일관성있게 호의적 또는 비호의적으로 반응하게 하는 학습된 선유경향(learned pre-disposition)으로 정의되며, 태도는 인지적 요소, 감성적 요소, 그리고 행동적 요소로 구

1 Martin Fishbein(1971), "Some Comments on the Use of 'Model' in Advertising Research", *In Proceedings: Seminar on Translating Advanced Advertising Theories into Research Reality*, Amsterdam: European Society of Marketing Research, 1971, p.301.

성된다.

Fishbein의 태도에 대한 다속성 모형(multi-attribute model)은 태도형성을 어떤 브랜드[2]의 속성과 이점에 대한 소비자 신념의 함수를 설명한 이론이다.

Fishbein의 모형을 이용하여 소비자들이 중요한 속성에 따라 MICE 브랜드를 평가하는 방법을 결정함으로써 MICE 기업은 경쟁자 브랜드의 강점 및 약점과 비교하여 자사 브랜드의 강점과 약점을 분석·진단할 수 있다. 그렇게 하는 경우, MICE 기업은 특정 브랜드를 평가하기 위해 사용되는 속성의 어휘목록에 직접적으로 다속성 모형을 응용할 수 있다.

소비자의 브랜드에 대한 부각적 신념(salient belief)들은 브랜드에 대한 태도를 형성하는 기초가 되는데, 일단 소비자의 부각적 신념들이 파악되면 그 다음 단계에서는 소비자들이 과연 이 신념들을 어떤 식으로 결합하여 브랜드에 대한 태도를 형성하는지를 알 필요가 있다. 상기에 언급한 부각적 신념들에 수치를 부여할 수 있다면 소비자들의 태도는 이 부각적 신념들의 합일 수도 있고, 산술평균일 수도 있으며, 아니면 각 신념들에 가중치를 주어서 결합한 것일 수도 있다.

마케팅에서는 소비자들의 태도를 잘 예측하기 위해 어떤 결합방법을 사용하는 것이 가장 좋은가 하는 것을 연구해 왔다. 결국 소비자가 브랜드의 여러 가지 속성에 대해 가지고 있는 신념이 태도의 바탕이 되기 때문에 신념의 각 통합 방법들은 태도를 형성하는 별개의 모형으로 제시되었고, 흔히 다속성 태도 모형(multi-attribute attitude model)이라는 이름으로 불린다.

2. 피쉬바인의 확장모형[3]

피쉬바인과 아이젠(Ajzen)은 기존의 다속성 태도모형을 확장하고 '이성적 행동모형(theory of reasoned action)'또는 '피쉬바인 확장모형(Fishbein's extended model)'이라고 불리는 모형을 제시하였다. 피쉬바인 확장모형은 다음과 같은 식으로 나타낸다.

이 모형은 두 가지 요인의 결합으로 되어 있는데, 한 요인은 행동에 대한 태

2 원래 다속성태도 모형에서는 제품 혹은 상표로 명시되어 있으나, 본서에서는 제품, 서비스, 장소 등을 포괄적으로 표현할 수 있는 브랜드 용어를 사용하고자 함

3 Martin Fishbein, "Attitudes and the Prediction of Behavior", In Martin Fishbein, ed., *Readings in Attitude Theory and Measurement*, New York: John Wiley, 1967, pp. 477~492.

도(A_{act})이고, 다른 한 요인은 주관적 규범(SN)이다.

피쉬바인과 아이전은 소비자들이 주어진 상황에서 있을 수 있는 여러 가지 행동의 결과들을 의식적으로 검토하고 가장 좋은 결과를 낳는 것을 선택한다고 하여 그들의 이론을 이성적 행동이론이라고 하였다.

*** 피쉬바인 모형의 구조**

1963년 피쉬바인이 제시한 이 모형은 다음과 같은 등식으로 표현된다.

$$A_0 = \sum_{i=1}^{n} b_i e_i$$

이 식에서

A_0 = 대상에 대한 태도(attitude toward an object)

bi = 대상이 속성 i를 갖는다는 신념의 강도

ei = 속성 i의 평가

n = 부각적 신념의 수

$$B \sim BI = Aact(W_1) + SN(W_2)$$

이 식에서

Aact = 어떤 특정행동을 취하는 것에 대한 소비자의 태도(attitude toward an act)

SN = 소비자가 이 행동을 취할 때에 다른 사람들이 어떻게 볼 것인가와 관련된 주관적 규범(subjective norm)

BI = 소비자가 이 행동을 취하고자 하는 의도(behavioral intention)

B = 행동

W_1, W_2 = 소비자의 태도(Aact)와 주관적 규범(SN)요소가 구매의도에 미치는 상대적 영향력을 표기하는 가중치

먼저 모형의 결합요인인 행동에 대한 태도(Act)에 대해 살펴보면, 이것은 대상에 태도(A_0)와는 달리 소비자가 어떤 행위를 수행하는 것에 대한 전반적인 평가를 말한다. 다속성 태도모형에서와 마찬가지로 태도는 몇 개의 부각적 신념에 기초하여 형성되는 것으로 볼 수 있지만 다속성모형에서는 태도가 브랜드와 관련된 신념이라면, 확장모형에서는 브랜드 모형과 관련된 신념이다.

예를 들어, 어떤 소비자가 'C'라는 컨벤션 센터에 대한 신념은 이 소비자의 'C' 컨벤션 센터에 대한 태도와는 다를 수 있다. 이 때문에 'C' 컨벤션 센터는 좋아하면서도 'C' 컨벤션 센터의 이용은 안 할 수도 있다.

따라서 기업이 수행하는 마케팅 활동들이 브랜드에 대한 태도형성 및 변화에는 효과적이지만 브랜드 구매에는 별로 효과적이지 못한 경우가 있을 수 있으며, 그 반대의 경우도 있을 수 있다. 즉, 행동과 보다 밀접한 관련을 맺는 것은 브랜드에 대한 태도(A_0)라기보다는 브랜드의 구매에 대한 태도(Act)라고 할 수 있다.

다음 모형의 결합요인은 주관적 규범이다. 인간생활의 다른 모든 영역에도 그렇지만 소비생활에 있어서도 사람들은 다른 사람을 의식하는 경우가 많다. "내가 이 MICE 개최지로 결정하면 다른 사람들은 어떻게 생각할까?", "내가 이 MICE 개최지에 참가하면 다른 사람들은 어떻게 볼까?" 등이 마음 속에 떠오를 수 있다.

$$SN = \sum_{j=1}^{m} NBjMCj$$

이 식에서

NBj = 규범적 신념(normative belief)은 다른 사람이 내가 어떻게 행동해야 한다고 기대한 것으로 믿는 정도

MCj = 순응동기(motivation to comply)는 다른 사람의 기대에 순응하려는 정도

m = 나의 행동에 영향을 미치는 중요한 다른 사람들(significant others)의 수

피쉬바인의 확장모형에서는 이 부분을 포함시킴으로써 행동의 예측력을 더 높이고자 하였다. 태도와 마찬가지로 주관적 규범도 두 개의 요소로 되어 있는데, 한 요소는 규범적 신념(normative belief)이라는 요소이고, 다른 한 요소는 순응동기(motivation to comply)이다.

주관적 규범은 다음과 같이 측정된다. 규범적 신념의 강도를 측정하기 위해 내가 이 행동을 하는 것을 다른 사람들이 얼마나 원하는가 하는 정도를 측정하게 되는데, 중요한 다른 사람들은 나의 행동에 영향을 미치는 사람들로 가족, 친구, 직장상사 등이 될 수 있고, MICE 개최지를 결정하는 경우에는 이

사회, 사무국장, 위원회(council), 지역위원회(regional committee), 회장, 개최지 선정위원회, 프로그램 위원회, 총회 위원회 등이 될 수 있다.

피쉬바인의 확장모형에서는 태도와 주관적 규범이라는 두 가지 기본 요소의 중요성이 구매 브랜드에 따라서 서로 다른 것으로 간주한다. 예를 들어 MICE에 참가할 것인가, 말 것인가의 경우에는 주관적 규범의 영향력이 더 클 것이고, MICE 개최지는 어디로 정할 것인가 하는 것은 태도의 영향력이 더 클 것이다.

이성적 행동에 대한 피쉬바인이론에 대하여 태도와 행동간의 연결관계를 보다 잘 설명하기 위해서 피쉬바인 다속성 모형을 수정하였다. 그 결과로 나타난 이성적 행동이론(Theory of Reasoned Action)은 보다 정확하게 행동을 예측하기 위하여, 행동의 목적물에 대해서보다는 그 행동에 대한 그 사람의 태도를 결정하는 것이 보다 중요하다는 것을 주장하는 이론이다.

각 브랜드에 대한 태도를 측정하는 것보다, 그 브랜드들을 구입하는 데 대한 그 사람의 태도를 결정하는 것이 보다 중요하다는 것이다. 즉, 그 브랜드 자체(A_0)가 아니라, 어떤 브랜드를 구입하거나 사용하는 행동(A_{act})에 기초하여 적절한 태도가 측정되어야 한다. 그것은 만족을 결정하는 브랜드를 구매하고, 결국 소비하는 소비자의 행동인 것이다.

다속성태도모형은 MICE 개최지를 결정하거나 개인적으로 특정 국제회의나 전시에 참가하려고 하는 경우에 의사결정을 합리적으로 내일 수 있는 방안이 될 수 있을 것이다. 본 장에 있는 토의 문제와 생각해볼 문제를 통하여 다속성태도모형을 더욱 자세히 학습해보자.

제 2 절 MICE 개최지 선정 및 참가 동기

2.1. 개최지 선정요인

MICE 시장은 개최 주체(예: 정부, 국제기구, 협회, 학회, 기업 SMERF), 개최지, 참가자의 3개 주요 행위자가 상호작용하는 하나의 시스템으로 볼 수 있으며, 개최 주체는 MICE 참가자에게 전문적 의견교환과 사교의 장을 제공하고,

그림 5-1 MICE 개최지 선정과정 개념 모형

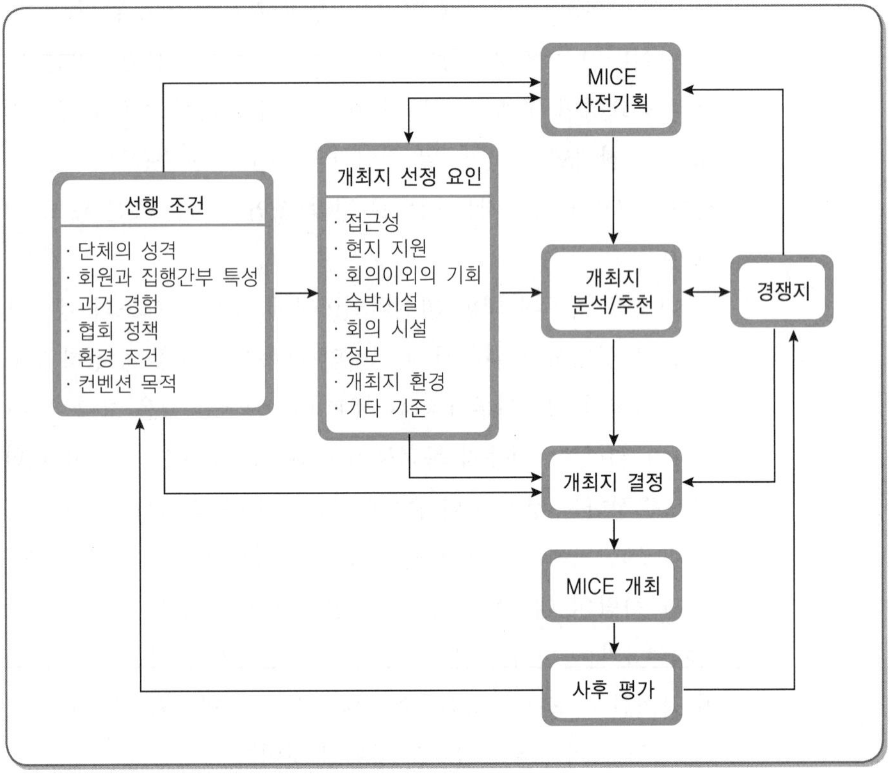

자료: Geoffrey I. Crouch and J.R. Brent Ritchie, "Convention Site Selection Research: A Review, Conceptual Model, and Propositional Framework," Journal of Convention & Exhibition Management, Vol. 1(1), 1998, P.61.

개최지는 관광을 포함하는 새로운 경험과 이미지를 제공하며, MICE 참가자 극대화라는 공통목적을 갖고 서로 협조하여 MICE 및 개최지 홍보를 한다.

한편, 참가자는 개최 주체가 협회나 학회인 경우에는 MICE 참가등록비를 지불하며 개최지에서 숙박, 식음료, 현지교통과 기타 활동에 따른 비용을 지출하므로, 개최 주체의 가장 큰 임무는 개최지를 선정하는 것으로 MICE 개최지의 결정과정은 매우 복잡하며 결정에 영향을 주는 변수가 많은데, 아래와 같이 5단계로 구분될 수 있다(그림 5-1 참조).

1단계는 MICE 사전 기획단계로 개최시기 및 예산 등 기본계획을 수립한다. 개최 주체와 회원의 특성, 과거의 회의 개최경험, 향후 여건변화, 개최지 안배 등 개최 주체의 정책, MICE 개최 목적 등 선행조건이 사전 기획에 영향을 준다. 개최지 선정요인이 사전 기획단계에 영향을 주는 한편 MICE 사전 기획은 개최지 결정시 개최지 선정요인별 상대적 중요도를 결정한다. 이 단계에서 개최 희망지의 초기 유치활동이 개시되기도 한다.

2단계는 개최지 선정을 위한 분석 및 추천 단계로 개최 요건을 만족하는 개최 가능지의 정보를 수집하며, 추가정보 및 시설 확인을 위해 개최지 방문조사를 하고, 대형 MICE의 경우 주요 경쟁국의 유치 제안 설명회를 실시하기도 하며 제안 정보를 분석하고 종합하여 개최지 결정권자에게 최적 개최지를 추천한다.

3단계는 개최지 결정 단계로 이 단계에는 개최 주체의 집행위원회 또는 이사회가 개최지 선정위원회의 추천을 기초로 하여 MICE 개최지를 최종 결정한다.

4, 5단계는 MICE 개최 및 개최 후 평가 단계로 평가결과가 향후 MICE의 선행조건으로 편입되어, 향후 개최지 선정과정 및 경쟁 구도에 영향을 준다.

특히 개최지 선정요인은 MICE 유치 마케팅에 있어 매우 중요한 변수로서, 개최 목적지의 이미지 제고와 경쟁력을 강화하기 위하여 제시된 6A(Accessibility, Amenities, Attractions, Available Packages, Activities, and Ancillary Services)[4]가 개최지 선정요인으로 매우 중요한 변수가 되고 있다. 대부분의 목적지는 〈표 5-1〉에서 설명된 시설과 서비스의 중심이 되는 필수 구성요소를

표 5-1 6As 구조

구분	내용
Attractions(매력물)	자연자원, 인공자원, 문화자원, 특별이벤트
Accessibility(접근성)	항공노선, 이동 동선, 터미널, 차량 등을 포함하는 교통시스템 전체
Amenities(시설)	MICE시설, 숙박시설, 음식시설, 쇼핑시설, 기타 MICE서비스
Available packages (기획업체)	여행사, 미팅 플래너, PCO 등의 역할
Activities(활동)	MICE 참가자들이 행하는 개최지내의 모든 활동(특히 최근에는 3E(excitement, Education, Entertainment가 가미된 감성적인 체험 활동을 선호함)
Ancillary services (부수적 서비스)	은행, 통신, 우편, 뉴스, 병원 등 MICE 참가자들이 이용하는 서비스

4 Dimitrios Buhalis, *Marketing the competitive destination of the future*, Tourism Management 21, 2000, 97-116

갖추고 있다. 그러므로 목적지는 모든 상품과 서비스 및 6As로 대표되는 필수 구성 요소를 갖추고 있다. 그러므로 MICE 개최지도 모든 상품과 서비스, 그리고 궁극적으로는 지역에서 제공되는 모든 경험의 혼합물이라 할 수 있다.

IOC(국제올림픽 위원회)는 올림픽 유치를 위하여 개최지에서 필요한 사항을 질문(questionnaire) 형태로 요구하고 있다. 〈표 5-2〉는 개최지 선정에 필요한 질문 사항들이다. 제4장에서 제시된 상황분석을 조합하여 MICE유치 제안서를 작성할 수 있을 것이다.

개최 희망지는 1) motivation and concept; 2) political and public support; 3) general infrastructure; 4) sports infrastructure; 5) logistics and experience; 그리고 6) financing에 대한 구체적인 질문에 충실하게 작성하여 제안서를 제출하여야 하며, 서류를 토대로 현장 실사를 받는다.

본 항목들은 MICE를 유치하는 과정에서 요구되는 개최지 선정에 필요한 항목과 유사하다. 앞으로 MICE 유치 제안서를 체계적으로 작성하고 이를 토대로 MICE 유치활동을 전개할 수 있다.

표 5-2 MICE 개최지 선정에 관한 질문

MICE 개최지 선정에 관한 질문		
I. 개최 동기와 주제 (Motivation and Concept)	1	개최동기(Motivation) • MICE을 개최하고자하는 지역의 개최 동기와 목적은 무엇인가?
	2	개최 컨셉(Concept) • 귀하의 도시에서 MICE을 개최하고자 하는 주제와 컨셉은 무엇 인가? • 개최 주제와 컨셉을 반영하는 내용의 도식화는 어떤 형태인가?(예: 왜 귀하의 도시에서 MICE을 개최하여야 하는가?)
II. 정부, 지자체 및 여론의 지지여부 (Political and Public Support)	3	조직위원회(Future candidature committee) • MICE 개최지로 선정된다면, 조직위원회를 어떻게 구조화하고 구성할 것인가(structured and composed)?
	4	정부의 지지(Government support) • 중앙정부, 지자체, 도시 당국자에 의한 지지는?(일반적으로 대통령, 국무총리, 도지사, 혹은 시장의 지지 서한을 첨부함)

	5	법적 타당성(Legal aspects) • 특정 MICE 개최에 반하는 법적 장애조항의 존재 유무 • 특정 MICE을 지원하기 위한 새로운 법률 조항의 유무 • MICE 육성과 관련한 법률의 존재 유무(올림픽의 경우, Doping관련 법률의 존재 유무를 질의함)
	6	국민 여론(Public opinion) • 특정 MICE 개최에 대한 일반 국민들의 여론은? • 유치예정인 MICE 개최에 대한 반대 여론의 존재 유무
Ⅲ. 일반 인프라 구축여부 (General Infrastructure) -올림픽유치의 경우 스포츠 시설을 상세하게 질의함-	7	기존의 일반 인프라 시설(Existing general infrastructure) • 공항시설, 도로, 철도, 도심교통망, 지하철, 경전철 등 교통 인프라의 존재 유무 • MICE, 숙박, 쇼핑 시설 등의 존재 유무
	8	계획 예정인 인프라 시설(Planned general infrastructure) • 유치 예정인 MICE 개최를 위하여 계획된 인프라 시설
Ⅴ. 로지스틱 및 경험 (Logistics and Experience)	9	숙박(Accommodation) • 숙박현황 및 숙박료 • 요금에 따른 숙박시설의 Portfolio(컨벤션 rate 적용) • 숙박운영계획
	10	교통(Transport) • 공항, 회의장, 호텔 등 시설간의 이동 교통계획
	11	안전(Security) • MICE개최기간동안에 안전 및 보완 계획
	12	과거 경험(Experience) • 과거 수년이내에 유치예정인 MICE와 유사한 개최 경험의 존재 유무
Ⅵ. 재원조달 (Financing)	13	예산 계획(Budget) • 개최예정인 MICE의 예산 규모 및 재원 조달의 주체는?
	14	정부의 기여(Government contribution) • 중앙정부, 지자체, 도시 당국의 재정 지원 여부 • 정부의 비자, 관세, 안전 등에 대한 지원 여부
	15	후원 및 사업(Sponsorship and Business) • 후원 및 수익 창출을 위한 계획

2.2. MICE 참가자의 의사결정과정

회의참가의 필요성을 인식한 개인의 MICE참가 의사결정과정에 수반되는 요인들은 개인적/사업요인, 개최 단체/MICE요인, 장소요인과 간섭기회 등 네 가지로 분류될 수 있다[5](그림 5-2 참조).

개인적/사업요인의 하나는 개인의 건강상태로 건강이 좋지 않은 사람은 MICE에 참가하기 위한 여행을 하지 않을 것이며, 또한 개인이 참가경비의 대부분을 부담해야 할 경우 재정 상황이 참가결정에 영향을 줄 수 있다.

여행경비 지원은 참가결정과정에 촉진요인이 되며, 경비지원의 부족은 MICE 불참이유가 될 수가 있다. 가족중심적 경향의 개인에게 주요 가족행사는 참가 결정의 주요변수가 될 수 있고, 이외에 일정의 중복 및 타 회의와의 중복도 불참의 원인이 되므로 개최시기도 참가자 제고를 위한 중요한 변수가 될 수 있다.

개최 단체/MICE 요인은 개인의 전문적 목표와 협회 참여정도와 관계가 되며, 특정요인과 일반적 요인이 있다. 오늘날 많은 전문가들은 여러 조직에 가입되어 있으나 각 조직에 대한 참여도는 동일하지 않으며, 개인의 경력이나 전문적 입지에 더 중요하다고 생각되는 조직이 있기 마련이다.

예를 들어 참가자들의 자질이 다소 떨어지는 회의보다는 해당분야의 주요 전문가들이 참가하는 회의에서 연구 논문을 발표하게 될 것이고, 어떤 회의는 참가자 구성에서 유력 인사와의 네트워크에 더 중요성을 두게 될 것이다.

따라서 어떤 회의에 참가할 것인지를 결정할 때 개개인은 자신에게 가장 적합한 회의를 선택하게 될 것이고, 이외에도 다른 전문가, 동료와 친지들과의 교류, 지구공동체 의식, 최신의 지식, 기능 등의 교육과 훈련 등이 일반적으로 회의 요인이 될 수 있다.

장소 요인은 교통비 및 여행시간 등의 접근성, 기후 및 개최지의 이미지 등이며, 특정 장소와 연관되는 MICE 총경비가 참가 의사결정과정에 영향을 준다. 접근성은 대개 교통경비와 관련되어 있어 접근성이 저조한 개최지는 경비가 더 많이 소요되며, 또한 접근성은 여행시간과도 연관되어, 항공 교통의 중심도시는 참가자가 비행기를 여러번 갈아타지 않아도 되기 때문에 참가자가 훨씬 선호하는 개최지가 될 수 있다.

기후도 주요 요인이 되며, 특정 기후에 예민한 경우 더욱 그러하며, MICE 개최지의 명성이나 이미지도 MICE 참가결정 요인이 된다.

간섭 기회는 다른 협회의 MICE나 비정기적으로 개최되는 경쟁 MICE 등으

---

5 Martin Oppermann and Kye-Sung Chon, "Convention Participation Decision-Making Process", *Annals of Tourism Research*, Vol.24, 1997, p.186.

로 의사결정과정에 주요 기준이 되는데, 특히 많은 회의에 기조연설자 등으로 초청받는 고위급 전문가의 경우 더욱 그러하다.

매년 동일 분야의 MICE가 수십 건 개최되기도 하며, 경우에 따라서는 회의 일정이 중복되기도 하고, 이외의 휴가 등과 같은 다른 경쟁 상품도 의사결정 과정의 일부가 되는데, MICE 참가에는 경비가 많이 소요되므로 소속기관으로부터 MICE 참가를 위한 경비 지원이 되지 않는 개인은 MICE 참가에 따른 혜택과 휴가와 같은 다른 상품의 혜택을 비교하게 된다.

이상과 같은 의사결정과정을 거쳐 MICE에 참가하게 되면 참가자는 MICE 참가를 통해 경험을 얻으며 참가결정을 평가하게 되고, 이어서 다양한 MICE

그림 5-2 MICE 참가자 의사결정 모형

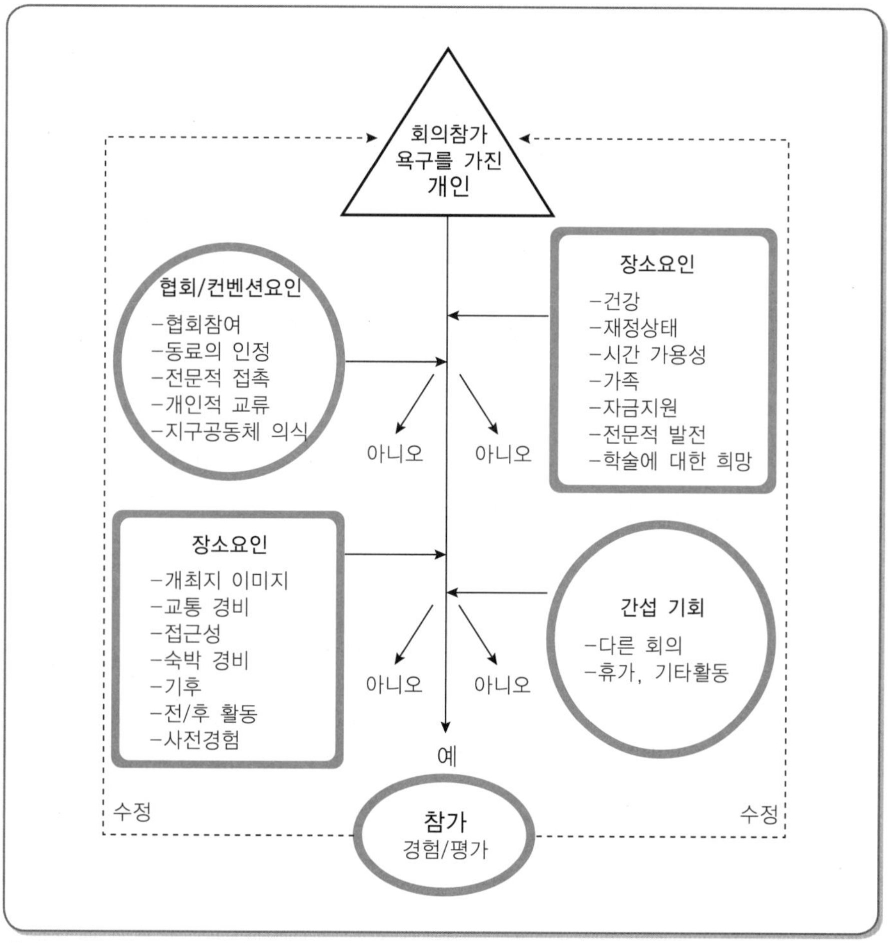

자료: Martin Oppermann and Kye-Sung Chon, "Convention Participation Decision-Making Process", *Annals of Tourism Research*, Vol.24, 1997, p.186.

참가 영향요인에 피드백하게 된다. 예를 들어 참가자가 매우 호의적인 경험을 갖게 되면 참가자는 이 특정 회의에 더 많은 가치를 부여하여 다른 회의 또는 가족행사보다 우선순위에 놓게 될 것이고, 이와 반대로 MICE 개최지에 대한 부정적 경험은 개최지의 이미지를 변화시키고, 특정 협회에 대한 참여 수준을 저하시킬 수도 있다. 따라서 MICE 경험은 개인 성향을 더 부정적인 태도로 변화시킬 수도 있다.

2.3. MICE 참가 동기요인

일반적으로 동기란 "행동을 유발하는 개인 내부의 추동력"(driving force)으로서 MICE 참가 동기는 참가자의 참가 전·후 행동을 결정짓는 중요한 변수 역할을 한다. 참가자가 어떤 과정을 거쳐 MICE 참가를 결정하게 되는 가를 이해하는 것은 매우 중요하다. 특히 참가 동기는 MICE 참가결정을 행동으로 옮기는 실질적인 추진력이 되므로 참가 동기에 대한 이해는 효과적인 마케팅 전략의 수립과 실행을 가능하게 해준다.

동기에 대한 연구는 주로 심리학적 접근에서 공정성이론, 기대이론, 목표설정이론 등에서 유래되어 다양한 분야에서 연구되었다. 동기는 일정목표를 성취하도록 인간행위를 지속시키고 에너지를 투입하는 내부상태 또는 내부적인 힘인 욕구로 표현된다.

MICE 참가동기는 크게 내적 동기(Internal motives), 외적 동기(External motives), 그리고 관광 동기로 나누어 볼 수 있다. 다음 〈표 5-3〉은 MICE 참가자들의 참가동기에 대한 기존 연구 내용이다.

표 5-3 MICE 참가자들의 참가동기

연구자	MICE 동기 요인변수
Rittichainuwat, Beck, and Lalopa(2001)	여행(Sightseeing)
	자기향상(Self enhancement)
	사업/컨퍼런스 활동(Business, Conference activities)
Price(1993)	리더십(leadership)
	네트워킹(Networking)
	교육(Education)
	전문지식(knowledge)

Oppermann and Chon(1997)	페이스의 변화(Change of pace)
	사회화(Socialization)
	자부심 향상(Enhanced self-esteem)
Cummings(2000)	지식추구 참가자(Knowledge seekers)
	가치추구 참가자(Value-based attendees)
	접근성을 주시하는 참가자(Access to conference destination-based attendees)
	습관적인 참가자(Creatures of habit)
Migal(1990)	회의의 효율적인 시간활용(회의일정)
	회의에 대한 화폐적 가치
	교육/전문지식습득
	네트워킹 기회
	유흥/오락 기회
	MICE 시설에서 제공되는 양질의 서비스
Grant & Weaver(1996)	교육
	네트워킹
	개최지/사회적/오락
Grant & Weaver(1996)	네트워킹 추구 참가자
	교육기회 추구 참가자
	리더쉽기회 추구 참가자
Grant & Oppermnn(1995)	네트워킹/대인관계형성
	정보교류
Hobson(1993) & Leslie(1995)	자기향상
	같은 분야 새로운 전문가들과 관계모색
	새로운 기술습득

내적 동기란 지식 및 전문기술 습득, 학습, 자기개발 등과 같이 어떠한 보상도 기대하지 않고 활동 그 자체를 위해 활동에 참여하는 동기를 말한다.

외적 동기란 다른 참가자로부터의 인정, 소속감의 획득, 사업관계 강화 등과 같이 외부로부터 오는 칭찬이나 인정, 보상을 획득하기 위해 활동에 참여하는 것을 말한다.

관광 동기란 오락 및 여가 활동에 참가하기 위한 동기로서 여기에는 회의 전·후 관광 프로그램 참가, 레크리에이션, 친지 방문 등의 활동이 포함된다.

한편, 동기는 하나의 동기에 의해 발생하지 않으며 복합적인 요인에 의해 발생하며 흡인요인(pull factors)과 방출요인(push factors)의 결합으로 이루어진다.

일반적으로 여행동기를 설명할 때, 방출요인(push factor)은 일탈, 새로운 경험, 그리고 새롭게 가다듬기 욕구를 의미하며, 여행하는 관광객들에게 동기를 유발시키는 인간의 내적 욕구를 말한다. 반면에, 흡인요인(pull factor)은 여행하도록 유도시키는 동기요인으로, 멋진 해변가나 쇼핑, 그리고 오락과 같은 즉, 그 목적지의 관광 명소라든지 매력을 의미한다[6](그림 5-3 참조).

그림 5-3 MICE 동기 유발과 관련한 흡입요인(pull factor) 포스터

2.4. MICE 참가 제약요인

MICE 참가자의 제약은 MICE 참가를 방해하거나 지장을 주는 요인이며, 그 요인들은 MICE 참가에 부정적으로 영향을 주는 요인, MICE 참가의 빈도·강도·지속기간을 감소시키는 요인, MICE 참가 경험의 질 혹은 MICE 참가에 따른 만족도를 감소시키는 요인들로 정의된다. MICE에 참가하기 전과 MICE

6 G. Dann, Tourism motivation and appraisal. *Annals of Tourism Research*, 9, 1981, 187-219.

에 참가 도중에도 MICE 참가를 제약하는 영향은 상존하고 있으며 이와 같이 MICE 참가에 직·간접적으로 영향을 주는 것을 MICE 참가의 제약(constraint) 또는 장애(barrier)라고 한다.

MICE 참가의 제약요인은 여가이론에서 제시된 '여가제약의 단계적 모형(Hierarchical Model of Leisure constraints)'에 의해서 설명될 수 있다[7]. 여가제약 모형은 여가에 대한 선호부터 여가참여에 이르는 과정에서 제약을 주는 요인들을 내재적 제약요인(intrapersonal constraints), 대인적 제약요인(interpersonal constraints), 구조적 제약요인(structural constraints)으로 설명하면서 3가지 요인간의 체계성을 수립하였다(그림 5-4 참조).

그림 5-4 여가제약모형(Crawford, Jackson & Godbey, 1991)

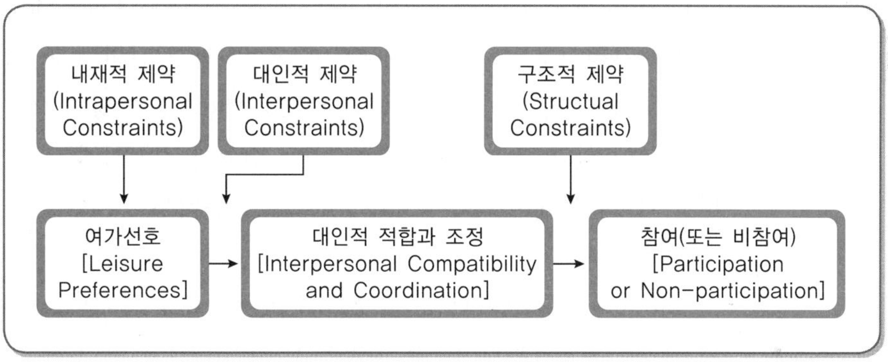

단계적 모형은 다음의 세 가지 단계로 설명될 수 있다. 첫째, 내재적 단계의 제약이란 특정 MICE 참가에 대한 선호와 상호 작용하는 개인적 심리상태나 성향을 일컬으며, 이 단계의 제약들이 존재하지 않거나, 존재하더라도 그것이 개인적 의지나 능력에 의해 극복이 될 때, 이른바 MICE를 참가하고자 하는 선호(preference)가 형성되는 것을 의미한다.

둘째, 다음 단계인 대인적 단계는 함께 참여할 수 있는 파트너의 부재에 의한 제약을 의미한다. 이것이 극복되면, 세 번째인 구조적 단계로 넘어가게 되는데, MICE 참가 선호가 실제 참여로 발전하는 것을 방해하는 다양한 요인들에 의한 제약을 의미한다. 예를 들면, 시간, 경제적인 문제, 교통수단, MICE 서비스의 수준 등이 구조적 제약요인에 해당하며, 이러한 구조의 제약

7 Crawford, Jackson & Godbey, 1991.

이 존재하지 않거나 적절한 방식으로 타협이 이루어지게 될 때에는 MICE 참가가 이루어지고, 그렇지 못한 경우에는 비참여(non-participation)의 결과를 낳게 된다.

그러나 MICE 참여가 반드시 MICE에 참가를 방해하는 제약의 존재 여부에 의해 좌우되는 것이 아니다. 그 제약과 타협이 이루어진 정도에 따라 결정될 수도 있다. 즉, 사람들은 저마다 제약과 타협할 수 있는 나름대로의 자원이나 전략을 갖고 있으며, 그것을 사용하여 당면한 제약을 축소시키거나 극복하는 과정을 거친다는 것이다. 이미 해당 MICE에 참가하고 있는 참가자에게도 제약은 여전히 존재하며, 다만 이들이 그러한 제약에 대해 적극적으로 타협을 이루었기 때문에 MICE에 참가하는 결과를 가져왔던 것으로 해석할 수 있다.

실제 MICE 제약요인에 대한 연구에서는 컨퍼런스와 개인 제약(Conference and Personal Constraints)과 거리/시간/비용(Distance/Time/ Money) 두 가지 요인으로 구성된다는 측면과 경제적인 어려움과 시간의 부족, 건강 관련 어려움, 그리고 가족의 의무감 등의 회원들의 MICE 참가 방해 요인들로 구성된다는 측면이 있다. 또한 불안정한 정치적 상황과 경기침체는 MICE를 참석하는데 협회회원이나 비회원에게 부정적으로 작용하는 조절이 불가능한 요소이기도 하다.

〈표 5-4〉는 일반적으로 유추할 수 있는 MICE 참가의 제약요인의 순위이다. 시간, 거리, 경제적인 문제관련 MICE 제약요인이 가장 우선적으로 나열됨을 알 수 있다. 다른 순위들은 상황에 따라 변화될 수 있고, 다른 변수들이 존재할 수 있다.

표 5-4 MICE 참가 제약요인

순위	MICE 제약요인
1	시간적인 측면 때문에
2	거리 때문에
3	비용측면 때문에
4	이전에 MICE 개최하는 장소를 방문한 적이 있기 때문에
5	MICE 장소가 해외일 경우 안전성 때문에
6	건강상의 문제 때문에
7	개최지의 부정적인 이미지가 있기 때문에
8	가족에 대한 책임감 때문에

사례

2년마다 개최되는 UNWTO(세계관광기구) 총회는 통상 총회에서 결정된다. 차기 회의의 개최지 결정과정에서 후보지는 한국의 서울, 중국의 상하이, 일본의 동경, 태국의 방콕이라고 가정하고, 개최지 결정과정에서 사무총장의 영향력이 매우 높다고 가정하자. 차기 개최지를 결정할 때, Fishbein의 다속성 태도모형을 활용하여 의사결정을 할 수 있다. 다속성 태도모형을 활용하여 UNWTO 총회의 개최지 의사결정과정을 생각해보자.

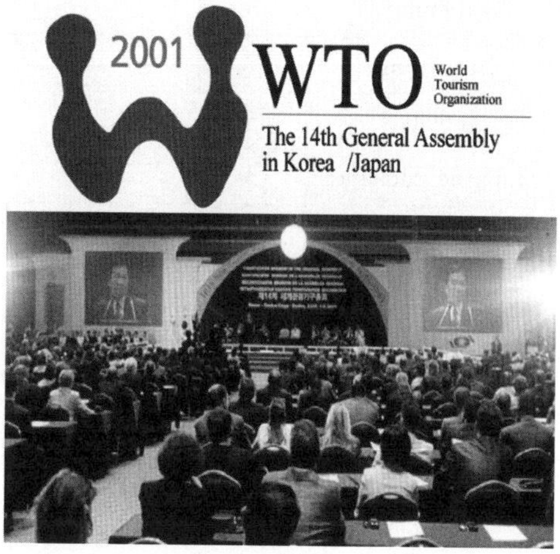

2001년 제14회 UNWTO 총회 개회식 장면(서울, COEX)

본 사례를 분석하기 위한 다속성 태도모형은 다음과 같다.

$$A_0 = \sum_{i=1}^{n} biei$$

A_0 = 대상에 대한 태도(attitude toward an object)

bi = 이 대상이 속성 i를 갖는다는 신념의 강도

ei = 속성 i의 평가

n = 부각적 신념의 수

이 대상들의 부각된 신념으로는 개최지 선정 속성으로 꼽히는 6A – Accessibility(접근성), Amenities(수용시설), Attractions(매력도), Activities(활동), Available packages(이용가능한 패키지), Ancillary services(부가서비스) – 를 적용하도록 한다.

이 부각된 신념들은 결정자에 따라 6A 이외의 다른 신념들을 적용할 수 있다. 이러한 신념들은 1-7까지의 척도를 이용하여 그 강도를 평가할 수 있으며, 1은 매우 중요하지 않은 척도, 7은 매우 중요한 척도를 의미한다. 각 신념의 평가는 –3～+3의 척도를 이용한다.

부각된 신념	신념의 강도	속성의 평가			
		한국 – 서울	중국 – 상하이	일본 – 동경	태국 – 방콕
Accessibility	6	3	3	2	3
Amenities	5	3	3	3	3
Attractions	7	1	2	2	3
Activities	5	2	2	2	3
Available packages	3	3	2	3	2
Ancillary services	6	3	2	1	2

한국 – 서울 = 18+15+7+10+9+18 = 77
중국 – 상하이 = 18+15+14+10+6+12 = 75
일본 – 동경 = 12+15+14+10+9+6 = 66
태국 – 방콕 = 18+15+21+15+6+12 = 87

다속성 태도모형을 이용하여 평가한 결과는 방콕 > 한국 > 중국 > 일본 순으로 나타났다. 하지만 이러한 대상에 대한 태도 평가가 반드시 행동으로 나타난다고 할 수 없다. 다속성 태도모형은 브랜드에 대한 태도만을 알 수 있다. "UNWTO의 세계관광기구총회는 사무총장의 영향력이 매우 높다."는 가정을 하고 있으므로 외부적 영향이 포함되는 의사결정과정이다. 그러므로 결정자의 규범적 요인, 준거집단의 영향 등을 고려한 다속성 태도모형의 확장모형을 적용하는 것이 보다 적합하다.

다속성 태도모형의 확장모형은 다음과 같다.

$$B \sim BI = Aact(W_1) + SN(W_2)$$

BI = 소비자가 이 행동을 취하고자 하는 의도(behavioral intention)
B = 행동
Aact = 어떤 특정행동을 취하는 것에 대한 소비자의 태도(attitude toward an act)
SN = 소비자가 이 행동을 취할 때에 다른 사람들이 어떻게 볼 것인가와 관련된 주관적 규범(subjective norm)

$$SN = \sum_{j=1}^{m} NBjMCj$$

NBj = 준거인 j인 규범적 신념
MCj = 준거가 j가 순응하려는 동기

W_1, W_2 = 소비자의 태도(Aact)와 주관적 규범(SN)요소가 구매의도에 미치는 상대적 영향력을 표기하는 가중치($W_1 + W_2 = 1$)

규범적 신념(NB)	순응동기 (MC)의 강도	순응동기의 평가			
		한국 – 서울	중국 – 상하이	일본 – 동경	태국 – 방콕
개인적 성향	5	3	1	2	1
개최지 이미지	7	2	1	3	2
개최지의 MICE 서비스	6	3	2	3	1

한국 – 서울 = 15+14+18=47
중국 – 상하이 = 5+7+12=24
일본 – 동경 = 10+21+18=49
태국 – 방콕 = 5+14+6=25

이 때, Aact에 대한 가중치(W1)는 0.7, 주관적 규범(SN)에 대한 가중치(W_2)는 0.3이라고 가정한다.

한국 – 서울 = 0.7 X 77 + 0.3 X 47 = 68
중국 – 상하이 = 0.7 X 75 + 0.3 X 24 = 59.7
일본 – 동경 = 0.7 X 66 + 0.3 X 49 = 60.9
태국 – 방콕 = 0.7 X 87 + 0.3 X 25 = 67.9

다속성 태도모형의 확장모형을 통해 나온 결과는 서울>방콕>동경>상하이의 순으로 나타난다. 따라서 사무총장에 의한 UNWTO(세계관광기구) 총회의 최종 개최지는 한국의 서울이 된다. 본 의사결정과정은 상황을 단순하게 가정하여 결론을 내렸지만 현실은 이것보다 훨씬 복잡한 의사결정구조를 가진다.

생각해 볼 문제

세계지식포럼(World Knowledge Forum)이 매년 한국에서 개최된다. 이 포럼은 10년 이상을 운영되면서 성공적인 MICE 모형이 되고 있다. 세계지식포럼은 참가비가 매우 높으나, 노벨상을 받은 저명학자, 다국적기업의 CEO 등이 참가하여 주옥같은 발표를 하고, 국내 기업인과의 대화를 통하여 많은 긍정적인 효과를 창출하고 있다. 한 집단 혹은 개인이 세계지식포럼에 관심을 가지고 있다고 가정하자. 한 집단 혹은 개인이 차기연도의 WKF에 참가할 것인지 아닌지를 다속성 태도모형을 활용하여 분석해 보자.

세계지식포럼의 진행 장면

제 6 장

MICE 서비스 품질관리

학습 개요

서비스 기업이 시장 지향적으로 되기 위해서는 어떤 품질을 가져야 하는가? 특히 MICE 서비스 품질을 측정하기 위해서 사용할 수 있는 도구는 무엇일까? 본 장에서는 MICE 서비스 품질을 이해하기 위해서 일반 서비스 품질의 개요를 살펴보고, MICE 서비스 품질 차원에 대하여 학습하고, 이와 관련하여 MOT, IP분석을 다루고자 한다.

또한, MICE 고객관리를 위하여 고객가치의 개념과 관계마케팅, CRM에 대하여 학습하고자 한다.

제 1 절 MICE 서비스 품질

1.1. MICE 서비스 관리

1. 서비스 품질의 이해

MICE 서비스에 대한 이해는 MICE 마케팅을 효율적으로 수행하고 고객만족을 통하여 지속적인 경쟁적 우위를 확보해 나가는 중요한 역할을 한다. MICE 서비스를 관리하기 위한 MICE 서비스 품질에 대한 이해와 이를 관리하는 고객중심적 접근이 필요하다.

Garvin(1985)[1]은 품질의 정의에 관한 5가지 접근방법을 제시하였는데, 이 중에는 객관적 품질과 관련된 제품 중심적 접근과 제조 중심적 접근이 있고, 주관적 품질과 관련된 사용자 중심적 접근이 있다.

서비스 품질은 객관적 품질을 고려하면서도 이와는 다르게 인식된 품질(perceived quality)로 구성된다. 여기서 인식된 품질은 '실체에 대하여 소비자가 판단한 보편적 우월성'이다.

서비스 품질에는 두 가지 측면이 있다. 기술적 또는 결과적 차원과 기능적 또는 과정적 차원으로 고객이 무엇을 받는가와 어떻게 받는가 하는 것이다. 전자는 과정의 기술적 결과이며, 기술적 품질(technical quality)이라 부르고, 후자는 과정의 기능적 차원으로 기능적 품질(functional quality)이라고 한다. 기능적 품질은 기술적 측면처럼 객관적으로 평가할 수 없고 주관적으로 인식되는 것이 보통이다.

대부분의 경우 고객은 기업이나 기업의 종업원 또는 영업방식을 보게 된다. 따라서 기업의 이미지가 대부분 서비스에 있어서 매우 중요하게 된다. 그렇기 때문에 서비스 품질은 기대(expectation)와 성과(performance)의 비교에 의해 결정된다. 즉 소비자들은 여러 가지 영향요소에 의하여 구매이전의 서비스에 대한 기대를 가지며, 이러한 기대와 소비자들이 실제로 제공받는 서비스의 성과를 비교하여 서비스의 품질을 인식하는 것이다. 이는 매우 중요한 개

1 G. A. Garvin, "What does 'Product Quality' Really Mean?," *Sloan Management Review*, Fall, 1984.

념으로 서비스 품질에 대한 모형설계에 기초 개념으로 이용된다.

서비스 품질의 개념적 특성을 살펴보면 첫째, 서비스 품질은 고객의 지각과 관련된 고객지향적인 개념으로, 서비스 품질을 평가하는 객관적 측정치가 존재하지 않는 상황에서 서비스 품질을 측정하는 가장 적절한 접근방법은 고객의 지각을 측정하는 것이다.

둘째, 서비스 품질은 태도와 유사한 개념이며, 서비스 품질은 추상적이고 다차원적 개념으로, 만족이라는 개념보다 지속적이고 장기적 상태로 대상에 대한 전반적 판단이며 시간에 따라 동적으로 변화하는 누적적 구성개념이다.

셋째, 서비스 품질의 평가는 결과뿐만 아니라 서비스 제공 과정의 평가에서 이루어지며 특히 서비스 제공자와 고객 간의 상호작용이 품질 평가에 있어 중요하고, 서비스 품질은 기술적 품질과 기능적 품질의 합이며 서비스 제공 활동에 있어서 후자가 특히 중요한다. 기술적 품질이란 편익을 제공하는 활동 그 자체를 소비자가 서비스로 파악하는 것이며, 과정적 품질은 편익을 제공하는 방법을 소비자가 서비스로 파악하는 경우이다.

넷째, 서비스 품질은 구매 전에 미리 평가할 수 있는 탐색적 품질보다는 제품구매나 소비 과정에서 평가하는 경험적 품질의 특성이 더욱 강하며, 서비스는 무형성, 비분리성, 이질성, 동시성 등의 특징을 갖고 있어 선험적 탐색이 어렵고, 서비스 제공 시점의 상호작용과 구매 후 평가로서 이루어지는 인지적 품질이다.

다섯째, 서비스 품질은 기대와 성과의 비교에 의해 결정된다. 즉 기대된 서비스와 인지된 서비스를 비교한 결과에 의해서 서비스 품질이 인식되는데, 이것은 고객의 기대와 인지 사이에 있는 불일치의 정도와 방향이라고 볼 수 있다.

2. 서비스 품질의 측정 차원: SERVQUAL

경영에는 측정이 필요하다. 그렇지 않을 경우, 경영자는 그들의 기업과 제품의 현재 위치와 목표 달성여부를 알 수가 없다. 서비스 품질의 측정은 제품품질과는 달리 불량률이나 내구성과 같은 객관적인 척도에 의한 측정이 어렵기 때문에 고객의 인식을 측정하여 서비스 품질을 측정하고 있다. 서비스 품질에 관한 대부분의 연구는 '사용자 중심적'이다.

서비스 품질 이론은 제품품질과 고객만족에 관한 연구에 기초하고 있으며,

서비스 품질에 대한 초기 개념화는 물리적 제품관련 연구에서 채택하고 있는 불일치 패러다임(disconfirmation paradigm)에 기초한다. 즉 품질은 기대된 성과와 지각된 성과의 비교에 기인한다는 것으로 서비스 품질은 기대된 서비스 대비 지각된 서비스가 서비스 품질 개념화에 반영되어 있다.

이러한 맥락에서 Oliver(1980)가 제시한 기대-성과 불일치 모델(expectation-performance disconfirmation model)을 기초로 해서 Zeithaml, Parasuraman, & Berry(1988)는 SERVQUAL을 개발하였다. Oliver에 따르면 고객만족이란 소비자의 필요와 욕구에 의해 만들어진 기대를 충족시키거나 초과할 때 생겨나는 비교적 정태적이고 지속적인 감정이고, 역으로 기대가 충족되지 못할 때 불만족이 발생한다고 하였다[2].

즉, [그림 6-1]에서 보는 바와 같이 기대와 성과간의 비교를 통해서 고객만족을 평가하는 것은 불일치 패러다임의 기본개념에서 출발한다. 만족은 불일치 경험의 크기와 방향에 따라 달라지며 또한 불일치는 개인의 사전 기대와

그림 6-1 불일치 패러다임

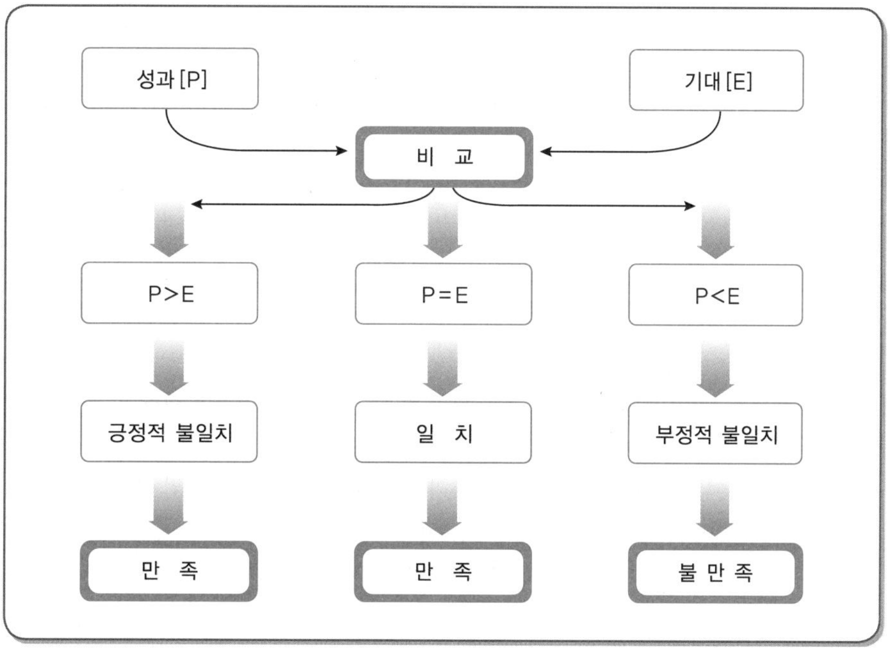

2 Richard L Oliver, "A Cognitive Model of the Antecedents and Consequences of Satisfaction Decisions," *Journal of Marketing Research*, November 1980, pp. 460-469.

관계가 있는 것으로 나타났다[3].

보통 개인의 기대는 성과가 기대한 바와 같게 되면 일치하고 기대에 미치지 못하면 부정적으로 불일치하며 기대한 것보다 커지면 긍정적으로 불일치한다. 따라서 소비자는 기대와 일치하거나 긍정적으로 불일치할 때 만족을 경험하게 된다.

이 개념이 응용되어 서비스 품질의 개념이 정립되었고, 고객만족을 측정하기 위해 제시된 SERVQUAL은 고객이 서비스 품질을 평가하는 10가지 기준으로 유형성, 신뢰성, 응답성, 능력, 예절, 신용도, 안전성, 접근성, 커뮤니케이션, 고객이해 등을 제시하였다[4](표 6-1 참조).

표 6-1 서비스 품질 결정요인

차원	서비스 평가기준 사례
유형성 (Tangibility)	• 서비스의 물리적 증거 예) 물리적 시설, 장비, 기자재, 종업원 외모, 다른 고객, 서비스의 물리적 형태(신용카드 등)
신뢰성 (Reliability)	• 약속된 서비스를 정확하게 수행하는 능력 예) 서비스 수행 철저, 청구의 정확도, 정확한 기록, 약속시간 엄수
응답성 (Responsiveness)	• 고객을 돕고 즉각적인 서비스를 제공하려는 의지 예) 서비스의 적시성 및 신속성, 고객의 문의나 요구에 즉시 응답
능력 (Competence)	• 서비스를 수행하는 데 필요한 기술과 지식의 소유 예) 담당직원과 지원인력의 지식과 기술, 조직의 연구개발 능력
예절 (Courtesy)	• 고객과 접촉하는 종업원의 공손함, 존경, 배려, 친절 예) 고객의 재산에 대한 배려, 고객담당 종업원의 말쑥한 외관, 정중한 태도
신용도 (Credibility)	• 서비스제공자의 진실성, 정직성, 고객의 최상의 이해 추구 예) 기업명, 기업 평판, 종업원의 성격, 고객에게 강매하는 정도
안전성 (Security)	• 위험, 의심으로부터의 자유 예) 물리적 안전, 금전적 안전, 비밀 보장
접근성 (Access)	• 접근 가능성과 접촉 용이성 예) 전화 예약, 대기 시간, 서비스 제공시간 및 장소의 편리성

3 Gilbert A. Churchill, Jr. and Carol Surprenant, "An Investigation into the Determinants of Customer Satisfaction," *Journal of Marketing Research*, 19, November 1982, pp. 491-504.

4 Zeithaml, Parasuraman, Berry(1988). "A Conceptual Model of Service Quality and its Implications for Future Research," *Journal of Marketing*, 49: 41-50.

커뮤니케이션 (Communication)	• 고객수준에 부합된 언어로 정보제공, 고객 의견 청취 예) 서비스 및 비용자체에 대한 설명, 서비스와 비용간 교환 설명, 문제 해결 확신제공
고객의 이해 (Understanding the Customer)	• 고객의 욕구를 알려는 노력 예) 고객의 구체적 요구사항 학습, 개별적 관심 제공, 사용/우량고객 인정

자료: Parasuraman, V. A. Zeithaml, and L. L. Berry(1985). "A Conceptual Model of Service Quality and its Implications for Future Research," Journal of Marketing, 49: 41-50.

이후 Parasuraman, Zeithaml, & Berry(1988)는 후속 연구에서 정량적 실증적인 방법을 통해 유형성(tangibility), 신뢰성(reliability), 응답성(responsiveness), 확신성(assurance), 공감성(empathy) 등 5개 차원, 22개 항목의 척도를 개발하였다.

서비스 품질은 고객의 기대와 성과에 대한 지각 사이의 차이로 정의된다. 고객의 기대에 영향을 주는 중요변수로 구전 커뮤니케이션, 개인적 욕구, 과거의 경험, 외적 커뮤니케이션을 들 수 있다. 서비스 품질을 평가하는 10가지 요소 중 능력과 신용도를 제외하고는 모두 서비스 품질의 과정 차원과 관련된 것으로 볼 수 있다. 따라서 품질의 과정적 측면, 즉 기능적 품질 측면이 중요하다는 사실을 확인할 수 있다. 이러한 사실은 다음 [그림 6-2]의 서비스 품

그림 6-2 SERVQUAL 모형

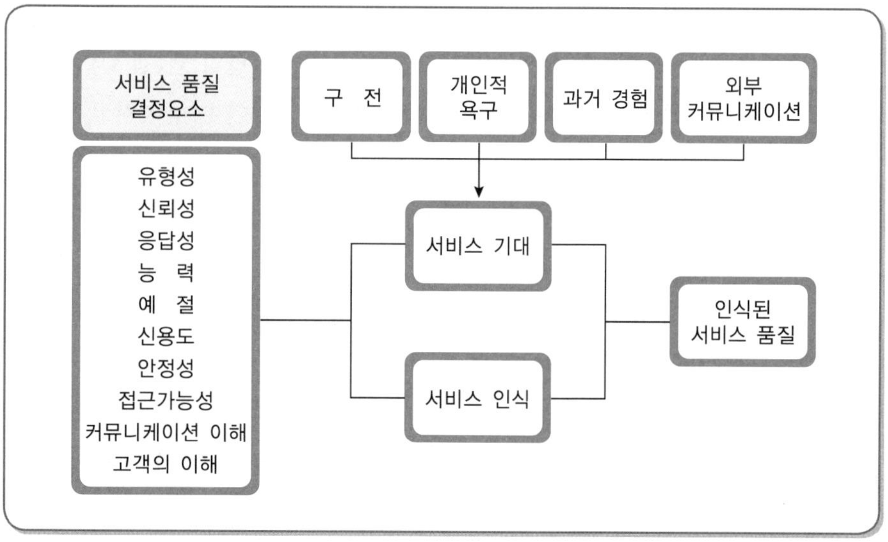

질 모형과 같이 나타난다.

3. 서비스 품질의 관리

품질이 지속적으로 고객의 기대를 만족시켜야 한다는 관점에서, 경영자의 역할은 고객의 기대와 인식의 균형을 잡고 둘 사이의 차이를 줄이는 것이다. Parasuraman, Zeithaml, & Berry(PZB)는 서비스 조직 내의 4가지 갭(gap)이 고객의 기대와 고객이 실제로 받은 것 사이의 차이로 이끌 수 있다고 한다.

- 첫째, 고객이 기대하는 바를 알지 못할 때
- 둘째, 고객의 기대를 반영하지 못하는 서비스 품질 기준을 명시할 때
- 셋째, 서비스의 실제 성과가 서비스 명세서와 일치하지 않을 때
- 넷째, 마케팅 커뮤니케이션에서 약속한 수준을 서비스 성과가 따르지 못할 때
- 다섯째, 고객의 서비스 기대가 실제 제공된 서비스에 대하여 만족하지 못하는 경우

이러한 품질을 개선하고 갭의 원인을 밝혀내고 그 갭을 줄일 수 있는 전략을 개발하기 위해 PZB는 서비스 품질상 문제의 원인을 분석하는 갭 분석(gap analysis) 모형을 개발하였으며, 이 모형은 경영자들에게 서비스 품질을 어떻게 개선할 수 있는가를 제시한다.

이 모형은 크게 관리자 인식의 갭(갭 1), 품질 사양서의 갭(갭 2), 서비스 제공의 갭(갭 3), 그리고 시장 커뮤니케이션의 갭(갭 4)이 서비스 품질 지각의 갭(갭 5)을 보여주며, 어떻게 서비스 품질이 이루어지고 있는가를 나타내준다([그림 6-3] 참조).

모형의 윗부분은 고객과 관련된 현상들을 다루고, 아래 부분은 서비스 제공기업(서비스 제공자)과 관련된 현상들을 나타낸다. 서비스 기대는 고객의 구전 커뮤니케이션, 개인적 니즈, 과거경험 및 기업의 외부 커뮤니케이션 활동에 의해 영향을 받는다.

인식된 서비스는 고객이 실제로 경험하는 서비스로서 일련의 결정이나 활동의 결과이다. 소비자 기대에 대한 경영자의 인식이 서비스 품질 명세서를 결정하고, 이는 다시 서비스 전달에 영향을 미친다. 서비스 전달과 외부 커뮤니케이션은 고객의 서비스 인식에 영향을 주게 된다.

그림 6-3 PZB의 서비스 품질에 대한 개념적 모형: 갭분석 모형

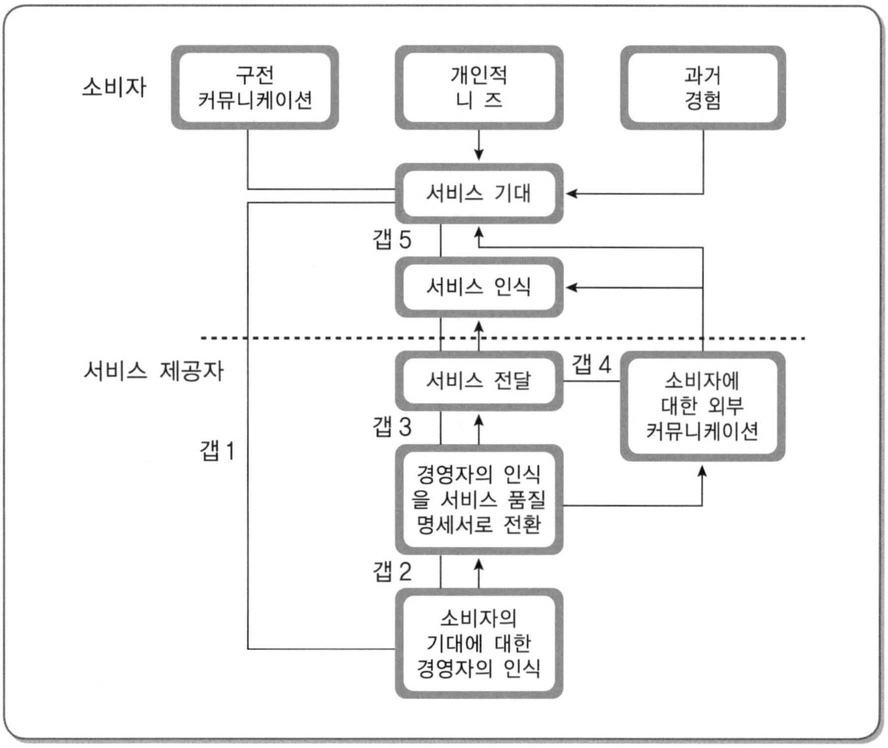

자료: A. Parasuraman, V. A. Zeithaml, and L. L. Berry, "A Conceptual Model of Service Quality and its Implications for Future Research," *Journal of Marketing*, 49, 1985, pp.41-50.

이 모형은 서비스 품질상 문제를 야기시킬 수 있는 부분들을 명시하고 있으며, 여러 요소간의 5개 차이, 즉 품질차이를 보여준다. 궁극적인 차이는 서비스 기대와 서비스 인식의 차이인 갭 5로써 이는 다른 네 가지 갭들에 의해 결정되는 것이다.

1.2. MICE 서비스 품질의 평가

1. MICE 서비스 품질 평가

MICE 서비스는 통합적인 경험의 결과이다. MICE 참가 경험을 통하여 최종적으로 MICE 서비스의 품질을 평가하게 된다. MICE 참가 경험에 기여하는 MICE 서비스에 대하여 참가자가 MICE 참가 의사결정과정과 실제 참가과정에서 발생되는 다양한 서비스에 의한 통합적인 경험을 평가한다는 것이다.

MICE 참가자는 MICE 참가 중 일어나는 일련의 사건, 즉 MICE 참가경험 개별요소에 대한 평가와 MICE 종료시점에서의 네트워킹, 정보 획득 등이 만족스러웠는지 또 얼마나 즐거웠는지 등 전반적 인상에 대하여 평가를 하게 되며, 결국 MICE 참가의 전반적 경험은 만족 및 불만족으로 평가할 수 있다.

2. MICE 서비스 품질의 측정 개요

MICE 서비스 품질 지각을 어떻게 측정해야 하는가 하는 문제는 결국 MICE 참가자가 장기간에 걸친 매우 다양한 서비스 인카운터(encounter)에 대하여 구체적으로 어떤 기대를 갖고 있는가 하는 점에서 시작된다.

MICE 서비스 품질은 참가자가 MICE 참가과정에서 접근성, 편의시설, 관광매력, 활동 및 사람 등의 관광 구성요소와 MICE 프로그램, 전문시설과 인력 서비스 등의 MICE 전문 구성요소에 의해 제공되는 서비스에 대한 통합적 경험을 통해 서비스의 우수성을 평가하는 것이다.

한편 참가자가 이같이 복잡하고 다양한 서비스에 대하여 구체적인 기대 수준을 갖고 있다고 보기는 어렵다. 즉 MICE 참가자의 서비스 품질에 대한 판단은 그들이 기대했던 바에 대비한 서비스 성과라기보다는 참가자가 실제 서비스 성과 자체를 어떻게 지각하였는지에 달려 있다. 이러한 경우에는 MICE 서비스 품질은 불일치 패러다임에 의한 기대된 서비스와 지각된 서비스의 차이에 의하지 않고 서비스 성과에 대한 지각만으로 측정이 가능하다.

3. MICE 서비스 품질 속성

MICE 서비스 품질은 서비스 성과, 서비스 환경, 고객-종사원간 상호작용에 대한 참가자의 품질 지각에 기초한다는 개념화에 따라, MICE 서비스의 속성을 유형적 상품, 환경, 그리고 종업원 행동과 태도로 구분할 수 있다.

유형적 상품에는 MICE 프로그램 및 운영이 속하며, MICE 개최지와 시설은 환경에 해당된다.

먼저 MICE 프로그램 부문은 전반적 프로그램의 내용과 형식, 연사 및 회의 진행자, 시청각 기자재 등 보조자료 활용, 프로그램 시간 및 장소 배분, 그리고 독창적 문화행사, 네트워킹 기회제공의 사교행사, 레크리에이션 활동과 스포츠 이벤트, 동반자 프로그램, 관광프로그램, 전시프로그램 등 개별행사와 식음료행사에서의 식음료의 질, 식음료 서비스 등이 포함된다.

MICE 운영부문은 MICE 및 개최지 관련 안내자료 제공, 회의 등록과 등록비 지불, 숙박시설 선택과 예약, 공항영접 및 호텔이동, 등록데스크 운영, 안내데스크 운영과 정보 서비스, 행사 게시판과 안내표지, 행사장 이동교통편, 환영데스크 운영, 장애자와 특별 욕구의 참가자에 대한 시설 및 서비스 항목이 포함된다.

MICE 개최지의 부문은 접근성 범주, 현지지원 범주, 개최지 관광 및 문화매력 범주, 개최지의 이미지 범주, 개최지 환경 범주 등이 포함된다.

먼저, 접근성 범주는 국제항공 접근성, 교통 경비 및 여행 거리, 교통편 연계 편의성, 입국 절차, 현지교통 편의 등이며, 현지지원 범주는 현지 지부의 지원, MICE뷰로 지원 서비스 및 개최지 보조금 등이며, 개최지 관광 및 문화매력 범주는 관광, 현지 식당, 쇼핑, 엔터테인먼트와 나이트라이프, 스포츠와 레크리에이션 활동 등이 있다. 또 개최지의 이미지 범주는 도시이미지, 개최지의 안전과 보안, 도시 번영 및 활력 등이며, 개최지 환경 범주는 전반적 분위기(ambience)와 매력, 기반 시설, 개최지 기후, 현지주민의 환대, 현지인의 외국어 소통 능력 등이 있다[5].

MICE 시설 부문은 크게 객실범주, 식음료 범주, 회의장 범주, 공공 및 오락시설 범주, 안전성과 편의성 범주 등으로 구분하였다.

객실 범주는 안락한 객실, 객실의 업무공간, 조명 및 인터넷 access, 객실의 청결 및 유지관리, 특정구역내 금연, 효율적 체크인/아웃 등이다. 식음료 범주는 다양한 음료 제공, 참가자 전용 식사공간 및 양질의 음식 등이 포함된다.

회의장 범주는 충분한 크기와 수의 분과회의장, 최신식 시청각기자재와 커뮤니케이션시설, 시설 내 비니지스센터 보유, 적절한 온도 및 조정 기능, 적절한 조명 및 조정 기능, 방음 및 음향시설, 편안하고 튼튼한 테이블과 의자, 회의장의 청결 및 유지관리 등이다.

공공 및 오락시설 범주는 로비와 공공 장소의 청결 및 관리, 화장실의 적정 수용능력 및 청결관리, 시설의 일관성 있는 최신식 장식, 멋있는 주변 조경, 레크레이션 및 운동(fitness)시설 등이다. 기타 안전성과 편의성 범주는 시설 안전, 주변 치안, 시설의 안내 간판, 편리한 주차시설, 서비스데스크 운영, 효율적 등록 등이 포함된다.

---

5 이혜련, "MICE서비스 품질 척도 개발에 관한 연구," 2005, 경희대학교 박사논문에서 발췌함

종업원의 행동과 태도부문은 MICE 시설 속성의 서비스 직원 범주로 경험이 많은 회의운영 총괄 책임자, MICE 내용과 운영에 대한 숙지, 기자재 사용지도 능숙, 신속하고 주의깊은 보조, 회의성공을 위한 특별조치 수행, 신뢰할 수 있는 직원, 문의에 대한 신속하고 올바른 답변, 예의바르고 정중함, 유쾌하며 친절함, 고객요구에 대한 이해, 적절한 언어구사 등이 포함된다.

1.3. 서비스의 '결정적 순간'

MOT(Moment of Truth)란 스페인의 투우 용어인 'Moment De La Verdad'를 영어로 옮긴 것인데, 스웨덴의 마케팅 학자인 리차드 노만(R. Norman)이 서비스 품질관리에 처음으로 사용하였다고 한다.

원래 이 용어는 투우사가 소의 급소를 찌르는 순간을 말하는데, '피하려 해도 피할 수 없는 순간' 또는 '실패가 허용되지 않는 매우 중요한 순간'을 의미한다. 이때 투우사는 무념무상으로 오로지 소에게만 관심을 집중시키는 결정적 순간을 맞게 되는데 그 순간이 지나가게 되면 어떤 형태로든 결판이 나게 되어 있다. 따라서 MOT란 '진실의 순간'이라는 통상적 의미보다 '결정적 순간' 이라는 말이 더 적합하다.

고객은 서비스 기업이 가지고 있는 어떤 자원이라도 처음으로 접촉하는 순간에 서비스 품질에 대한 결정적 인식을 갖게 되기 때문에 '진실의 순간'은 '결정적 순간'으로 표현되며, 지극히 짧은 순간이지만, 서비스 접점(service encounter)에서 서비스에 대한 생생한 인상이 고객에게 형성되게 된다.

잠재적으로는 서비스를 수행하는 매 순간이 고객의 만족과 충성도를 형성하는 데 결정적인 역할을 한다. 그리고 고객과의 다중 접촉에서 각기 발생하는 개별적인 결정적 순간들은 고객의 기억 속에 그 서비스 기업의 종합적인 이미지를 심어 주는 역할을 하고 있다.

이렇게 될 때 긍정적 경험들은 고객들이 서비스 기업에 대해서 갖고 있는 고품질에 대한 종합적 이미지를 강화시키게 되고, 반면에 다른 부정적 경험들은 반대효과를 유발시킨다. 한편 특정 서비스 기업의 서비스 제공시 긍정적 및 부정적 상호작용이 혼합되어 있다면 그 기업은 고객들에게 제공되는 서비스 품질에 대한 불확실성을 심어주게 되고 서비스 제공시의 일관성에 대한 의문, 그리고 경쟁사들의 공격에 취약한 모습을 남기게 된다.

그러나 서비스 접점에서 모든 순간들이 고객들과의 관계 형성에서 같은 비중으로 중요하다는 것은 아니다. 왜냐하면 모든 서비스 기업들은 서비스 제공시 고객만족에 핵심적 역할을 하는 특유한 순간들을 갖고 있기 때문이다. 한 순간의 긍정적 고객접촉이 그 고객을 평생 고객으로 만들 수 있다. 이처럼 매 결정적 순간은 서비스 기업에 있어서 매우 중요한 것이다.

직접적인 사례를 소개하면 스칸디나비아항공(SAS: Scandinavian Airlines)의 사장에 취임한 얀 칼슨(Jan Carlzon)이 1987년 'Moment of Truth'란 책을 펴낸 이후 MOT란 말이 급속히 보급되었다. 스칸디나비아항공에서는 대략 한 해에 천만 명의 고객이 각각 5명의 직원들과 접촉했으며, 1회 응대시간은 평균 15초였다.

따라서 고객의 마음속에 1년에 5천만번 회사의 인상을 새겨 넣은 것이다. 칼슨은 15초 동안의 짧은 순간 이 결국 스칸디나비아항공의 전체 이미지, 나아가 사업의 성공을 좌우한다고 강조하였다. 이러한 결정적 순간의 개념을 도입한 칼슨은 스칸디나비아항공을 불과 1년 만에 연 800만 달러의 적자로부터 7,100만 달러의 흑자경영으로 전환시켰다.

칼슨은 MOT의 개념을 소개하기 위해 불결한 트레이(접시 또는 쟁반)를 자주 예로 들었다. 만약 승객들이 자신의 트레이가 지저분하다는 것을 발견하게 된다면, 같은 순간에 그들은 탑승하고 있는 비행기가 불결하다고 느끼게 된다는 것이다. 이처럼 MOT는 서비스 제공자가 고객에게 서비스 품질을 보여 줄 수 있는 극히 짧은 시간이지만, 자사에 대한 고객의 인상을 좌우하는 극히 중요한 순간인 것이다.

결정적 순간은 고객이 서비스를 제공하는 조직과 어떤 형태로 접촉하든지 간에 발생하며, 이 결정적 순간들이 하나하나 쌓여 서비스 전체의 품질이 결정된다. 따라서 고객을 상대하는 종업원들은 고객을 대하는 짧은 순간에 그들로 하여금 최선의 선택을 하였다는 기분이 들도록 만들어야 한다.

고객과의 접점에서 발생하는 MOT가 특히 중요한 이유 중의 하나는 고객이 경험하는 서비스 품질이나 만족도에는 소위 '곱셈의 법칙'이 적용된다는 점이다. 즉 여러 번의 MOT 중 어느 하나만 나빠도 한 순간에 고객을 잃어버릴 수 있다. 흔히 무시되고 있는 안내원, 경비원, 주차관리원, 전화교환원, 상담접수원 등과 같은 일선 서비스 요원들의 접객 태도가 회사의 운명을 좌우할 수 있다. 사실 MOT 하나 하나가 그 자체로서 상품인 것이다.

1.4. 중요도-성취도 분석(IPA)

1. IPA의 개요

Martilla & James(1997)에 의해 소개된 중요도-성취도 분석은 상품이나 서비스가 지니고 있는 중요 속성들에 대하여 중요도(importance) 및 성취도(performance)를 소비자가 어떻게 인식하고 있는지를 동시에 분석하기 위해 마케팅에서 개발된 기법이다.

이는 기존 연구에서 밝혀진 만족 관련 이론을 단순화하여 분석결과를 그래프로 표현함으로써 실무자들도 연구결과를 쉽게 파악할 수 있는 장점이 있다. 즉 이용자의 성취도를 측정하기 위하여 우선 이용자가 어떤 속성을 중요하게 여기는지를 조사한 뒤 이용 전에는 각 속성의 중요도를, 그리고 그 이용 후에는 성취도를 이용자 스스로가 평가하게 하여 각각의 속성을 상대적인 중요도와 성취도를 동시에 비교·분석하는 기법이다.

IPA는 특정제품의 속성이나 특징이 소비자에게 얼마나 중요한지를 판별함으로써 소비자의 만족도를 평가하고, 각각의 특징에 대한 상대적인 중요도와 각각의 특징에 대한 공급측의 활용도를 설정하고자 하는 것이 중요도-성취도 분석의 목적이다.

또한 IPA는 이용자 만족 또는 경영주체의 경영평가를 위하여 이용자가 무엇을 중요하게 여기고 있는지를 파악하여 스스로 이 항목의 중요도를 평가하도록 하고, 경영주체의 성취정도를 측정하여 중요도와 성취도를 비교, 검토하는 기법을 의미한다.

IPA는 최근 다양한 산업에서 상표, 상품, 서비스 및 소매상에 대한 강점과 약점을 판명하는데 광범위하게 사용되고 있으며, 관광산업 및 MICE 산업에서도 많이 도입되어 활용되고 있다. IPA는 평가속성의 평균값만 산출하면 매트릭스를 이용하여 빠르고 쉽게 결과를 도출해 낼 수 있기 때문에 시간과 비용의 한계를 안고 있는 실무 담당자에게 매우 유용하다고 할 수 있다.

IPA는 다속성 모델의 개념적 구조를 가지고 있다. IPA는 〈표 6-2〉와 같이 평가 요소의 중요도(importance)와 성취도(performance)를 측정하여 2차원 도면상에 표시하고, 그 위치에 따라 의미를 부여한다.

IPA는 중심점을 기준으로 나누어진 4분면에 대해 각각 '집중'·'유지'·'과잉'·'저순위'로 표시하는데 '집중(concentrate here)'면에 표시된 평가속성은 중요도는 높지만 실행이 잘 되지 않는 것으로 향후 개선의 집중 대상이 된다. ‘유지(keep up the good work)’면에 표시된 평가속성은 중요도가 높고, 실행도 비교적 잘 이루어지고 있는 것으로 계속 유지해 나가는 것이 바람직함을 의미한다. ‘과잉(possible overkill)’면에 표시된 평가속성은 별로 중요하지도 않은 곳에 과잉 실행된 상태이므로 실행을 줄이거나 상황에 따라 중단하여도 좋다. ‘저순위(low priority)’는 중요도와 실행도가 모두 낮은 상태이며, 의사결정에서 낮은 우선순위이다.

이러한 4개 분면을 통해서 관리자는 우선적으로 개선되어야 할 속성을 쉽게 발견할 수 있게 된다. 다시 말해서 IPA 매트릭스는 정해진 인력과 예산으로 우선적으로 해결해야 될 사항을 결정하는데 유용한 정보를 제공하며, ‘집중’면에 속한 항목들이 개선의 우선 대상이 된다.

표 6-2 IPA 4분면의 속성

분면	내용
Ⅰ. 현재 좋은 작업 상태 유지 필요 (keep up the good work)	이용자들도 중요하게 생각하고 있으며, 실제로도 만족스럽게 반영되어 있는 속성들로서, 활용이 잘 되고 있으므로 이러한 정보들은 향후에도 계속 활성화 되도록 현재와 같은 노력이 유지되어야 할 것들이다.
Ⅱ. 고도의 집중력 필요 (concentrate here)	이용자들은 중요하게 여기고 있지만, 실제로 만족스럽게 반영되어 있지 못한 속성들로서, 시급히 개선되어야 할 것이다.
Ⅲ. 우선 순위 낮음 (low priority)	이용자들도 중요하게 생각하고 있지 않고, 만족스럽게 반영되어 있지도 않은 속성들로서, 현재수준 이상의 노력은 불필요한 것들이다.
Ⅳ. 과잉낭비 가능성 (possible overkill)	이용자들은 중요하게 생각하지 않고 있지만, 만족스럽게 반영되어 있는 속성들로서, 현재의 노력을 다른 속성에, 주로 ‘우선시정 필요속성’에 투입해야 하는 것들이다.

IPA는 SWOT 분석의 매트릭스 구조와 유사한 형태를 띠고 있으며, 각 사분면에 해당하는 의미도 유사한 측면이 있다. IPA와 SWOT를 대비하여 설명하면, ‘집중’은 ‘위협(threat)’, ‘유지’는 ‘기회(opportunity)’, ‘과잉’은 ‘강점(strength)’, ‘저순위’는 ‘약점(weakness)’으로 간주하였다. 그러나 IPA와 SWOT를 동일시하는 것은 무리가 따른다.

IPA는 하나의 대상에 대한 절대평가이고, 주로 사용자가 평가하는 것이지만, SWOT은 경쟁환경에서의 비교평가이고, 주로 관리자가 주관적으로 평가하기 때문에 두 분석기법의 의미가 종종 다르게 나타난다.

예를 들어 IPA의 '저순위'는 중요도와 실행도가 낮은 평가속성이어서 개선의 우선순위가 낮을 뿐 SWOT의 '약점'이라고 말할 수 없다. 또한 IPA의 '과잉'도 중요도는 낮은데, 과잉적으로 실행된 상태이므로 이 부분에 대한 실행을 줄이거나 중단하여야 하며, 이를 SWOT의 '강점'으로 간주하는 것은 모순적이다.

2. 중요도-성취도의 분석단계

(1) 1단계: 시설 및 서비스의 중요 속성들을 결정

IPA는 이용자 중심의 분석기법이므로 이용자들의 욕구 파악이 선행되어야 한다. 그러나 모든 속성들이 분석에 사용될 수 없으며, 또 그럴 필요가 없기 때문에 문헌자료나 기존 연구결과를 조사하거나 이용자들을 대상으로 하는 포커스 그룹면접(FGI), 또는 실무자와의 직접면담으로 중요속성들을 결정한다.

(2) 2단계: 중요도와 성취도 질문

설문조사 단계로서 '특정 속성이 얼마나 중요한가'와 '특정 속성에 대하여 얼마나 만족하는가'로 작성된 설문항목을 응답자에게 배포하여 각 항목에 대한 중요도와 성취도 판단정도를 5점 척도 혹은 7점 척도로 설문한다.

(3) 3단계: 각 속성에 대한 중요도와 성취도 산출

처음에는 IPA에 각 속성에 대한 평균값을 제안하였으나, 등간척도가 아니라는 점을 들어 중앙값이 제안되기도 하였다. 최근에는 분석결과의 엄밀성 보다는 경영진단 결과에 대한 실용적 가치를 더욱 중요시하므로 평균값이나 중앙값 또는 응답자가 실행격자에 스스로 작성하는 방식 등 어느 것이나 다 같이 채택되고 있다.

(4) 4단계: 실행격자의 해석

[그림 6-4]에서와 같이 중요도를 Y축으로, 성취도를 X축으로 하는 실행격자를 작성하여 각 속성의 중요도와 성취도를 표시한다. 이 실행격자는 기존

그림 6-4 IPA 매트릭스 4분면

마케팅 전략에 대한 일차적이고도 가시적인 평가기준으로 쓰일 수 있다.

이 단계에서 원점의 설정은 주관적 문제로, 중요한 것은 실행격자 내에서의 속성 위치 그 자체이지 원점 설정으로 인하여 속하게 되는 속성의 분면이 절대적인 의미를 갖는 것은 아니다.

3. 중요도-성취도의 분석을 위한 MICE 관련 중요 속성

MICE에서의 중요도- 성취도 분석을 위해 〈표 6-3〉과 같은 중요 속성들을 도출할 수 있으며, 이러한 속성을 토대로 MICE 참가자들의 의견을 조사한 후 중요도-성취도 분석이 이루어진다.

IP 분석에 따라 향후 MICE 개최지, MICE 센터 등 MICE 운영 주체들이 어느 부분을 개선하고 유지·관리해서 MICE 서비스의 경쟁력을 제고할 수 있어야 한다.

표 6-3 IPA를 위한 MICE 관련 속성

구분	중요도					성취도				
	전혀 중요하지 않음 (1)	중요하지 않음 (2)	보통 (3)	중요함 (4)	매우 중요함 (5)	전혀 만족하지 않음 (1)	만족하지 않음 (2)	보통 (3)	만족함 (4)	매우 만족함 (5)
국제회의 시설 수준										
본 회의장의 시설수준										
분과회의장										
커뮤니케이션 시설										
방음, 조명 및 음향시설										
안전과 보안시설										
국제회의 운영 수준										
회의 개최 관련 안내자료 제공										
국제회의 홈페이지 운영										
회의 등록의 효율성										
공항 영접 및 호텔 이동										
안내데스크 운영과 정보서비스										
행사 게시판과 안내표지										
행사장 이동 교통편										
장애인 시설 및 서비스										
접근성										
국제공항 접근성										
입국절차										
대중교통 편의										
숙박(Accommodation)										
숙박시설 선택의 다양성										
예약의 효율성										
회의 관련 특별 이벤트(Special Events)										
사교행사										
문화 프로그램										
동반자 프로그램										
포스트 투어										
전시 프로그램										
회의 관련 식음료 행사										
회의 의외의 경험(Extra-meeting Experiences)										
관광										
현지 식당										
쇼핑										
엔터테인먼트 & 나이트라이프										
스포츠 & 레크리에이션 활동										
사업기회(고객방문, 사업협상 등)										

제 2 절 MICE 고객관리

2.1. 고객가치(Customer Value)

고객가치란 고객들이 지각하는 소비 경험의 문제해결이나 욕구 만족과 같은 이성적 소비가치와 즐거움이나 미적 특성과 같은 경험적 소비가치를 포함한다. 경험적 소비가치란 하나의 상호적인 상대주의적 선호 경험으로서 어떤 대상과의 상호작용을 개인이 경험하는 것이며, MICE의 경우에는 MICE 개최지, 시설, 운영 서비스 등이 해당된다.

따라서 MICE 고객가치란 MICE에 참가하는 참가자들의 기분이나 감정 및 흥미 등을 표현하는 경험적 소비가치가 참가자의 참가결정을 위한 정보처리 과정의 대부분을 차지하는 이성적인 소비가치와의 합이라고 할 수 있다.

Miller(1997)의 고객가치 방정식을 활용하여, MICE 고객가치의 방정식으로 도식화하면 다음과 같다. MICE 고객가치 방정식은 MICE 참가자에게 제공된 MICE 서비스의 가치가 참가자에게 부여된 MICE 등록비 등 MICE 서비스를 획득하는 데 지불하는 기타 비용의 모든 관계를 고려하여 참가자를 위해 창출된 결과물과 결과물을 전달하기 위한 과정상의 품질을 의미한다.

MICE 고객가치 =(결과물 + 과정품질) /(등록비 +부가 서비스 획득비용)

과정품질은 고객가치를 구성하는 요소 중 하나로서 MICE에 참가하기 전에 제공되는 제반 서비스 과정을 의미한다. 결과물은 MICE 서비스 품질에서 언급한 바와 같이 MICE에 참가한 후 만족도를 나타내는 주관적 판단이다.

또한 MICE 고객가치는 산술적으로 총 참가자 가치에서 총 참가자 비용을 뺀 것이 참가자 전달가치로 이에 따라 가치평가의 결과가 달라질 것이다. 총 참가자의 가치는 MICE 가치, 서비스 가치, 인적서비스 가치, 이미지 가치가 있고, 총 참가자의 비용에는 참가비용, 시간비용, 기회비용 및 심리적 비용이 있다. [그림 6-5]는 MICE 참가자의 가치를 나타낸다.

MICE 고객들은 상대적으로 높은 사회적 지위를 가지고 있어 MICE 서비스를 단순히 제공받는 수동적인 존재가 아니라 자신의 요구를 충족시킬 수 있는

그림 6-5 MICE 참가자의 가치

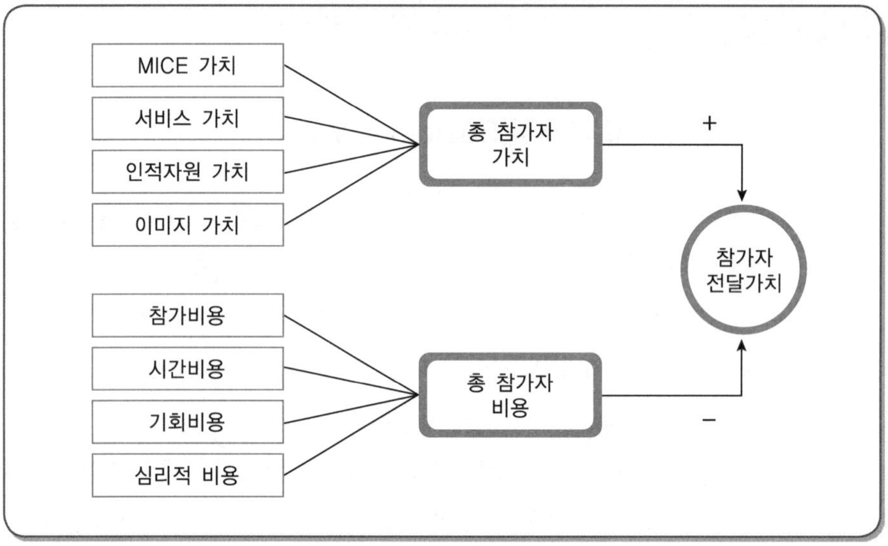

개별화된 해결책을 찾아 나서는 능동적이고 적극적인 존재이다. 이에 따라 MICE 고객가치(customer value)의 개념은 MICE 마케팅에서 핵심적인 관리 요소로 부각되고 있다.

이와 같은 현상은 일반 기업환경에서도 감지되고 있다. [그림 6-6]처럼 사업 환경의 변화가 지속적으로 이루어지고, 고객 중심적 기업으로의 변환 요구가 강화되면서 고객가치의 관리의 중요성이 확대되고 있다(그림 6-6 참조).

2.2. 고객유지(Customer Retention)

고객가치가 중요한 이유는 재구매 혹은 재방문을 유도할 수 있다는 것이다. 신규 고객을 창출하는 전략도 상황에 따라 중요한 마케팅 전략이 될 수 있지만, 신규 고객을 창출하는 공격적인 마케팅(offensive marketing)은 몇 가지 문제점을 가지고 있다. 우선, 시장에서 신규 고객의 고갈이다. 신규 고객을 창출하는 과정은 "밑 빠진 독에 물 붓는 식"이라는 측면에서 거래 비용이 증가하여 채산성이 약화되는 경향이 있다.

[그림 6-7]에서 제시된 양동이 이론(Bucket's theory)에서 처럼, 신규고객을 창출하는 일은 기존 고객을 유지하는 것보다 더 많은 노력이 수반되어야 한다.

그림 6-6 고객가치 관리의 중요성

사업환경변화의 가속화

- 공급의 수요초과
- 경쟁심화
- 고객 정보력 강화

→

고객중심적 기업으로의 변환요구

- 상품중심에서 고객중심으로
- 상품에서 서비스로
- 거래에서 관계로
- 고객유치에서 고객유지로

↓

Customer Value 관리의 중요성 확대

- 기업의 무형자산의 전략적 관리를 위한 새로운 프레임 도입 필요
- 제품중심의 Brand Value 관리에서 고객중심의 Customer Value 관리로의 패러다임 변화가 필요
- Customer Value는 정량적, 정성적 가치를 포괄하는 측정으로 관리되어야 함

그림 6-7 양동이 이론(Bucket's theory)

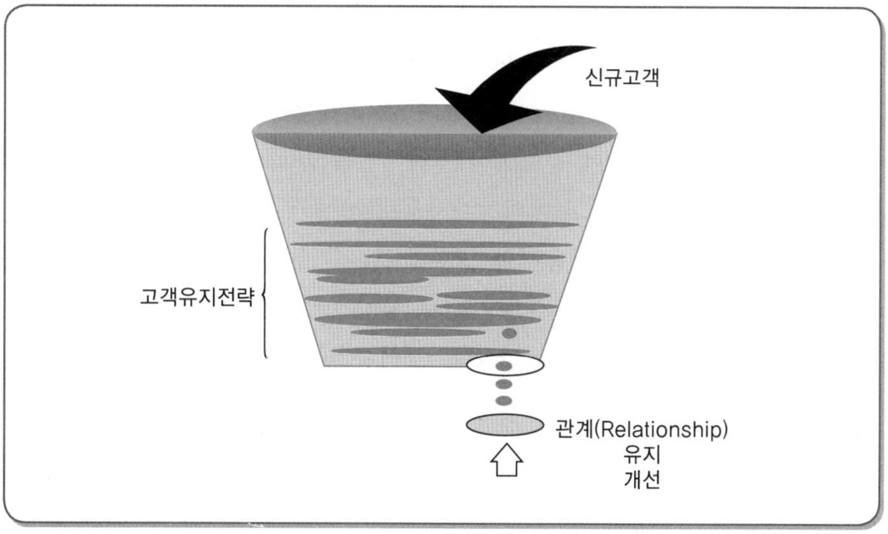

새롭고 단속적 거래(transaction)보다 고객과의 연속적 관계(relationship)에 초점을 맞추어 고객 유치보다는 고객 유지에 초점을 두어야 한다. 이를 위하여 관계마케팅(Relationship Marketing)은 매우 중요한 전략이며, 고객과의 장기적 신뢰감을 만들고 상호이익에 토대를 두고 "Win-Win 마케팅 전략"을 구

표 6-4 거래마케팅과 관계마케팅의 비교

구 분	Transactions	Relationship
지배적 마케팅 기능	• 전통적 마케팅	• 상호작용적 마케팅
서비스의 품질	• 단편적 결과로 인식	• 포괄적 과정으로 인식
소비자의 가격 민감도	• 높음	• 낮음
마케팅과 타기능의 연계	• 제한적	• 포괄적
전형적 상황	• 소비자 제품 마케팅	• 서비스 마케팅
목표	• 거래성과 판매	• 고객과의 관계형성, 유지, 발전
효과	• 단기적	• 장기적
고객 관여도	• 한정적	• 높은 고객관여
제품·서비스의 관리	• 개별속성에 초점	• 핵심 효익과 포괄서비스에 초점

사할 수 있을 것이다.

관계마케팅은 고객과의 관계성 정도에 따라 차별화된 전략을 수행할 수 있어 마케팅의 효과성을 제고할 수 있다.

MICE 분야에서의 관계마케팅도 고객과의 서비스 접점(service encounter)을 관리하여 MICE 고객과의 관계를 형성·유지·발전시킴으로써 튼튼한 고객기반을 조성하려는 것이다. 따라서 MICE 개최 주체와 참가자들의 고객관리를 위해서는 인간적으로 긴밀하고 친근한 관계를 유지함과 동시에, 고객의 독특한 필요와 욕구를 충족시키는 MICE 서비스를 연구·개발하고 품질을 향상시켜 MICE 고객에게 계속적인 가치만족(value satisfaction)을 제공해야 한다.

또한 MICE 이해당사자들로 하여금 MICE 개최지 혹은 관련 기관(예, CVB 등)이 약속에 충실한 개최지 혹은 기관임을 분명히 인식하게 하여 MICE 개최지로서, MICE 개최장소(예, MICE 센터, 호텔 등)로서 신뢰감과 의존도를 더욱 높이도록 노력해야 한다. 그러할 때 MICE 개최 주체와 참가자, MICE 개최지의 기관, MICE개최지에게 모두 효율이 돌아가는 상호이익(win-win)의 역학관계가 성립될 수 있다.

〈표 6-4〉와 같이 관계마케팅의 개념은 거래마케팅(transaction marketing)과 비교될 때 더욱 명확해진다. 관계마케팅은 고객과의 지속적이고 친밀한 관계를 형성하려고 노력하는 것이다. 이에 반해서, 거래마케팅은 그저 한 거래를 성사시키는 것을 그 목표로 한다.

MICE 분야의 관계마케팅은 다음의 경우 특히 중요성을 가진다.

- 서비스에 대한 고객의 요구·수요가 계속적이며 주기적인 경우
- 고객이 MICE 서비스업체 선정의 선택권을 가졌을 경우
- 동질의 서비스를 제공하는 경쟁자가 많은 경우
- 고객의 충성도가 약하여 브랜드 전환율이 높은 경우
- 서비스의 성격상 구전의 영향력이 큰 경우

2.3. 관계마케팅의 고객 접근 5단계

고객과 밀착된 관계를 형성하고 만족을 최대화하기 위해서는 고객들에게 다음과 같은 부가가치 서비스(value added service) 제공방식을 사용할 수 있다.

첫째는 고객에게 금전적 효익(financial benefits)을 제공하는 것이다. 즉 호텔의 단골 고객에게 특별할인을 해주거나 무료 투숙권을 제공하는 등의 방법이다.

두 번째 방법은 금전적 효익뿐 아니라 사회적 효익(social benefits)까지도 포함하는 방법이다. 즉 고객과 개인적인 친분을 쌓고 개인적인 필요와 욕구를 이해하여 각 고객에게 '맞춤 서비스(customized service)'를 제공하는 것이다. 이때 고객은 자신이 특별한 대접을 받는다는 느낌을 받고 거기에 보답하는 의미에서 보다 높은 충성도를 쌓을 것이다.

세 번째 방법으로는 금전적·사회적 편익에 덧붙여 구조적 유대감(structural ties)을 부여하는 방법이다. 즉 단골고객이 보다 손쉽게 서비스를 이용하도록 구조적인 편의를 제공하여, 고객이 더 이상 다른 곳으로 옮겨가지 않도록 하는 것이다.

고객과의 관계 구축에는 금전적·시간적 비용이 소요되므로, 자신이 원하는 고객관계의 수준을 먼저 설정한 후에 이에 적절한 고객관리 활동에 착수해야 효과가 최대화될 수 있다. Kotler는 관계마케팅의 단계를 다음과 같은 5단계로 구분하였다.

- 첫째, 기본단계(basic): 판매와 함께 관계가 종료됨
- 둘째, 반응단계(reactive): 판매 후 고객이 추가요구를 하면 거기에 부응하는 소극적 단계
- 셋째, 책임수행단계(accountable): 고객에게 연락을 취하여 서비스 만족

여부를 확인하는 단계

- 넷째, 고객유지단계(proactive): 정기적으로 고객에게 연락을 하며 서비스에 대한 정보와 의견을 교환하는 단계
- 다섯째, 파트너십(partnerships): 서비스의 개발 및 문제해결에 고객이 적극적으로 참여하는 단계

사례

코리아MICE뷰로 서비스 I-P 분석

우리나라 중앙정부차원의 MICE 진흥은 문화관광부와 한국관광공사 코리아MICE뷰로가 담당하고 있다. 1979년부터 한국관광공사에서 외래관광객 유치의 일환으로 국제회의를 육성하면서 중앙정부차원의 MICE 조직인 CVB를 운영하고 있으며, 한국관광공사에서는 1979년 국제회의부(현 코리아MICE뷰로)를 설치하여 국제회의 유치활동 및 국내개최 국제회의 운영지원, 홍보선전활동, 국제회의관련 정보제공 및 전문 인력양성 등 국제회의산업 육성 활동을 전개함으로써 국가의 국제회의 전담조직으로 그 역할을 수행하고 있다.

따라서 한국관광공사 코리아MICE뷰로의 역할과 기능에 대하여 다음과 같은 업무에 관한 중요도(importance)와 성취도(performance)를 분석함으로써 향후 중앙 CVB의 경쟁력을 고취시키는 방향을 제시할 수 있을 것이다.

아래 표와 같이 코리아MICE뷰로 서비스에 대한 중요도와 성취도가 조사되었다고 가정하고, 이에 따른 I-P 분석을 해보자.

코리아MICE뷰로 서비스의 I-P분석

구분		중요도(평균)	성취도(평균)
유치활동 부문	해외홍보	4.49	3.45
	유치가능 국제회의 발굴	4.31	3.14
	유치지원	4.59	3.50
	개최지원	4.27	3.49
연구개발 부문	조사연구	4.25	3.14
	정보제공	4.26	3.22
	전문인력양성	4.13	2.97
산업육성 부문	관련업계 육성지원	4.09	3.05
	지역CVB 및 지자체 관련업무 지원	4.13	3.03
	대국민 인식제고	3.93	2.76
	대정부 정책건의	4.12	2.95

생각해 볼 문제

01 COEX, BEXCO, EXCO, ICC JEJU, KINTEX의 고객가치 극대화 전략이 무엇인지 조사하여 그룹별로 공통점과 차이점 등을 토의해보자.

02 국내에서 개최되는 MICE를 선정하여 I-P 분석을 위한 설문지를 구성하고, 참가자를 대상으로 MICE 서비스에 대한 중요도와 성취도가 어느 정도인지를 I-P 분석체계로 조사하고 분석해보자.

제 7 장

MICE 브랜드 마케팅

MICE
MARKETING
MANAGEMENT

학습 개요

브랜드의 기본 개념들을 학습하고 MICE에 적용되는 이론 및 사례 조사를 통해 MICE 브랜드 마케팅에 대한 응용력을 함양시킨다.

브랜드 지식구조를 이해하고 브랜드의 가치, 브랜드 자산가치, 브랜드 정체성, 브랜드 개성을 심도 있게 학습하여 MICE 분야의 브랜드를 창출하고 관리하는 능력을 학습한다. 특히 MICE 브랜드 자산가치 측정 이론을 적용한 MICE 센터의 브랜드 자산 측정 사례 탐구 및 MICE를 유치하기 위하여 MICE 개최지를 브랜드 마케팅하기 위한 일환으로 제안된 MICE 개최지의 브랜드 개성을 학습하여 MICE 브랜드 마케팅에 대한 이해력을 심화시키고자 한다.

제 1 절 MICE 브랜드 마케팅

MICE는 유·무형적 서비스의 총체로 서비스는 제품에 비해 무형적이고, 서비스를 제공하는 특정 개인이나 사람들에 따라 그 품질이 다양하게 변할 가능성이 큰 이질성의 특징을 가지고 있어 MICE 브랜드에 대한 주제는 MICE 마케팅 분야에서 매우 중요한 관심 분야이다. 이러한 이유로 최근 들어 국내외에서 서비스 브랜드에 대한 관심이 증폭되고 있으며, MICE 시장 또한 예외일 수는 없다.

MICE 시장의 경쟁이 치열해지면서 시설과 같은 물리적 환경이 전세계적으로 잘 정비되어가고 있어, 향후 MICE 개최지 혹은 컨벤션 센터들의 물리적 시설만으로는 MICE 유치를 위한 경쟁력을 갖추기는 어려울 것이다. 경쟁 MICE 개최지 혹은 경쟁 컨벤션 센터와 비교하여 경쟁적 우위를 갖추기 위해서 독자적인 브랜드 구축이 무엇보다도 필요하다.

흔히 물리적 시설 이외의 경쟁력을 강화하는 방안으로 MICE 개최지 선택 '지역 이미지(Location Image)', '도시 이미지(City Image)'가 중요하게 다루어지고 있는 것과 같은 맥락에서 MICE 고객을 유치할 수 있는 브랜드 구축은 매우 중요한 마케팅의 핵심사항이다. 이런 관점에서 브랜드의 정의, 브랜드 자산가

그림 7-1 부산 동백섬 누리마루 전경(2005년 APEC 정상회의 개최)

치, 브랜드 개성 등을 개념적으로 이해하고 이를 MICE 분야에 적용되는 이론 및 사례 등을 학습할 필요성이 있다.

1.1. 브랜드의 정의

21세기 경영환경은 패러다임의 변화와 함께 기업은 브랜드를 통해 우위를 차지할 수 있는 새로운 시장을 창출할 수 있는 기회를 얻고, 차별화된 브랜드를 경쟁우위로 확보해야 한다는 브랜드 가치 중심의 경영마인드가 확산되고 있다.

브랜드의 어원을 살펴보면, 브랜드(brand)는 'burn'을 의미하는 고대 노르웨이의 단어인 'brandr'에서 유래된 것으로 타인의 소와 자신의 소를 구별하기 위해 불에 달군 인두로 소, 말 등 가축의 몸에 새기는 낙인(burned)이 어원이라는 학설과 1세기 초 영국의 위스키 제조업자들이 불에 달군 쇠로 위스키 나무통 위에 인두를 찍는다(burned)는 의미에서 유래되었다는 설이 있다.

근대와서는 P&G의 창시자인 Harry Procter가 비누를 소형으로 만들어 포장하고 Ivory라는 상표를 붙여 출시한 것이 그 효시가 되며, 모더니즘 시대에서 브랜드 개념은 '유명 상표'를 뜻한다.

다음 [그림 7-2]는 시대적 변천에 따라 브랜드 의미의 변화를 나타내고

그림 7-2 브랜드 의미의 변화

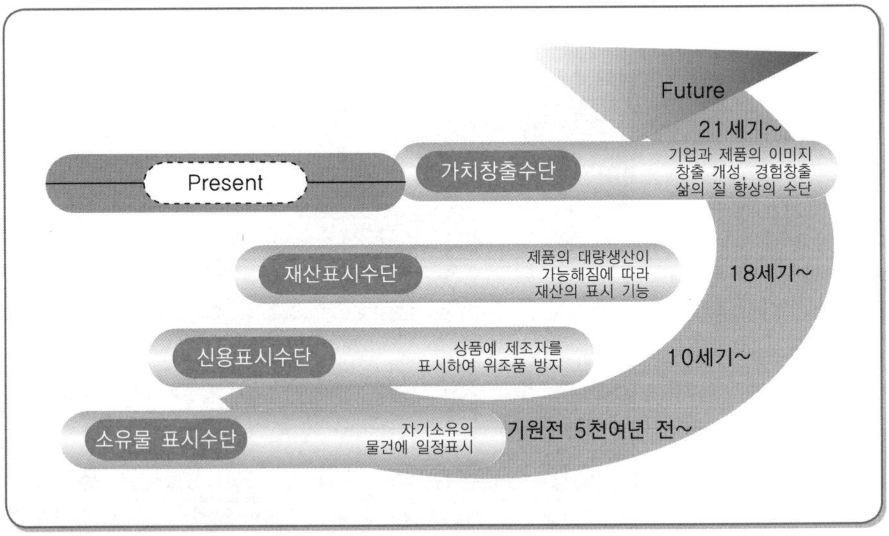

출처: 신철호, 브랜드 경영, 2001.

있으며 이러한 측면에서 브랜드에 대한 정의를 살펴보면 미국 마케팅학회(AMA)에서는 브랜드를 판매자가 자신의 상품이나 서비스를 다른 경쟁자와 구별해서 표시하기 위해서 사용하는 명칭, 용어, 상징, 디자인 혹은 그의 결합체라고 정의하고 있다.

브랜드 정의를 요약하면 브랜드 구성요소에는 브랜드 네임, 로고, 캐릭터, 슬로건, 패키징 등이 있다. 브랜드 네임이란 단어, 문자 또는 숫자로 구성된 발음 가능한 명칭을 말한다. 로고(logo)란 브랜드 마크(mark)라고도 하며, 브랜드의 일부로서 상징, 디자인이나 독특한 문자로 되어 있다. 브랜드 슬로건(slogan)은 브랜드를 상징적으로 표현하는 함축적인 문구로 브랜드의 핵심요소이며, 이렇게 브랜드를 결정하고 관리하는 활동을 브랜드화(branding)라 칭한다.

브랜드 구조의 논리는 브랜드 위계도(brand hierarchy tree) 또는 브랜드 가계도(brand family free)를 통하여 나타낼 수 있다. 브랜드 위계도는 모 브랜드와 하위 브랜드와의 관계, 그리고 서로 보증할 수 있는 브랜드 관계를 형성한다.

[그림 7-3]은 현재 우리나라에서 개발되어 사용하고 있는 브랜드 로고와 슬로건의 관계를 보여주고 있는 것으로, 원칙적으로 브랜드 위계질서 속에서 왼쪽의 그림처럼 브랜드 간의 위계는 체계적이고 일관성이 있게 나타내어야

그림 7-3 브랜드 위계질서 개념

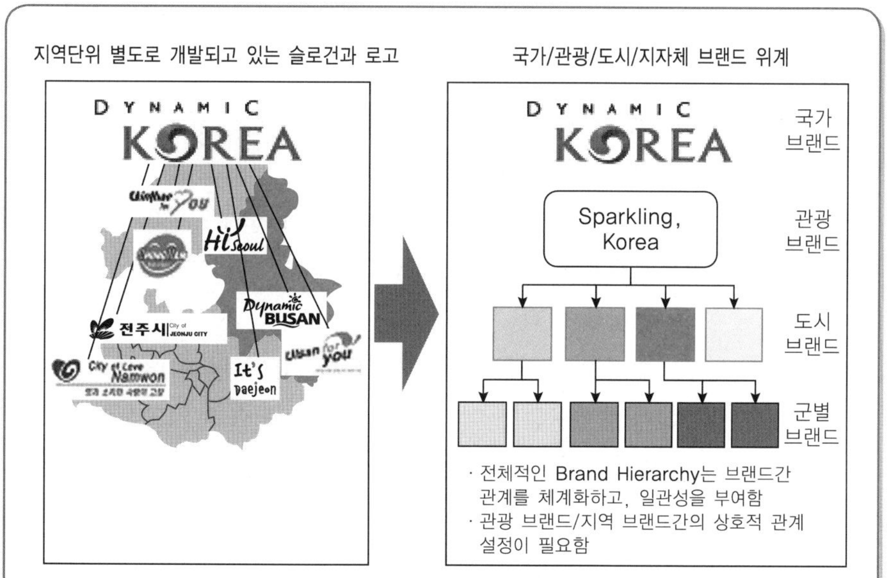

한다.

디즈니는 지난 80년 동안 지속적으로 디즈니 브랜드를 토대로 디즈니 브랜드 패밀리 트리를 구축한 대표적인 사례이다. 디즈니 사례나 대표적인 브랜드를 구축한 기업이나 국가들을 볼 때, 중요한 사항은 사실이 아니라 고객이 브랜드에 대하여 어떻게 인식하고 있는냐 하는 것이다.

브랜드는 실질 가치가 아닌 인식 가치의 싸움으로 고객이 인식하는 것, 그것이 바로 브랜드의 힘이자 궁극적인 경쟁력이다. 이처럼 브랜드를 통한 새로운 인식 가치를 창출한 대표적인 사례는 [그림 7-4]처럼 뉴욕시와 같은 경우이다.

그림 7-4 브랜드 인식 가치 창출의 대표적 사례

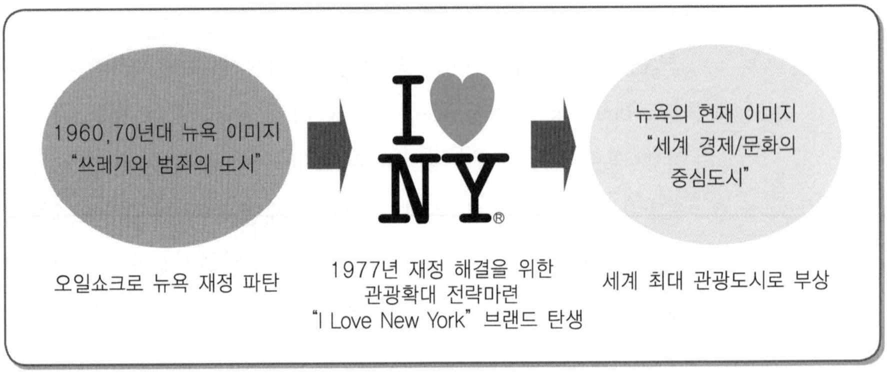

이러한 브랜드가 일반적으로 갖추어야 할 요건은 다음과 같다.[1]

- 편익이나 특성을 암시하여야 함
- 식별이 용이해야 함
- 발음하고, 쓰고, 기억하기 용이하여 함
- 부정적이거나 저속하거나 진부하지 않아야 함
- 독특해야 함
- 법적인 보호를 받을 수 있어야 함(trade mark)

한편 브랜드는 고객과 기업에게 서로 다른 역할을 하며, 〈표 7-1〉은 브랜드의 역할을 소비자와 기업의 입장에서 잘 설명하고 있다.

1 박기안·신건철·김준석, 「마케팅」, 무역경영사, 2006.

표 7-1 브랜드의 역할

구분	내용
소비자입장	• 출처의 확인 • 생산자에 대한 책임 부여 • 선택의 위험 감소 • 탐색비용 절감 • 생산자의 약속, 보증, 계약(브랜드가 매개 역할) • 상징적 도구: 자아를 표현해 주는 상징적 수단 • 품질표시: 경험재, 신용재(보험혜택) 등은 제품 속성을 탐지하기 어려우므로 이러한 경우 브랜드는 평가의 단서가 됨
기업입장	• 제품 취급이나 관리를 간편하게 하는 확인 수단 • 제품 고유의 특징을 법적으로 보호하는 수단 • 소비자를 만족시키는 품질수준 표시 수단 • 제품에 독특한 연상을 부여하는 수단 • 재무적 이익의 원천: 가격마진을 증진시키는 수단

1.2. 브랜드의 유형

브랜드의 개념은 상품과 서비스에 국한되지 않고 사회 모든 분야에 적용되고 있다. 정치, 정부, 자선기관, 스포츠팀, 공공설비, 미디어, 개인, 심지어 도시, 지방, 국가까지도 경쟁자로부터 차별성을 갖고자 '브랜드'에 힘을 기울이고 있다.

'어떤 것이든, 누구든 브랜드가 될 수 있다.'라는 유행어가 있다. 이 명제를 바탕으로 하나의 제품을 브랜드화 하기 위해서는, 제품이 누구이고('who' the product is), 제품이 하고자 하는 것이 무엇이며('what' the product does), 그리고 왜 고객이 주의를 기울여야 하는지('why' consumers should care)를 쟁점화하여야 한다[2].

브랜드는 상품의 관념적인 구조체계를 새로 창출할 뿐만 아니라, 고객들의 의사결정을 명확하게 해주고 기업에게는 가치를 증가시켜 주는 제품이나 서비스에 대한 그들의 지식을 체계화하는 것까지를 포함한다.

브랜드의 핵심은 소비자들에게 한 제품군에 속해 있는 브랜드들 간의 차이를 지각하게 하는 것으로 브랜드는 〈표 7-2〉와 같이, 물리적 제품, 서비스, 소매업자와 도매업자, 사람과 조직, 스포츠, 예술 그리고 오락사업, 장소 등 다양한 영역을 다루고 있다.

2 Kevin. L. Keller, 「브랜드매니지먼트」, 브랜드앤컴퍼니(주) 옮김, 2001.

표 7-2 브랜드의 유형

브랜드 유형	특징
물리적 제품 (physical goods)	전통적으로 물리적 제품은 브랜드에 의해 많이 연상되고 있으며, 이미 널리 알려진 소비재들이 많고(예: Coca-cola, Kellogg s, Anycall, Kodak, Marlboro, Sony, Mercedes-Benz, and Nescafe), 더 많은 종류의 제품들이 소비자에게 판매될수록 브랜드의 의미는 더욱 확산됨
서비스 (services)	비록 오랫동안 강력한 서비스 브랜드가 존재해 오긴 했지만(American Express, British Airways, Hilton Hotels, Merrill Lynch, Federal Express 등), 서비스 분야에서 세련된 브랜딩을 도입하고 그 수준을 높이게 된 것은 최근의 일임. 인터브랜드(Interbrand)의 John Murphy는 "최근 30여년 동안 가장 성공적인 브랜딩은 서비스 분야에서 이루어져 왔다." 라고 언급함
소매업자와 도매업자 (retailers and distributors)	브랜드는 제품을 유통시키는 소매업자들이나 그 외의 다른 유통업자에게 여러 가지 중요한 기능을 제공함. 브랜드는 한 상점에 대한 소비자의 관심, 단골거래 그리고 로열티를 창출해낼 수 있고, 소비자들은 한 상점에서 특정한 브랜드와 제품을 살 수 있을 것이라고 예상할 수 있게 되며, 브랜드는 그 상점에 대한 이미지를 창출하고 포지셔닝을 하는 데 도움이 됨
사람과 조직 (people and organizations)	브랜드는 제품과 서비스를 초월하여 광범위하게 적용되고, 사람과 조직 역시 브랜드로 간주될 수 있다.. 이러한 사실은 특히 정치인, 연예인, 또는 프로 운동선수들과 같은 대중 인사들의 경우에 부합하는 사례임
스포츠, 예술, 그리고 오락사업 (sports, art, and entertainment)	사람과 조직을 브랜드로서 마케팅하는 방식이 스포츠, 예술 그리고 오락사업 부문에도 존재하며, 스포츠 마케팅의 경우, 승패에 따라 관중수가 달라지고 재무적 부가 달라진다는 것에서 벗어나, 이제는 많은 스포츠 팀들은 광고, 촉진, 스폰서, DM(Direct Mail), 그리고 다른 커뮤니케이션들과의 창의적인 결합을 통해 마케팅 활동을 하고 있다. 브랜드화는 예술이나 오락 산업에서는 특히 중요한 기능을 하며(예: 영화, TV, 음악, 그리고 서적), 이러한 것들은 경험 제품(experience goods)들로서, 특별한 사람이 포함되어 있다든지 아니면 구전, 또는 비평 기사와 같은 단서에 의지하여 판단하게 됨
지역적 위치 (geographical locations)	브랜드의 파워는 사람들로 하여금 그 지역을 알게 하고, 그 지역에 대한 바람직한 연상을 갖게 하며, 사람과 비즈니스의 이동성이 증가하고 관광산업이 성장하는 것 등의 현상은 장소 마케팅의 도래에 기여하고 있다.

1.3. 브랜드 지식구조(Brand Knowledge Structure)

고객의 마음속에 있는 브랜드에 대한 속성들이 연관되어 하나의 커다란 체계를 구성하는데, 이를 브랜드 지식구조라고 하며, 이는 브랜드를 이해하고 브랜드 자산을 형성하는 과정을 이해하는 기본적인 틀이기도 하다.

브랜드 지식의 구성 요소로서 브랜드 인지도(brand awareness)와 브랜드 이미지(brand image)가 있고, 이들은 각각 다시 여러 개의 하위 차원으로 구성되어 있으며 이들 하위 차원들이 소비자가 지각하는 브랜드 자산가치의 형성에 관여한다. Keller가 제공하고 있는 브랜드 지식의 구조를 도식화 하면 [그림 7-5]와 같다.

그림 7-5 브랜드 지식 구조

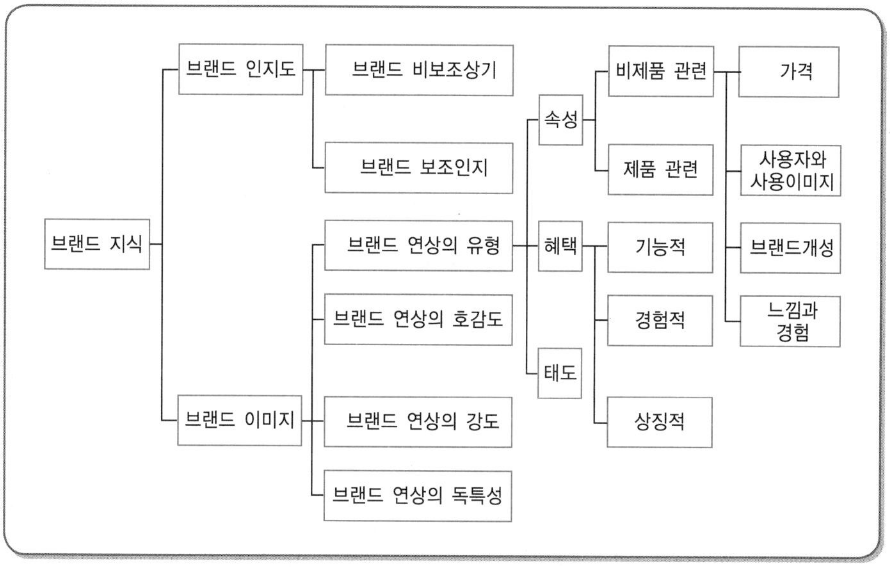

자료 : Kevin. L. Keller, "Conceptualizing, Measuring, and Managing Customer-Based Brand Equity," *Journal of Marketing*, Vol. 57, Jan 1993, pp.7.

1. 브랜드 인지도(brand awareness)

브랜드 인지도는 보조인지(brand recall)와 비보조상기(brand recognition) 능력으로 구성되어 있다. 보조인지는 특정브랜드가 하나의 실마리로 주어졌을 때, 전에 그 브랜드를 접해 본 적이 있다고 확신하는 소비자의 능력과 관련되어 있다. 즉, 보조인지는 소비자들이 그 브랜드를 전에 본 적이 있거나 들은 적이 있는 것으로 정확히 구별해 낼 수 있어야 함을 의미한다. 기억 속에 있는 정보가 그렇듯이 기억속에서 하나의 브랜드를 상기하는 것 보다는 하나의 브랜드를 인지해 내는 것이 일반적으로 더 용이하다. 보조인지와 비보조상기의 상대적인 중요도는 소비자들이 그 브랜드가 자기 앞에 있을 때 또는 없을 때, 서비스 혹은 제품 관련 의사결정을 하는 범위에 따라 결정된다.

2. 브랜드 이미지(brand image)

브랜드 이미지는 소비자의 기억 속에 새겨진 브랜드 연상들에 의해 표현된 브랜드에 대한 인식으로 정의될 수 있다. 브랜드 인지도가 브랜드 자산을 구축하는 데 있어 꼭 필요하지만 충족되지 않을 경우 브랜드 이미지와 같은 요소들이 역할을 맡게 된다. 브랜드 이미지는 연상 네트워크 기억모델과 밀접하게 관련되어 있다.

3. 브랜드 연상(brand association)

브랜드 연상은 기억 속에 있는 브랜드 노드와 연결된 또 하나의 정보 중심점이며, 소비자에 대한 그 브랜드의 의미를 내포하고 있다. 고관여 구매 의사결정 상황에서 브랜드 연상의 강도, 호감도 및 독특성은 브랜드 자산을 구성하는 차별적인 소비자 반응을 결정할 때 중요한 역할을 한다.

4. 브랜드 연상의 유형(type of brand association)

브랜드 연상은 여러 가지 형태로 나타나며, 이러한 브랜드 연상들을 구분하는 방법은 추상적 수준, 즉 그 연상 속에 얼마나 많은 정보가 함축되어 있느냐에 의해 구분하는 것이다. 이러한 방식에 따라 브랜드 연상은 속성과 이점, 태도와 같은 주요 카테고리로 분류될 수 있다.

(1) 속성(attributes)

속성은 소비자들이 그 제품이나 서비스의 본질이 무엇이라고 생각하는지 또는 제품이나 서비스의 특성 및 기능은 무엇인지, 그리고 구매나 소비와 관련되어 있는 하나의 제품이나 서비스를 특징짓기 위한 설명적인 특성들을 의미한다. 속성은 제품이나 서비스의 기능을 수행하는 데 얼마나 직접적으로 연관되어 있느냐에 따라 제품관련 속성과 비제품관련 속성으로 분류된다.

제품관련 속성은 한 제품의 물리적 구성요소나 서비스가 갖추고 있는 필수 조건을 말하며, 제품 성능의 특징과 수준을 결정짓는 것을 의미하며, 비제품 관련 속성은 구매나 소비과정에 영향을 미칠 수 도 있지만, 제품 성능에는 직접적으로 영향을 주지 못하는 것을 의미한다. 비제품 관련 속성에는 가격, 사용자의 이미지, 브랜드 개성, 사용자의 느낌과 경험을 포함한다.

(2) 이점(benefits)

소비자들이 그 제품이나 서비스 속성에 부여하는 개인적인 가치와 의미로서 그 제품이나 서비스가 자신들을 위해 해 줄 수 있다고 생각하는 것으로 이점과 관련되어 있는 기본적인 동기들에 따라 기능적 이점, 상징적 이점, 경험적 이점 등의 카테고리로 분류된다.

① 기능적 이점(functional benefits)

재화나 서비스의 소비로 얻을 수 있는 보다 본질적인 이점들이며, 일반적으로 제품관련 속성과 일치한다.

② 상징적 이점(symbolic benefits)

재화나 서비스의 소비를 통해 얻을 수 있는 보다 부가적인 이점이며, 일반적으로 비제품 관련 속성들 특히, 사용자 이미지와 일치하고, 사회적 인정이나 자기표현 및 외적인 면에 치중한 자기 과시의 잠재 욕구와 관련이 있다.

③ 경험적 이점(experiential benefits)

제품이나 서비스를 사용하면 어떤 느낌이 드는가 하는 문제와 관련되어 있고 사용 이미지와 같은 비제품 관련 속성들 뿐만 아니라 제품관련 속성과도 일치할 수 있다. 이러한 이점은 감각적인 즐거움, 다양성 그리고 인지된 자극 등을 통해서 경험적 욕구를 충족시킨다.

(3) 태도(attitude)

태도는 어떤 대상에 대해 일관성 있게 호의적 또는 비호의적으로 반응하게 하는 학습된 선유경향으로, 브랜드 태도는 하나의 브랜드에 대한 소비자들의 전반적인 평가를 기초로 정의된다. 브랜드 연상의 유형 중 가장 추상적이고 가장 높은 수준의 강력한 브랜드 연상이다.

5. 브랜드 연상의 강도(strength of brand association)

브랜드 연상의 강도는 소비자들이 어떤 정보를 상기해 낼 것인가를 결정하는 중요한 요소이므로 소비자들의 브랜드 의사결정에 영향을 줄 수 있다. 브랜드 연상의 강도와 상기 가능성에 영향을 미치는 것은 직접적인 경험, 구전, 비상업적인 정보원(소비자 연합, 신문), 광고 등이 있다.

6. 브랜드 연상의 호감도(favorability of brand association)

브랜드에 대해 어떤 연상을 연결시킬 것인가를 선택하는 것은 최적의 브랜드 포지셔닝 결정을 위한 소비자 및 경쟁상황 분석을 필요로 한다. 호의적인 브랜드 연상은 소비자로 하여금 긍정적인 브랜드 태도를 형성하게 하기 위해 브랜드가 기본적 욕구와 2차적 욕구를 충족시킬 수 있는 적절한 속성 및 이점을 가지고 있다는 것을 소비자에게 확신시킴으로서 창출된다.

7. 브랜드 연상의 독특성(uniqueness of brand association)

고객으로부터 차별적인 반응을 창출하기 위해서는 강력하게 인식된 브랜드 연상이 호의적일 뿐만 아니라 독특한 연상을 포함하는 것도 중요하다. 독특한 브랜드 자산은 경쟁 브랜드와 공유되지 않는 차별적인 연상이다. 브랜드 지식구조의 각 요소들에 대한 측정은 〈표 7-3〉과 같이 정리될 수 있다.

표 7-3 브랜드 지식 구조의 측정

구조		측정내용	측정의 목적
브랜드 인지도	비보조 상기 (회상)	• 제품 범주나 다른 유형의 정보가 단서로서 주어졌을 때 브랜드의 정확한 확인	• 기억 속에 있는 브랜드의 "top-of mind" 접근 가능성 파악
	보조 상기 (재인)	• 이전에 보았거나 들었던 경험이 있는 브랜드를 구별	• 기억 속의 브랜드의 잠재적 인출 • 가능성 또는 이용 가능성

브랜드 이미지	유 형	• 자유연상, 투사적 기법, 심층면접	• 브랜드 연상의 성격에 대한 통찰력 제공
	호감도	• 연상 평가의 순위결정	• 차별적 소비자 반응을 유발하는 핵심 차원의 평가
	강도	• 연상에 대한 신명의 순위결정	• 차별적 소비자 반응을 유발하는 핵심 차원의 평가
	독특성	• 브랜드 연상의 특징을 경쟁자의 그것들과 비교(간접적 측정법) • 소비자들에게 그 브랜드에 있어서 독특한 것이 무엇이냐고 질문(직접적 측정법)	• 어떤 브랜드 연상들이 다른 브랜드들과 공유되고 있지 않은가에 대한 통찰 제공: 차별적 소비자 반응을 유발하는 핵심 차원의 평가

자료: Kevin. L. Keller, "Conceptualizing, Measuring, and Managing Customer-Based Brand Equity," Journal of Marketing, Vol. 57, Jan 1993, pp. 14.

1.4. 브랜드 가치(Brand Value)

브랜드 가치 체계(Brand Architecture)는 크게 '브랜드 에센스(Brand Essence)'와 '브랜드 개성(Brand Personality)'으로 구성되는데, 브랜드 에센스란 인간의 하반신에 해당되는 손, 발과 같은 기능적 속성을 지니며, 브랜드 개성은 인간의 가슴, 머리와 같은 감성적 속성을 지닌다.

브랜드 에센스는 브랜드의 기술적, 효용적 가치를 통해 기능적 편익을 제공하여 브랜드의 모든 활동의 중심을 이루며 주로 키워드나 문장으로 나타낸다. 브랜드 에센스의 목표는 '고객에게 어떻게 인식되고 싶은가'에 대한 브랜드 비전을 명확히 하며 '고객과 무엇을 약속할 것인가'에 대해 직접적으로 명료하게 표현된다.

브랜드 개성은 자아표현적 가치와 생활문화 가치를 통해 감성적 편익을 제공하고, 또한 정서적 관계 설정에 기초한 모델을 제공한다. 브랜드 개성의 핵심은 브랜드의 매력이 풍기는 브랜드 이미지를 제공하는 것이다. 소비자는 브랜드 이미지를 구입함으로서 브랜드와 연관된 자아개념을 표현하게 되는데, 브랜드 개성을 구축하려면 '어떤 개성적 인격을 소유해야 하는가'에 대한 내용을 충실히 전달해야 한다. 이러한 브랜드 개성은 주로 형용사로 표현되는데, 브랜드 개성 속에 내포된 '은유'(metaphor)들은 브랜드에 대한 고객의 지각과 태도를 더욱 깊이있게 해준다.

또한 브랜드 개성은 간접적으로 '브랜드 속성과 기능적인 편익'을 암시할

그림 7-6 브랜드 가치체계의 역할

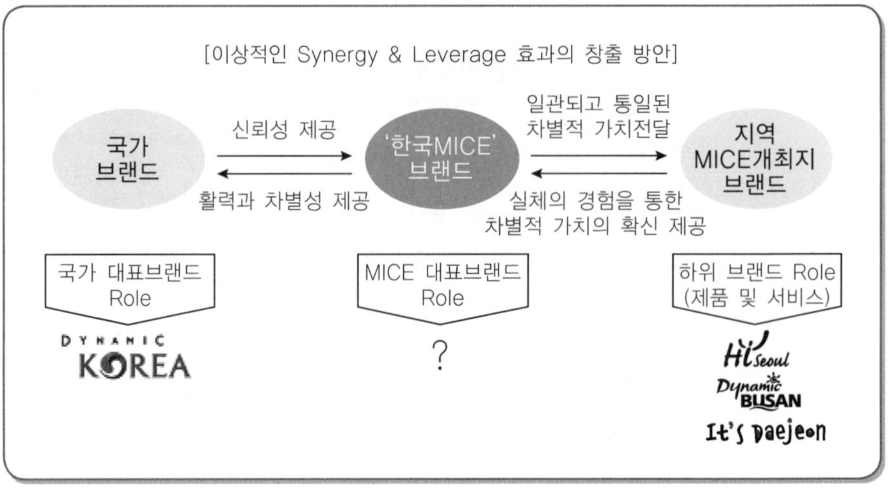

수 있으며, 브랜드의 '개성'은 인간의 감성적 측면과 관련성을 가지는데 소비자가 자기와 동일시하는 '이상적 자아'로서 그 가치를 발휘할 때 최대의 효과를 얻을 수 있다.

그러면 한국이 MICE 개최지로 브랜딩하기 위한 브랜드 가치체계는 어떻게 도출될 수 있는가? 그것은 국가브랜드를 토대로 국가브랜드와 상호연계를 가져야 할 뿐만 아니라 지역 MICE 개최지와의 연계성을 갖추어 개발되어야만 레버리지(leverage) 효과를 창출할 수 있을 것이다(그림 7-6 참조).

제 2 절 MICE 브랜드 관리

2.1. 브랜드 자산가치(Brand Equity)

1. 브랜드 자산가치의 개념

'브랜드 자산가치'(brand equity)란 브랜드와 관련된 자산들, 즉 회사나 고객의 부가적 가치를 상징하는 브랜드 네임, 그리고 심벌에 대해 재화와 용역으로 제공되는 자산의 집합을 말한다.

브랜드 자산가치의 핵심은 브랜드 및 브랜드의 확장 잠재력에 의해 얻어지는 물리적 자산 이상의 증여 가치분에 있으며, 브랜드 파워는 합병 및 인수할 때 기업가치 평가를 높이는 요인이 된다. 브랜드 자산가치의 평가는 1) 브랜드 파워가 강한 기업을 인수하거나, 2) 브랜드의 상표권을 매수할 때, 3) 브랜드 사용에 대한 로열티를 지불하기 위한 근거로 중요하다.

Keller는 고객관점의 브랜드 자산가치의 정의를 "해당 브랜드의 마케팅 활동을 통해서 형성된 브랜드 지식이 고객반응을 창출하는 차별적인 효과(differential effect)"라고 정의하였다. 즉, 다시 말해서 고객 관점에서 본 브랜드 자산가치는 소비자가 기억 속에 형성한 브랜드 지식을 토대로 그 브랜드의 마케팅 활동에 대해 경쟁 브랜드와 차별적으로 반응하게 되는 경우를 말한다.

예를 들어 브랜드가 부착되지 않은 제품보다 특정 브랜드가 부착된 제품이 마케팅 활동에 대해 고객이 더욱 호의적으로 반응한다면 그 브랜드는 긍정적인 브랜드 자산가치를 갖게 되는 것이고, 특정 브랜드에 대한 차별적인 고객 반응은 그 브랜드에 대해 고객이 기억 속에 갖고 있는 지식으로부터 영향을 받게 되므로, 결국 브랜드 자산가치는 고객의 마음 속에 형성되어 있는 브랜드 지식에 의해 결정된다는 것이다.

Aaker(1991)에 의하면 브랜드 자산가치는 브랜드 충성도(brand loyalty), 브

그림 7-7 Aaker의 브랜드 자산가치

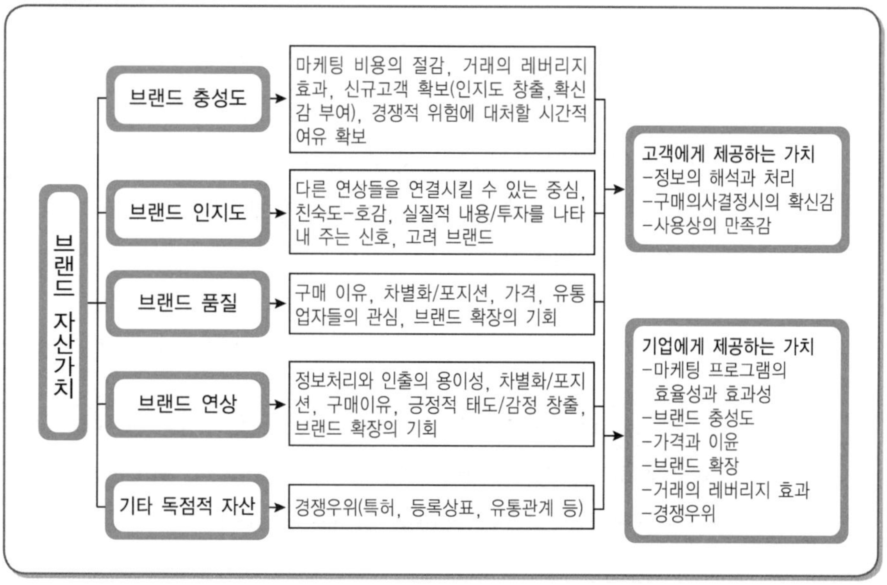

자료: David A. Aaker, "Managing Brand Equity: Capitalizing on the value of Brand Name", New York: The Free Press, 1991, pp. 15-21.

랜드 인지도(brand awareness), 지각된 품질(perceived quality), 브랜드 연상(brand associations), 기타 독점적 브랜드 자산(other proprietary brand assets)의 다섯 가지 요소로 구성되어 있다고 한다(그림 7-7 참조).

2. 컨벤션 센터의 브랜드 자산가치 측정

고객관점의 브랜드 자산가치는 그 동안 제조업을 중심으로 연구되었으나, 1990년대 중반에 서비스업에 적용되었고, 최근에 MICE 분야에 응용이 되어 다섯가지 컨벤션 브랜드 자산가치 요소의 측정이 이루어졌다.

컨벤션 브랜드 자산가치를 형성하는 요소로서 수행력(Performance), 사회적 이미지(Social Image), 가치(Value), 신뢰(Trustworthiness), 애착(Attachment) 등의 다섯 가지 요인이 제시되었다[3]. 다섯 가지의 요인을 설명하면 다음과 같다.

(1) 수행력

수행력(Performance)은 고객이 판단하는 물리적 속성(MICE 개최지 혹은 컨벤션 센터)을 포함한 포괄적인 의미로 사용하였다. 즉 MICE 개최지 혹은 컨벤션 센터의 물리적 구조 측면 및 행사운영에 대한 소비자의 판단을 의미한다.

(2) 사회적 이미지

이미지(Image)라는 요소를 사회적 차원으로 한정하여 사회적 이미지(Social Image)로 명명한 것으로, 사회적 이미지는 '고객이 속한 사회에서 판단하는 것에 대한 고객의 인지'로 정의되며, 이러한 개념은 MICE 개최지 혹은 컨벤션 센터를 소유하거나 사용하는 것에 대한 사회적 평판으로 부가적 가치를 가짐을 의미하다.

(3) 가치

가치(Value)는 '무엇을 얻을 수 있을 것인가와 무엇을 포기해야 하는지를 동시에 고려하여 고객에 의해 평가되는 것으로 MICE 개최지 혹은 컨벤션 센터를 선택하는 비용에 비하여 지각되는 브랜드 유익' 을 의미한다.

---

3 김철원·한주형·이태숙, "MICE 센터 브랜드 자산가치 측정에 관한연구: PCO 인식의 관점에서," MICE연구, 6(3), 2006.

그림 7-8 컨벤션 센터의 브랜드 자산가치 측정 모형

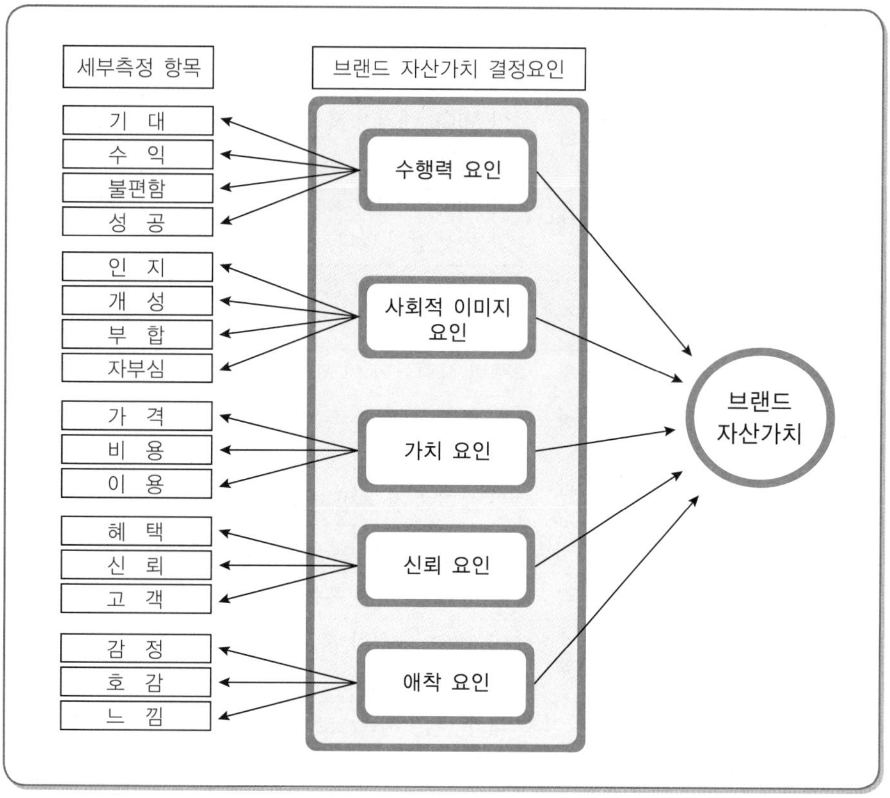

(4) 신뢰

신뢰(Trustworthiness)는 '기업과 기업에 연관된 것에 대하여 고객이 갖는 신념'이라고 정의하였고, 이는 MICE 개최지 혹은 MICE 기업이 고객의 이익을 위해서 얼마나 관심을 가지고 있는가에 대한 신념을 포함한다.

(5) 애착(Attachment)

브랜드 자산가치에 대하여 행동적 차원보다 지각적 차원을 측정하는 데 그 목적이 있으므로, 애착(Attachment)을 '브랜드에 대한 고객의 긍정적 느낌에 대한 상대적 강도'라고 정의하였다. 애착은 고객이 브랜드와 자아를 동일시하고, 이 브랜드와 정서적인 애착을 발전시키는 것을 포함한다.

컨벤션 센터의 브랜드 자산가치를 측정하기 위한 모델은 다음과 같다.

〈표 7-4〉는 MICE 개최지 혹은 MICE 기업(컨벤션 센터 등)의 브랜드 자산가치를 고객의 관점에서 측정할 수 있는 설문 항목으로, MICE 개최지 혹은 컨벤션 센터를 비교 평가하여 유용한 마케팅 전략을 수립할 수 있다.

표 7-4 MICE 브랜드 자산가치 측정항목

요인	측정변수	설문문항
수행력	기대	이 MICE 개최지 혹은 MICE 기업은 최고의 서비스를 기대할 수 있다.
	수익	이 MICE 개최지 혹은 MICE 기업은 국제회의를 통하여 수익을 창출할 것이다.
	불편함	이 MICE 개최지 혹은 MICE 기업을 이용하는 동안 어떠한 불편함도 있을 것 같지 않다.
	성공	이 MICE 개최지 혹은 MICE 기업은 회의진행을 성공적으로 수행할 것이다.
사회지 이미지	인지	주변 사람들이 이 MICE 개최지 혹은 MICE 기업을 잘 알고 있다.
	개성	이 MICE 개최지 혹은 MICE 기업은 나의 개성과 잘 어울릴 것 같다.
	부합	이 MICE 개최지 혹은 MICE 기업이 처한 상황과 운영 스타일이 나의 성격에 잘 부합된다.
	자부심	이 MICE 개최지 혹은 MICE 기업을 이용하는 데 자부심을 느낀다.
가치	가격	이 MICE 개최지 혹은 MICE 기업의 이용 가격은 적절하다.
	비용	이 MICE 개최지 혹은 MICE 기업에 지불한 비용보다 더 많은 가치를 얻을 것이다.
	이용	내가 받은 혜택으로 인해 이 MICE 개최지 혹은 MICE 기업을 지속적으로 이용할 것으로 생각된다.
신뢰	혜택	이 MICE 개최지 혹은 MICE 기업은 고객의 혜택에 많은 관심을 기울이고 있는 것 같다.
	믿음	이 MICE 개최지 혹은 MICE 기업의 후원사나 후원인은 매우 믿을 만 하다고 생각된다.
	고객	이 MICE 개최지 혹은 MICE 기업은 고객의 이익을 먼저 생각하리라 믿어진다.
애착	감정	시간을 가지고 나는 이 MICE 개최지 혹은 MICE 기업에 대해 호의적인 감정으로 발전시킬 것이다.
	호감	이 MICE 개최지 혹은 MICE 기업을 이용한 후 이 MICE 센터에 대한 호감이 점점 커질 것 같다.
	느낌	이 MICE 개최지 혹은 MICE 기업에 대해 긍정적인 느낌을 가지고 있다.

사례

컨벤션 센터의 브랜드 자산가치 분석

Mice Marketing Management

소비자 인식을 기반으로 한 국내의 컨벤션 센터의 브랜드 자산가치 측정 결과이다. 다음 그림은 본 연구의 분석대상인 COEX, BEXCO, EXCO, ICC Jeju이다.

국내 주요 컨벤션 센터

연구결과를 살펴보면, 각 컨벤션 센터별 평균값에서는 COEX가 가장 높게 나타났고, BEXCO, ICC Jeju, KINTEX, EXCO 순으로 나타났다.

컨벤션 센터별 평균값

컨벤션 센터	COEX	BEXCO	ICC Jeju	EXCO	KINTEX
평균값	3.32	3.19	3.17	2.70	3.02

컨벤션 센터 브랜드 자산가치 결정요인별 평균 순위

	수행력	사회적 이미지	가치	신뢰	애착	평균
COEX	3.46	3.60	3.06	3.02	3.31	3.32
BEXCO	3.17	3.26	3.06	3.08	3.39	3.19
ICC Jeju	3.04	3.26	3.03	3.02	3.50	3.17
EXCO	2.58	2.61	2.79	2.74	2.86	2.70
KINTEX	2.84	3.08	2.99	2.98	3.27	3.02
평균	3.02	3.16	2.99	2.97	3.27	3.08

5가지 요인에 대한 컨벤션 센터별로 나타난 차이는 다음과 같다.

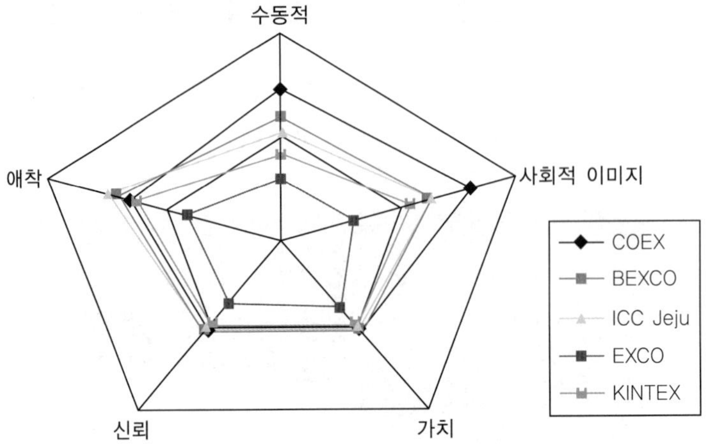

다섯 가지 요인에 대한 컨벤션 센터별 차이

수행력에 있어서는 COEX가 가장 높게 평가되었고, BEXCO, ICC Jeju, KINTEX, EXCO 순서로 나타났으며, 각 컨벤션 센터별 차이가 나타남으로써 컨벤션 센터의 회의진행 능력이나, 원활한 운영, 서비스의 기대치 등에 대해 PCO가 인식하고 있는 차이가 컨벤션 센터별로 현저히 드러나고 있다. 사회적 이미지 요인에 대해서는 COEX가 인지도 및 이용자부심, 개성 부합 등에 있어 높은 평가를 보였으며, BEXCO와 ICC Jeju는 비슷한 평가수준을 나타내고 있어 BEXCO와 ICC Jeju는 각각 경쟁 우위 확보의 수단으로서 사회적 이미지 제고를 위한 마케팅 전략 수립이 필요할 것이다.

가치 요인에 대해서는 COEX와 BEXCO가 동일한 수준으로 높게 평가 되었으며, ICC Jeju가 그 뒤를 이었고, 다음으로 KINTEX, EXCO 순으로 나타났다. 이러한 결과를 바탕으로 COEX와 BEXCO는 가격정책으로 상대 컨벤션 센터와의 경쟁에서 우위 확보방안을 생각해 볼 수 있다.

ICC Jeju는 신뢰 요인에서 COEX와 동일한 평가를 보이고 있고 BEXCO보다 낮은 평가를 보이고 있으며, 애착 요인에서는 COEX 및 BEXCO보다 높은 평가를 보이고 있어, ICC Jeju가 가지고 있는 이러한 강점을 부각시키고, 상대적으로 부족한 가치 요인에 대한 보완점을 마련하는 마케팅 전략 수립도 필요할 것이다.

신뢰 요인에 대해서는 BEXCO가 가장 높게 평가되었고, 다음으로 COEX와 ICC Jeju가 동일한 수준으로 평가 되었으며, KINTEX, EXCO 순으로 나타났다. 특히 COEX의 경우 다른 요인 평가에 있어서는 타 컨벤션 센터보다 전반적으로 높은 평가를 보이는 것에 비해 신뢰 요인에 대해는 BEXCO보다 낮은 평가, ICC Jeju 와 비슷한 평가 수준을 보이고 있어, 이 요인에 대한 강화가 요구된다. 애착 요인에 대해서는 ICC Jeju가 가장 높게 평가되었고, 다음으로 BEXCO, COEX, KINTEX 순서로 나타났으며, EXCO가 가장 낮게 평가되었다. KINTEX와 EXCO는 각 5가지 요인을 놓고 비교해 보았을 때, 애착 요인이 가장 높게 평가되었지만, 실제 측정된 애착 요인 은 다른 컨벤션 센터의 값에 비하면 낮은 평가를 보이고 있다. 상기 분석을 토대로 국내외 컨벤션 센터의 브랜드자산가치를 평가해 보자.

2.2. 브랜드 아이덴티티(Brand Identity)

브랜드 아이덴티티는 사람이 각자의 정체성을 가지고 있는 것처럼 브랜드는 고유의 성향, 목표 그리고 의미를 가지고 있다. 브랜드 아이덴티티는 브랜드와 관련된 일종의 독특한 연상(association)으로, 브랜드가 상징하는 것을 나타내고 고객과의 약속을 표현한다. 브랜드 아이덴티티는 강력한 브랜드를 구축하기 위한 전략의 중심으로서 브랜드가 고객에게 인식되기를 바라는 목표 이미지라고 할 수 있다.

브랜드 아이덴티티의 역할은 [그림 7-9]와 같이 브랜드의 전략적 관리 및 적용의 준거틀(reference framework)을 제시한다. 즉, 제품으로서의 브랜드(상품의 범위, 특징, 품질과 가치, 사용 경험, 사용자, 원산지), 조직으로서의 브랜드(회사의 특징, 지역대 세계), 사람으로서의 브랜드(브랜드의 특성, 브랜드-고객의 관계), 상징으로서의 브랜드(시각적인 이미지, 은유와 브랜드의 전통) 등 브랜드를 전략적으로 관리하고 적용한 기준을 제공한다.

그림 7-9 브랜드 정체성의 역할

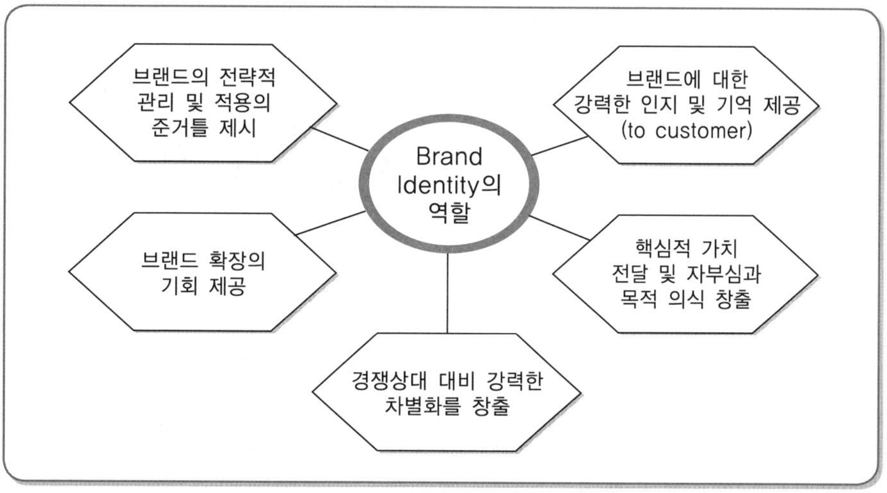

이를 통하여 브랜드 아이덴티티는 브랜드에 대한 강력한 인지 및 기억을 고객에게 제공하고, 브랜드가 가지고 있는 핵심적 가치를 전달하여 이를 이용한 고객들이 개성적 차원에서 자기의 자부심을 갖도록 한다. 브랜드 아이덴티티가 중요한 것은 무엇보다도 경쟁자와의 차별화를 가져올 수 있다는 것과, 브랜드를 확장할 기회를 제공한다는 점이다.

MICE 기업이 아직 브랜드의 아이덴티티를 형성하지 못하고 있는 실정을 감안할 때, 이에 대한 이해는 MICE 브랜드 마케팅 전략을 수행하기 위하여 매우 중요한 사항이다. 만약 우리나라의 MICE 브랜드의 아이덴티티를 개발한다면, 효과적인 브랜드 전략을 수행할 수 있을 것이다. [그림 7-10]의 모델은 LG Ad의 Brand Identity Model로서, MICE 개최지의 브랜드 아이덴티티를 개발하는 데도 유용하게 활용될 수 있을 것이다.

우선적으로 MICE 개최지의 브랜드 아이덴티티의 개발은 MICE 고객을 정확하게 이해하고, 이들이 가지고 있는 욕구를 분석하고, 고객을 세분화하는

그림 7-10 MICE 브랜드 정체성 전략 도출 방안

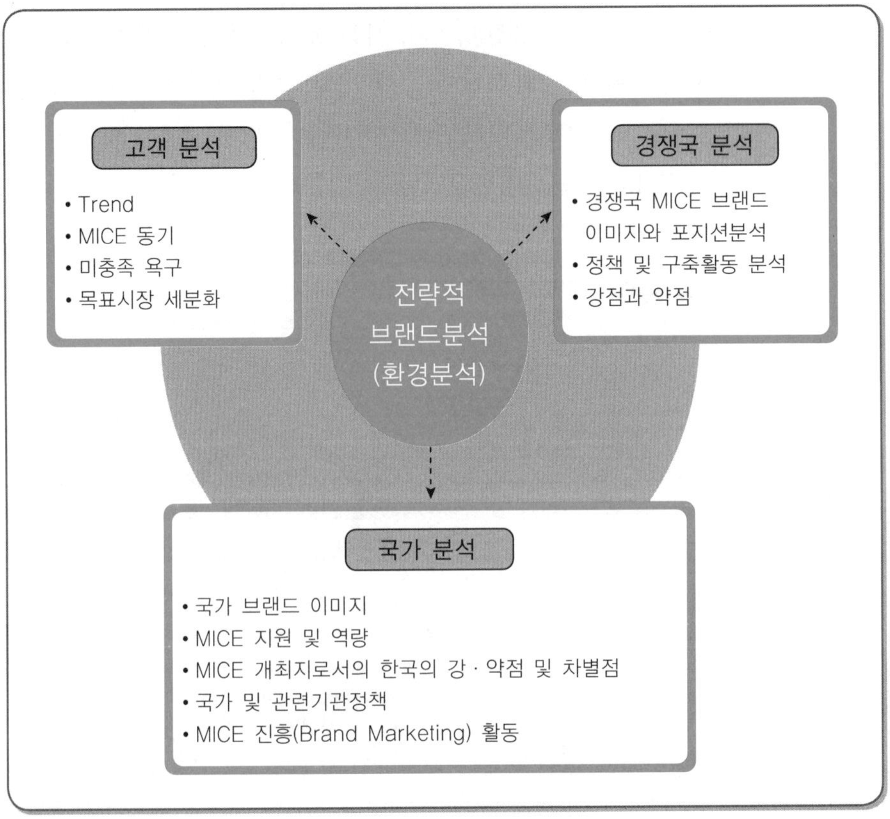

과정이 필요하다. 또한 경쟁상대 분석이 포지셔닝 분석과 함께 수행되어야 하며, 국가분석에는 국가브랜드 이미지, MICE 자원 및 역량, MICE 개최지로서의 한국의 강약점 및 차별점, MICE 브랜드 마케팅 등을 종합적으로 분석하여 브랜드 정체성 개발의 방향성을 도출하여야 한다.

이러한 브랜드 아이덴티티의 전략 방향을 토대로 브랜드 슬로건 등이 도출되며, 브랜드의 정체성을 확보하는 초기적 단계를 갖는다.

2.3. 브랜드 개성(Brand Personality)

브랜드 개성은 브랜드의 속성을 인간적인 특성들로 표현하는 것을 의미한다. 브랜드 개성에는 '따뜻함', '사려 깊음', '낭만적인' 등의 인간 성격을 포함할 뿐만 아니라, 성별, 연령, 사회계층 및 개인의 성격 등 인간과 관련된 특성변수들이 모두 포함된다[4].

그러므로 브랜드 개성은 인간의 성격처럼 때때로 다른 어떤 것 보다 흥미진지하며 고객과의 관계를 결속시켜주는 역할도 하며, 서비스를 향상시키는 역할도 제공하기 때문에 인간적인 브랜드 개성(Co-hum brand personality)을 가지고 있는 기업은 시장 내 리더가 될 수 있다[5].

사람의 행동이 이를 지켜보는 타인들에게 영향을 주는 것과 같이 브랜드 역시 브랜드가 소비자들에게 행한 행동으로 인해 이들의 브랜드에 대한 개성 형성에 영향을 준다[6].

1. 브랜드 개성 창출의 필요성

브랜드 개성을 창출하는 것은 사람들이 해당 브랜드를 어떻게 지각하고 있으며, 어떤 태도를 가지고 있는지에 대한 이해를 넓혀주고, 브랜드 아이덴티티를 차별화시키는데 도움을 주며, 고객과의 커뮤니케이션의 지침이 되어 주고, 브랜드 자산을 창조함으로서 브랜드 전략가들에게 도움을 주기 때문이며, 구체적인 브랜드 개성 창출 유용성은 다음과 같다.

---

4 J. L. Aaker, "Dimensions of Brand Personality," *Journal of Marketing Research*, 34, August 1997, pp.347-356.

5 A. M. Weber, "What Great Brands Do?" *The Voice of Foodservice Distribution*. 33(5), Aug/Sept 1977, 76-95.

6 D. Aaker, 「데이비드 아커의 브랜드 경영」, 비즈니스북스, 2003.

(1) 목표 고객에 대한 이해의 폭 증대

경영자들은 브랜드 개성 속에 내포된 은유(metaphor)를 통해 브랜드에 대한 고객의 지각과 태도를 심도있게 이해할 수 있으므로 경영자들은 사람들에게 브랜드에 대한 속성만을 물어보는 것보다는 브랜드가 갖고 있는 개성, 느낌, 관계 등을 질문함으로써 더욱 통찰력 있는 아이덴티티를 얻을 수 있다.

(2) 차별적인 브랜드 아이덴티티에 기여

브랜드 개성은 전략적으로 핵심적인 아이덴티티나 확장된 아이덴티티의 일부로서 제품의 의미있는 차별화에 기초를 제공해 주는데, 특히 제품의 속성 차이가 별로 없는 브랜드일 경우에는 더욱 그러하며, 그것은 단순히 브랜드뿐만 아니라 그 제품에 대한 사용경험까지 나타내기 때문이다.

(3) 고객과의 커뮤니케이션 활동의 지침

브랜드 개성의 컨셉과 용어는 브랜드 아이덴티티 구축 노력을 기울이는 사람에게 풍부하고 체계적인 브랜드 아이덴티티를 전달하고, 광고뿐만 아니라 패키지, 프로모션, 어떤 이벤트에 참여해야 할지, 고객과 브랜드간의 유대관계는 어떻게 해야 할지 등에 대한 실질적인 결정이 이루어져야 한다. 만일 브랜드가 제품 특성에 관련된 말들에만 한정된다면, 그 브랜드가 제시해 줄 수 있는 지침은 아주 적을 것이다. 즉 브랜드 개성은 목표 고객과의 커뮤니케이션을 더욱 쉽게 하도록 깊이와 구조를 제공해 준다.

(4) 브랜드 자산 창출

브랜드 개성이 브랜드 자산을 창출하는 방법으로 자아표현(self expression) 모델, 관계설정에 기초한(relationship basis) 모델, 기능적 편익을 제시하는(functional benefit representation) 모델 등 세 가지 모델로 집약될 수 있다[7].

2. 브랜드 개성의 측정 및 차원

심리학에서 이루어진 인간 개성에 관한 연구는 안정성이 입증된 Norman

---

7 D. Aaker, 「데이비드 아커의 브랜드 경영」, 비즈니스북스, 2003.

그림 7-11 브랜드개성의 5차원

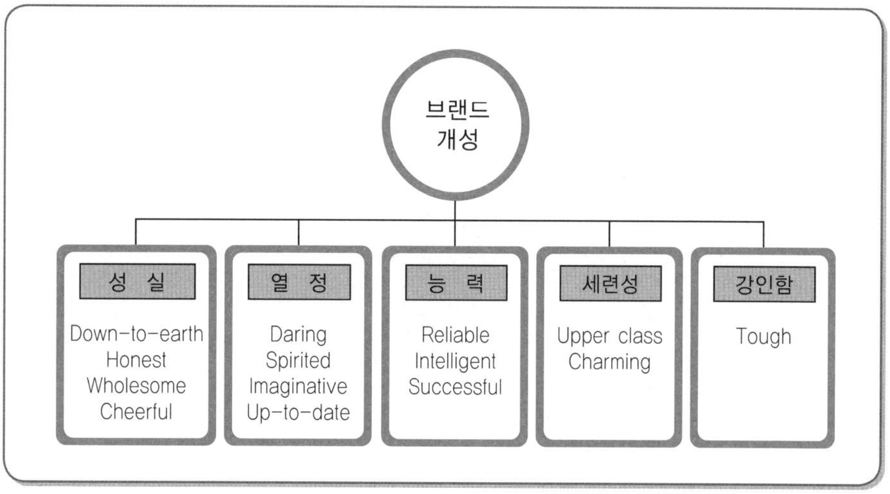

(1963)의 Big Five Factors 연구가 있다. 그러나 이러한 인간 개성 차원이 브랜드에 안정적으로 그대로 적용되기에는 어려움이 있다는 인식에 따라 Aaker(1997)는 브랜드 개성 척도(Brand Personality Scale: BPS)를 개발하여, 성실(Sincerity), 열정(Excitement), 능력(Competence), 세련(Sophistication), 강인함(Ruggedness)의 5가지 개성 차원을 제시하였다(그림 7-11 참조).

3. MICE 개최지의 브랜드 개성 측정 척도

MICE 개최지라는 브랜드도 사람들과 비슷한 개성을 가질 수가 있다. 즉 개최지의 브랜드도 '현대적이다', '구식이다', '생동감 있다', 또는 '이국적이다' 등으로 특징지어질 수 있다. 개최지의 브랜드 개성은 방문객들이 생각하는 개최지 브랜드의 본질과 기능이 무엇인가라는 것보다는 오히려 방문객들이 개최지 브랜드에 대해 어떤 느낌을 갖는가를 나타내 준다.

이에 이태숙(2006)은 유형재만을 대상으로 개발되어진 브랜드 개성 척도(BPS)가 아닌 유·무형재 상품인 MICE 개최지의 브랜드 개성을 측정할 수 있는 척도를 개발하였으며, 그 척도에는 [그림 7-12]와 같이 5개의 차원과 21개의 측정 항목으로 구성되어 있다.

MICE 브랜드 개성에 대한 척도의 5개의 차원과 21개 측정 항목들이 제시되었으며, 관련 차원과 항목들을 상징화시켜 주는 특성적 해석들이 연결되어 있고, 이러한 연관적 고리(node)는 각 차원 및 항목들의 설명력을 높여 준다.

그림 7-12 MICE 개최지의 브랜드 개성 척도 차원 및 항목

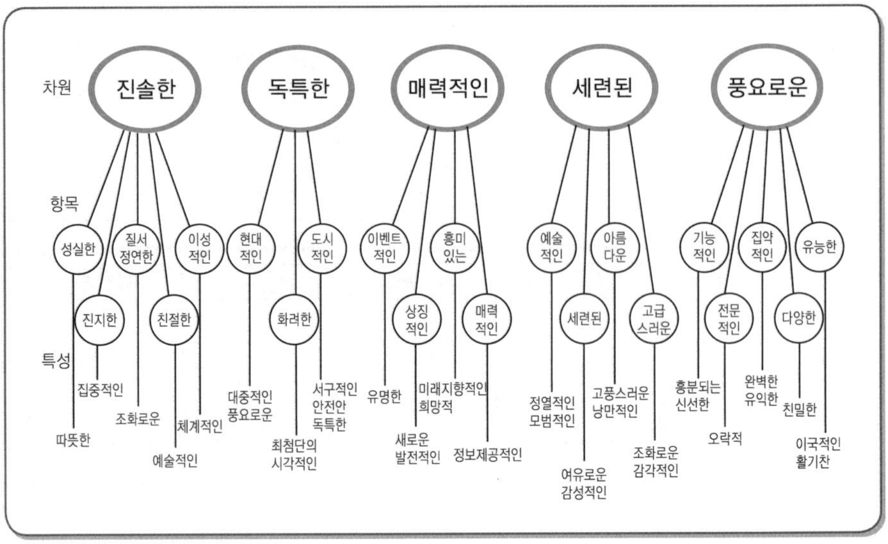

특히 MICE 개최지의 브랜드 개성 척도에는 개최지(장소 상품군)의 특성이 인지되는 항목들이 각 차원에(진솔한: 질서정연한, 매력적인: 이벤트적인, 풍요로운: 집약적인, 독특한: 도시적인) 존재함을 확인할 수 있다.

이러한 MICE 개최지의 브랜드 개성 척도는 주요 경쟁 MICE 개최지의 상대적 브랜드 개성을 파악하기 위해 사용될 수 있으며, 특히 국내 개최지뿐만 아니라 해외 주요 개최지를 포함한 모든 개최지를 대상으로 사용할 수 있고, 더 나아가 방문여부에 따른 브랜드 개성 측정과 연령대별, 국적별 다양한 범주별로 MICE 개최지의 브랜드 개성을 측정할 수 있다.

이 척도는 각 지역별 MICE 개최지의 특성을 포지셔닝하는 데 주요 기능을 수행할 수 있다. 즉, 이 척도로 측정한 MICE 개최지의 브랜드 개성을 토대로 개최지의 이미지에 적합한 MICE나 전시회, 박람회를 유치함으로써 개최지의 브랜드 개성을 통한 지역 이미지를 부각시키고, 이에 따라 그 지역의 MICE를 재포지셔닝하고 차별화된 전략을 도출할 수 있다.

2.4. MICE 브랜드 통합마케팅

MICE 개최지를 브랜딩하는 마케팅 전략에는 통합적 접근이 필요하며, MICE 개최지의 브랜드 인지와 이미지를 제고하여 브랜드 자산가치를 창출하

기 위해서는 아래와 같은 접근이 요구된다. 광고를 통하여 한국 MICE 개최지의 브랜드 인지도를 제고하고 고객에게 한국이 MICE 개최지로서 적합하다는 메시지를 전달하여야 한다.

PR을 통하여 MICE 개최 관련 이슈를 만들고 부정적 이미지나 북핵, 사드 등과 같은 위기를 극복할 수 있도록 Public Relation을 강화하여야 한다. 'Meeting & Incentive, Medical Meeting' 등과 같은 MICE 관련 잡지 등의 소규모 매체에 집중적으로 홍보하고, 반복적인 노출을 통하여 인지도를 제고할 필요성이 있다.

또한 참여와 체험을 통한 공감대를 형성하기 위한 프로모션 활동을 전개하고 on-line을 통하여 e-marketing을 전개하며, 국제적 이벤트와 연계하여 MICE를 홍보하고 마케팅하는 과정이 필요하다.

아래 [그림 7-13]은 통합된 MICE 브랜드 마케팅 커뮤니케이션 수단 및 구체적인 전략 내용이다.

그림 7-13 통합된 MICE 브랜드 마케팅 커뮤니케이션

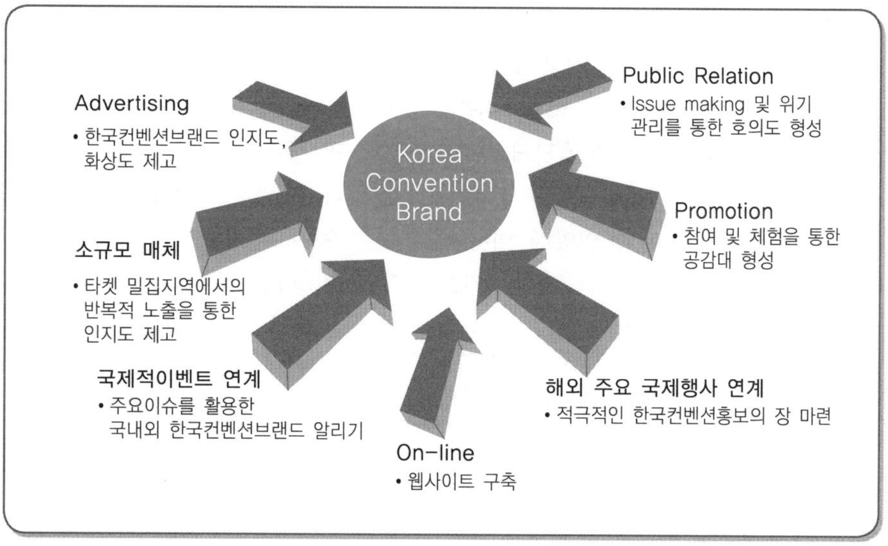

사례

Mice Marketing Management

MICE 개최지의 브랜드 개성 측정

MICE 개최지로서 서울과 대구 지역의 브랜드 개성을 측정한 김철원·이태숙(2007)의 연구결과에 따르면, 서울 MICE 개최지는 '독특한(현대적이고 도시적인)' 브랜드 개성으로 대구 MICE 개최지는 '매력적인(상징적인)' 브랜드 개성이 강한 것으로 나타나 두 개최지는 독특하고 강력하며 차별화된 브랜드 마케팅 수립에 유용한 근거가 마련되었다.

두 지역의 측정 결과를 통해 도출된 구체적인 특징을 살펴보면, 서울지역은 '독특한', '풍요로운', '매력적인', '진솔한', '세련된'의 순으로 브랜드 개성 차원이 나타났으며, 그 중 '독특한'이 가장 강하게 나타났다. 서울의 구체적인 브랜드 개성으로는 '현대적', '도시적', '매력적인', '기능적인'이 강한 것으로 나타났으며, 그 외에 '예술적인', '고급스러운', '성실한' 브랜드 개성에서는 다소 낮게 인지되는 것으로 나타남으로써, 서울은 '도시' 브랜드 개성이 강함을 확인할 수 있었다. 이는 한 국가 수도의 전형적인 '대도시'의 강한 브랜드 개성을 띠고 있다고 간주할 수 있으며, 이러한 브랜드 개성은 국내 개최지와의 차별화로 부각될 수 있을 뿐만 아니라 세계 많은 대도시 개최지들과도 차별화를 구현할 수 있는 아이덴티티가 될 수 있다.

대구지역은 전체 평균값은 서울보다 낮게 나타났지만, 평균값을 상회하는 항목은 서울보다 더 많이 제시되었다. 차원에서는 '매력적인', '진솔한', '독특한', '풍요로운', '세련된'의 순으로 나타났으며, 그 중 '매력적인'이 가장 높게 제시되었다.

특히 '매력적인'의 '상징적인' 브랜드 개성과 '풍요로운'의 '전문적인' 브랜드 개성, '진솔한'의 '친절한' 브랜드 개성이 강한 것으로 나타났다. 대구 MICE 개최지는 '예술적인', '화려한', '아름다운' 개성에서는 다소 값들이 낮게 제시되어 대도시의 강한 이미지가 있는 반면, 부드러운 이미지는 다소 부족한 것으로 나타났다. 이 결과는 지방 도시의 소박함과 대도시의 기본적인 이미지가 공존함을 확인할 수 있었고, 특히 서울과 대구 두 개최지 간에는 브랜드 개성의 확연한 차이를 보여준다.

서울 MICE 개최지와 대구 MICE 개최지의 차원별 브랜드 개성 비교

구분	대구		서울	
	값	값이 높은 하위항목	값	값이 높은 하위항목
진솔한	4.76	친절한	4.98	-
매력적인	4.84	상징적인	5.11	매력있는, 이벤트적인
풍요로운	4.75	전문적인	5.17	기능적인, 전문적인
세련된	4.45	세련된, 고급스러운	4.75	세련된
독특한	4.75	현대적인, 도시적인	5.18	현대적인, 도시적인
전체 값	4.71		5.03	

생각해 볼 문제

01 MICE 개최지의 브랜드 정체성을 생각해 보자. 무엇이 떠오르는가?

02 한국의 특정 컨벤션 센터를 선정하여 그 컨벤션 센터의 브랜드 정체성을 생각해 보고, 이에 부합되는 브랜드 슬로건을 생각해 보자. 기존의 브랜드 슬로건이 무엇인지 조사하고, 비교해 보자.

제 8 장

MICE 마케팅 효과성 측정 및 계약서 분석

학습 개요

본 장에서는 MICE 마케팅 효과성을 측정하는 방법을 학습하여 MICE 마케팅의 유용성과 실행가능성을 평가하고, 실제 MICE 업무에서 중요한 MICE 계약서를 심층 분석하여 실무적 차원에서의 계약서 업무를 학습하고자 한다.

제 1 절 MICE 마케팅 효과성 측정

1.1. 마케팅 효과 측정에 관한 이해

마케팅의 관리는 마케팅계획의 수립, 마케팅 활동의 수행, 마케팅 활동의 평가와 통제의 과정으로 이루어진다. 이중에서 마케팅의 평가는 마케팅 활동의 효과성(effectiveness)를 측정하는 과정이다.

마케팅 성과분석은 크게 두 가지로 구분될 수 있다. 하나는 마케팅을 마케팅의 기능별(광고, 가격, 유통 등)로 성과분석을 하는 것이고, 다른 하나는 마케팅을 하나의 프로세스로 보아 전체에 대한 성과분석을 하는 것이다.

1. 마케팅 효과성의 개념

마케팅 효과의 개념은 매출액과 이익이라는 성과 변수만으로는 알 수 없으며 ① 고객위주 철학, ② 통합적 마케팅 조직, ③ 적절한 마케팅 정보, ④ 전략적 고려, ⑤ 운영상의 효율성 등 시장지향성에 대한 다섯 가지 주요 특성이 반영된다(Kotler, 1998).

위의 다섯 가지 특성은 실천적이고 실용적인 마케팅 능력에 근거하고 있다. 최근 기업성과에 대한 시장지향성의 영향력에 대한 많은 연구가 이루어지고 있으나, 시장지향성은 최고경영층의 수행력과 위험 회피와 같은 면에 치중하는데 반해 마케팅 효과는 주요 마케팅 관리자가 각 시장의 서로 다른 욕구에 대응하여 차별화된 제품 제공 등의 계획을 실천하는 정도에 초점을 두며, 공급자, 채널, 경쟁자, 소비자, 환경 등을 포괄하는 마케팅 시스템의 총체적 관점을 취하고 있다.

시장지향성이 정보의 입수, 확산, 이동 등과 관련하여 기업 전반적 수준의 접근이지만, 마케팅 효과는 시장정보를 하나의 요소로 반영하는 마케팅 통제 메커니즘이라는 광범위한 틀 안에서 현장의 욕구를 만족시키기 위한 기업의 수행력을 다루는 것이라 하겠다(그림 8-1 참조).

그림 8-1 마케팅 효과가 고객만족과 기업성과에 미치는 영향

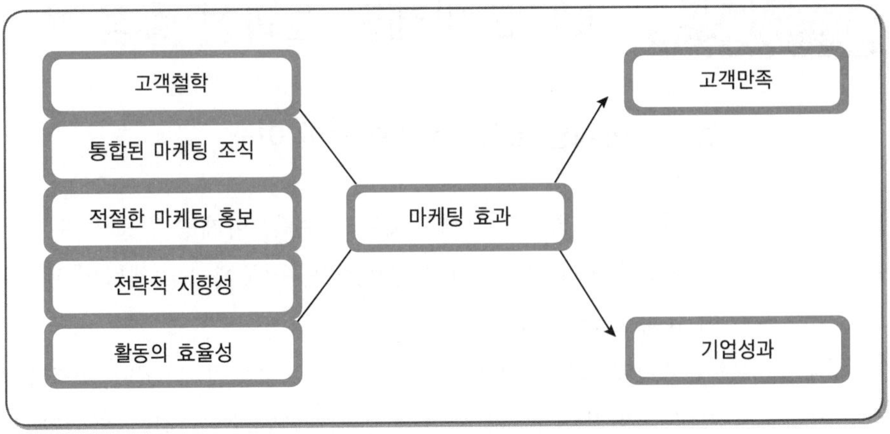

1.2. CVB의 마케팅 효과 분석

1. CVB의 MICE 개최지 마케팅 활동 성공 요인

CVB의 성공적인 개최지 마케팅의 효과성을 측정하는 것은 매우 중요한 마케팅 통제(control)과정이다.

Baker & Cameron(2007)은 MICE 개최지 마케팅 활동의 중요 성공 요소들(critical success factors)을 확인하기 위하여 4개의 상위차원(strategic orientation; destination identity and image; stakeholder involvement; and implementation, monitoring and review)과 총 33개의 MICE 목적지 마케팅 활동 성공 요인들을 도출하였다(표 8-1 참조).

표 8-1 CVB의 개최지 마케팅 활동 성공 요인

상위차원	하위차원
CVB활동의 전략적 방향성 개발	1. MICE 방문객 통계, 주요 표적시장의 정량화와 세분화
	2. 주요 경쟁자 확인
	3. MICE 트렌드 확인
	4. 장기적인 방향성 반영
	5. MICE 국제경쟁력 확보의 중요성 인식
	6. MICE 인프라 증진의 중요성 강조

	7. 국가적/지역적 통합 MICE 계획의 필요성 인식
	8. MICE에 대한 거주민의 태도에 대한 고려
	9. MICE 정책 개발에 있어서 지역 문화와 가치, 생활상에 대한 고려
	10. MICE 진흥을 통한 거주민 복지와 일자리, 삶의 질 향상 최상위 목표 설정
	11. 지역 혼잡 이슈에 대한 방안 강구
	12. 지역 환경적 문제 이슈에 대한 방안 강구
	13. MICE 수요의 계절성 이슈에 대한 방안 강구
	14. MICE 산업의 이익에 대한 정량화
	15. MICE 목적지 경관 개발
CVB의 개최지 정체성 및 이미지 개발	16. MICE 브랜드 정체성 개발의 필요성 인식
	17. MICE 브랜드 조합의 확인
	18. MICE 이미지 개발의 필요성 인식
	19. MICE 포지셔닝에 대한 논의
	20. MICE 산업 촉진 자원들의 통합적 활용 필요성 인식
	21. MICE 마케팅 커뮤니케이션의 핵심 공약들이 방문객들에게 얼마나 확실하게 전달되는 가의 중요성에 대한 인식
	22. MICE 커뮤니케이션 채널의 새롭고 혁신적인 수단들의 개발 방안 강구
	23. MICE 브랜딩과 브랜드 인지도 증대 필요성에 대한 인식
	24. 물질적인 이미지 외에 MICE 참가자의 경험적 이미지의 중요성에 대한 인식
CVB 이해당사자 참여 관리	25. MICE 계획 수립에 있어서 중앙 정부 부처의 참여
	26. MICE 계획 수립에 있어서 지역 정부 부처의 참여
	27. MICE 계획 수립에 있어서 주요 관련 위원회 및 협회의 참여
	28. MICE 계획 수립에 있어서 지역 거주민들의 참여
	29. MICE 계획 수립에 있어서 관련 사업자들의 참여
	30. 이해당사자들 간의 커뮤니케이션 증대 필요성에 대한 인식
	31. 이해당사자 협력을 이끌어내는 강한 리더십 확보
실행과 감시, 그리고 평가	32. CVB의 개별 활동을 명시한 연간 일정표
	33. CVB 활동에 대한 모니터링과 리뷰에 대한 필요성 인식

주: Baker & Cameron(2007)을 기반으로 연구진 재구성

2. 성공적인 CVB 역량으로서의 MICE 개최지 이해관계자 관리의 중요성

Sheehan & Richie(2005)가 DMAI에 가입한 389개의 CVB 회원을 대상으로 실시한 설문 조사 결과에 따르면 세계 각지의 CVB들은 성공적인 CVB 운영에 있어 MICE 개최지 내 이해당사자 관리의 중요성에 공감하고 있다. 즉, CVB의 성공에 있어 이해관계자 관리(stakeholder management)는 핵심 사항이다.

따라서 복잡한 산업 구조를 가지는 MICE 산업의 특성상 CVB의 성공적인 활동 성과를 이해하기 위해서는 MICE 개최지의 마케팅 활동과 연계되는 이해당사자들의 구성과 CVB와의 관계적 특성을 파악할 필요성이 있다.

Wang & Krakover(2008)은 미국 Elkhart County CVB가 개최지 마케팅 이해당사자들 간의 협력적 관계 형성에 영향을 주는 CVB 활동의 4가지 차원(MICE 개최지 마케팅 전략적 접근의 성숙도의 높고 낮음, 지역 CVB 리더십의 강약, 개최지 마케팅 캠페인 범위의 근시적-원시적 차원, 전략적 사고 초첨의 미시적-거시적 차원)을 도출하고, 이들의 수준에 따라 CVB의 협력적 개최지 마케팅에 대한 이해당사자들의 태도가 ① Affiliation, ② Coordination, ③ Collaboration, ④ Strategic networks의 4가지 유형으로 나타나며, 이를 통해 특정 MICE 개최지는 경쟁(competition) 관계와 협력(cooperation) 관계, 그리고 그 사이에서 형성되는 경쟁적인 협력 관계를 나타나게 된다고 주장한다.

결국 성공적인 MICE 개최지 마케팅을 위한 CVB의 역할 수행에 따른 궁극적인 목표는 지역 내 관련 이해당사자들의 최고 수준의 협력 관계를 이끌어 내는 것임을 인식할 때, 성공적인 CVB 활동은 고도의 마케팅 전략적 접근 역량과 강력한 리더십, 장기적 관점을 반영한 마케팅 캠페인 실행 역량, 그리고 거시적 관점을 반영한 전략적 사고 역량을 확보하는 것이 중요하다고 볼 수 있다.

3. MICE 개최지 발전에 기여하는 CVB 역량의 중요성

Bornhorst, Ritchie, & Sheehan(2010)은 지난 30년간 수행된 방대한 양의 선행연구 분석을 통해 DMO와 개최지 성공 요인을 도출하였다. 그 결과 [그림 8-2]와 같이 개최지의 성공을 결정하는 요소는 ① 데스티네이션의 경제적 지표 수준, ② 양질의 데스티네이션 상품과 서비스 제공 수준, ③ 데스티네이션 마케팅 기관의 성과 수준, ④ 데스티네이션에 대한 방문객 경험 수준, ⑤ 내부적 이해당사자 관계구축 수준 순의 5가지 요소가 중요하다.

그림 8-2 DMO와 데스티네이션 성공 요인 간의 관계

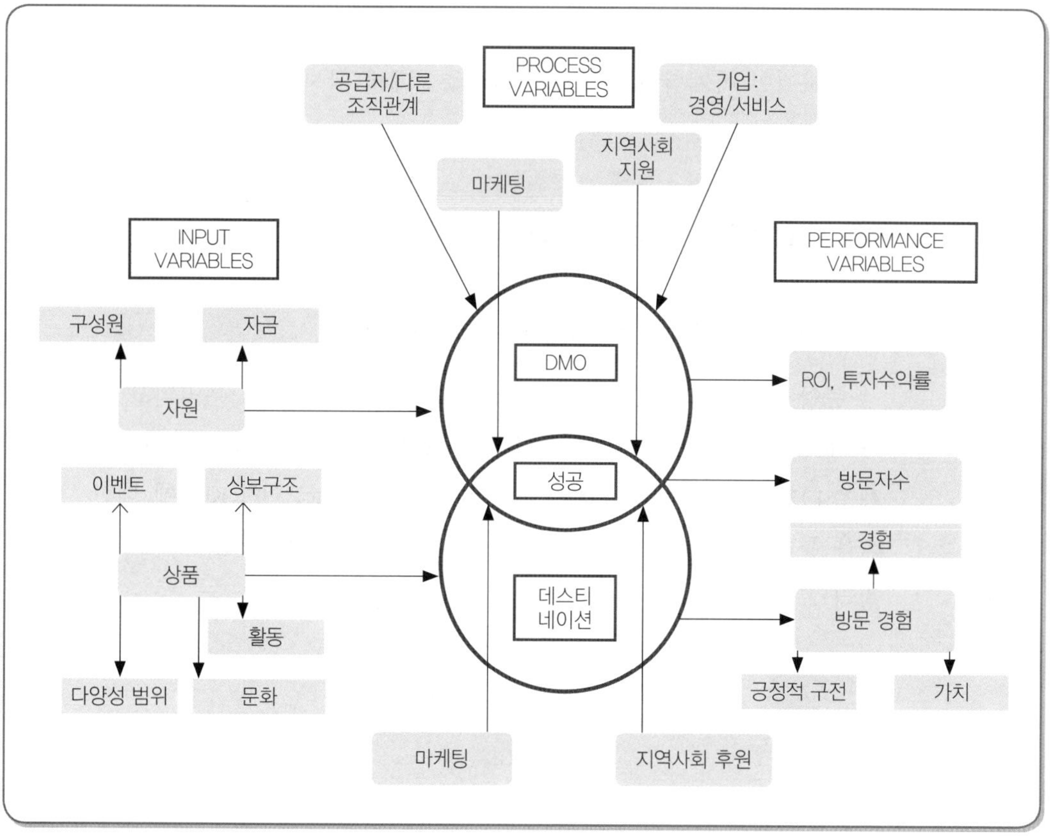

출처: Bornhorst, Ritchie, & Sheehan(2010 : 585)

한편 DMO의 성공을 결정하는 요소는 ① DMO의 운영성과 수준, ② DMO와 이해당사자와의 관계구축 수준이 압도적으로 강하게 나타났고, 추가로 ③ DMO 활동의 성과 측정 수준, 그리고 ④ DMO의 운영 자원 확보 순의 4가지 요소가 중요하다고 제시하였다.

Bornhorst, Ritchie, & Sheehan은 이상적인 DMO와 개최지의 성공 요인들 간의 투입 → 과정 → 성과 변수 관계 설정을 통해 개최지의 성공과 DMO의 성공은 구분되어야 하며, 이 둘은 상호에 공통성을 가지기에 통합적 관점을 가져야 한다고 주장한다. 즉, DMO 활동의 우수 성과가 성공적인 개최지 발전 성과로 연결될 수 있어야 한다.

4. IT 활용을 통한 CVB 역량 증대의 중요성

Yuan, Gretzel, & Fesenmaier(2003)는 CVB의 IT사용 수준이 CVB 활동 및

성과에 영향을 미침을 제시하며, 특히 IT를 잘 활용하는 CVB와 그렇지 못한 CVB가 CVB와 MICE 개최지 내·외부의 이해당사자와의 협력 관계 강화는 물론 효과적인 마케팅 활동 성과 증대 측면에서 더 우수한 결과를 보였음을 증명하였다.

1.3. CVB 마케팅효과 평가 사례 분석

1. 코리아MICE뷰로 경영 성과 평가 사례

중앙정부 차원의 CVB로서 한국관광공사의 조직으로 운영되고 있는 코리아MICE뷰로의 경영 성과를 평가하는 핵심 성공요소(Critical Success Factor; 이하 CSF)와 중요 성과지표(Key Performance Indicator; 이하 KPI)에 대한 내용분석을 통해 국내 CVB의 역량을 평가하는 예비 지표를 다음 〈표 8-2〉와 같이 정리·도출하였다.

표 8-2 코리아MICE뷰로 경영 성과 평가 지표

평가 지표	2013	2012	2011
• MICE 경쟁력 강화 노력	⊙		
• MICE 시장조사 및 R&D 기능수행	⊙	⊙	⊙
• MICE 협력강화	⊙		
• MICE 홍보마케팅을 통한 인지도 제고	⊙	⊙	⊙
• 지역 MICE 산업 활성화 지원 노력	⊙	⊙	⊙
• 지역 MICE 유치·개최 활성화	⊙	⊙	⊙
• MICE Alliance 활성화 지원	⊙	⊙	⊙
• MICE관련 기관 및 업계 대상 네트워크 강화를 통한 공동 협력기반 조성		⊙	⊙
• MICE Alliance 네트워크 활성화를 통한 업계 공동행사 개최	⊙	⊙	⊙
• 지역 MICE 신규 콘텐츠 발굴	⊙		
• K-MICE 통합정보시스템 운영	⊙	⊙	⊙
• 업계 및 대국민 대상 MICE 산업 정보 제공 및 홍보	⊙	⊙	⊙
• 지역 특화 MICE 발굴 및 육성	⊙		
• 스타MICE 육성을 위한 지원 사업 수행		⊙	⊙
• 관광 및 MICE관련 MICE와의 협력활동		⊙	
• MICE 산업육성 지원 사업 고객만족도	⊙	⊙	⊙

• UIA기준 국제회의 개최실적 발굴건수	⊙		
• 정부정책 지원 노력도 및 실효성 측정		⊙	⊙
• MICE 공동 유치 설명회 등 프로모션 강화	⊙	⊙	⊙
• 업계 활성화를 위한 지자체 공동 다양한 협력 사업 전계			⊙
• 지역 CVB MICE 활성화 교부금 지급			⊙
• MICE 유치 관계자 역량강화 교육	⊙		
• 대학(원)생 대상 MICE 산업에 대한 관심 제고 및 중요성 인식 확산	⊙		
• MICE 연계 관광 콘텐츠 개발을 통한 지방관광 활성화	⊙		
• MICE참가자 대상 연계 관광 활성화 촉진	⊙		
• 외국인 1천명 이상 대형MICE 개최지원	⊙	⊙	⊙
• MICE 유치 및 개최지원 활동수행	⊙	⊙	⊙
• MICE 유치 및 개최지원 효과 계량적으로 측정	⊙	⊙	⊙
• MICE 유치 및 개최 주관단체 대상 자문 및 컨설팅	⊙	⊙	⊙
• 유치가능 신규 MICE pool 확보	⊙		
• MICE 산업 지속적 발전 및 MICE 업계 활성화 기여도 평가	⊙	⊙	⊙
• 기업회의, 인센티브 유치 관련 정보 발굴	⊙	⊙	⊙
• 기업회의, 인센티브 유치 마케팅 활동 강화	⊙	⊙	⊙
• 기업회의, 인센티브 유치에 대한 체계적인 지원시스템 구축 노력	⊙	⊙	⊙
• 기업회의, 인센티브 기반 조성 및 업계 활성화	⊙	⊙	⊙
• 기업회의, 인센티브 유치 지원 실적	⊙	⊙	⊙
• 기업회의, 인센티브 지원 사업을 통한 방한 외국인 유치성과 측정	⊙	⊙	⊙
• KOREA MICE EXPO 상담 실적 증대	⊙	⊙	⊙
• KOREA MICE EXPO 초청바이어수 증대	⊙	⊙	⊙
• 해외 MICE 전시 박람회 상담 실적 증대	⊙	⊙	⊙
• 해외 대상 MICE 로드쇼 개최	⊙	⊙	
• 공연 로드쇼 개최 및 지원	⊙	⊙	
• 대형이벤트 개최 및 개최지원	⊙	⊙	⊙
• 이벤트관광산업 국내외 네트워크 구축	⊙		⊙
• 이벤트·공연 관광 축제 개최	⊙	⊙	⊙
• 이벤트·공연 관광 상품 소재개발 노력	⊙	⊙	⊙
• 해외지사를 통한 메가이벤트 관광마케팅지원 노력	⊙	⊙	
• 이벤트 개최 지원 및 개발을 통한 한국관광 홍보 효과 측정	⊙	⊙	⊙
• 이벤트·공연 관광 마케팅을 통한 외래관광객 유치	⊙	⊙	⊙
• 메가이벤트 및 대형 국제 이벤트 SIT관광 상품 소재 개발 및 지원	⊙	⊙	⊙
• 공연 및 이벤트 FIT 대상 관광 마케팅 툴 개발	⊙	⊙	

주: 2011, 2012, 2013년 코리아MICE뷰로 내부경영성과평가 편람을 바탕으로 연구진 재구성.

2. DMAI의 DMO Performance Reporting Handbook 2011사례

DMAI(2011)는 2010년 PRTF(Performance Reporting Task Force)팀을 조직하여 전신인 IACVB(2005)의 「Recommended Standard CVB Performance Reporting: A Handbook for CVBs」를 보완한 「Standard DMO Performance Reporting: A Handbook for DMOs」를 발표했다.

DMAI(2011)의 새로운 성과 보고 가이드는 IACVB(2005)의 가이드와 비교하여 CVB를 포함한 DMO[1] 조직의 기능별 활동 수준 측정, 성과 수준 측정, 생산성 측정 표준화 척도를 동일하게 제시하고, 각 기능 부문의 주요 세부 개념의 정의를 제시하며, 궁극적으로 DMO의 조직 수준 및 기능별 수준의 투자수익률(ROI) 산출 공식을 제시하는 등, 보고서의 전반적인 구성은 같으나, 기존 3가지 부분에 '회원 관계 구축 기능'과 '방문객 정보 센터 기능'을 추가한 다음의 5가지 기능 부문으로 확장하였다.

① Convention Sales Performance Reporting

② Travel Trade Sales Performance Reporting

③ Marketing & Communications Performance Reporting

④ Membership Performance Reporting

⑤ Visitor Information Center Performance Reporting

IACVB(2005)와 DMAI(2011)는 모두 자신들의 표준화된 성과 측정 가이드들이 현실 세계의 모든 CVB와 DMO에게 그대로 적용되는 것을 지양하고 각 CVB와 DMO들이 마주한 환경 요소 및 특성, 그리고 조직의 목표와 책임에 따라서 측정 기준 및 구성 내용을 적절하게 변형하여 사용할 것을 강조하고 있다.

DMAI(2011)에서 제시한 평가 지표들 가운데 조직의 기능별 활동 수준 측정(Activity Measure), 성과 수준 측정(Performance Measure) 지표가 다음 〈표 8-3〉과 같이 정리했다.

---

1 DMAI(2011)는 「Standard DMO Performance Reporting: A Handbook for DMOs」에서 'leisure-focused DMOs'와 'convention-centric DMOs'를 구분하고 있으며, 이들은 각각의 조직 내·외부 환경 및 특성에 따라 성과 측정 가이드라인을 다르게 적용하여 사용해야 함을 강조하였다.

표 8-3 DMAI의 Standard DMO Performance Reporting 평가지표

활동 수준 측정 지표(Activity Measure)	성과 수준 측정 지표(Performance Measure)
Convention Sales	
1. 유치 제안 수 2. 관련 전문 박람회 참석 수 3. 업계 내 세일즈 미션 수 4. 팸투어 실시 수 5. 세일즈 콜 수 6. 사이트 인스펙션 진행 수 7. 고객(주최자) 대상 이벤트 수 8. 스폰서십 9. 세일즈 활동 계정 수	1. 리드수(Number of leads & room nights) 2. 부킹수(Hotel & Convention center events) 3. 기회 손실 & 4. 유치 취소 a. 기회 손실 수, b. 기회 손실 이유 c. 예상 손실 객실 수 d. 예상 손실 참가자 수 e. 예상 손실 참가자 소비지출 5. 관련 전문 박람회 참석을 통한 리드수 6. 연간 생산 7. 사후 효과 측정
Travel Trade Sales	
1. 관련 전문 박람회 참석 수 2. 세일즈 활동 계정 수 3. 팸투어 실시 수 4. 업계 내 세일즈 미션 수 5. 세일즈 콜 수 6. 고객 대상 이벤트 수 7. 사이트 인스펙션 진행 수 8. 개발 및 제안된 일정 수 9. 패키지 개발 수 10. 스폰서십	1. 리드(including confidential/internal leads) a. 호텔 리드 수, b. 비호텔 리드 수 2. 부킹(including confidential bookings) a. 호텔 부킹 수, b. 비호텔 부킹 수
Marketing & Communications	
1. 전통적 광고/프로모션 a. 프로그램 수, b. 총 도달, c. 총 빈도, d. 총 반응, e. 총 매체 가치, f. 협력파트너 수	1. 전통적 광고/프로모션 2. 문의/요청 a. 브로셔 요청 수, b. 고객 문의 수, c. 쿠폰 교환 수

2. 검색엔진/키워드광고 a. 캠페인/프로그램 수, b. 총 반응, c. 총 비용/CPM	3. DMO 웹사이트 a. 사용자 세션 수, b. 유니크유저수, c. 재방문 유저수, d. DMO 웹사이트 클릭 수, e. 특정 웹페이지뷰 수, f. DMO 웹사이트 내 회원/파트너 링크 클릭 수, g. 웹 쿠폰 교환 수, h. 세션별 평균 소요시간, I. 검색 엔진 추천, j. 검색 엔진 내 웹사이트 위치, k. DMO 웹사이트 방문 가입자 수
3. 온라인 배너 광고 a. 캠페인/프로그램 수, b. 총 반응, c. 총 매체 가치/총 비용	4. 검색 엔진/키워드광고 a. 클릭 수, b. 캠페인을 통한 전환 방문 수
4. 모바일 광고/마케팅 a. 모바일 캠페인 수, b. 총 모바일 메시지 발송 수, c. 총비용/CPM	5. 온라인 배너 광고 a. 클릭 수, b. 광고 뷰 수, c. 캠페인을 통한 전환 방문 수
5. 이메일 마케팅 a. 총 DB 규모, b. 이메일 캠페인 수, c. 총 이메일 발송 수	6. 모바일 광고/마케팅 a. 모바일 메시지 전달 수, b. 반송 수, c. 클릭 수, d. 캠페인을 통한 전환 방문 수
6. 소셜미디어 a. DMO의 페이스북 포스팅 수, b. DMO의 트위터 수, c. YouTube 포스팅 수, d. 개최지 관련 블로그 작성 수	7. 이메일 마케팅 a. 이메일 발송 수, b. 반송 수, c. 이메일 확인 수, d. 클릭 수, e. 유니트 클릭 수, f. 이메일 전달/공유 수, g. 수신 거부 요청, h. 캠페인을 통한 전환 방문 수
7. 미디어/PR a. 미디어 박람회, b. 미디어 미션, c. 미디어/PR 콜, d. 미디어 팸투어, e. 언론 보도, f. 언론 문의, g. 언론 취재, h. 뉴스레터(e-newsletters 포함), i. 공공서비스 공표 수, j. 활동 계정 수	8. 소셜미디어 a. 페이스북(user/pageview/likes/comments), b. 트위터r(fllowers/clicks/retweets/mentions), c. YouTube(vies/subscribers), d. 개최지 블로그(visits/clicks/shares)
8. 이벤트 연계 홍보 a. 지원된 이벤트 수, b. 실시된 이벤트 수	9. 미디어/PR a. 편성 b. 보도 발행 수, c. 광고 상응 경제적 효과
	10. 부킹 a. 온라인/1-800 호텔 예약, b. 온라인 티켓 판매(e.g. 관광지, 투어 등), c. 패키지
DMO Membership	
A. 신규 회원 모집	1. 신규 회원 수
1. 세일즈 콜 수(all forms of contact)	
2. 세일즈 키트 발송 수	2. 갱신 회원 수

3. 검증된 전망치	3. 유예 회원 수
B. 서비스 제공	4. 탈퇴 회원 수
1. 회원 이벤트(네트워킹, 교육 등 포함)	
2. DMO 회원 전공 웹사이트 방문 회원 수	5. 복귀 회원 수
3. 회원 만족도/요구 사항 평가	6. 순 탈퇴 회원 수(복귀 회원 제외 탈퇴 회원 수)
Visitor Information Center	
1. VIC에서 제공하는 관련 기업 회원 정보 수	1. 서비스 제공 a. 실제 워크인 방문객 수(추정 아님), b. 우리 지역 방문을 위한 실제 워크인 방문객 수, c. VIC의 안내·지원을 받은 워크인 방문객 수
2. DMO VIC 활동에 상응하는 경제적 가치	
3. VIC를 통해 실시되는 지역 업계 교육훈련 수준	2. 판매 a. VIC 키오스트, 상담사, 온라인을 통한 부킹/예약/티켓판매 수(hotel, restaurant, attractions, tours, etc.), b. 판매된 경제 가치, c. 소매품 판매 가치(기념품, 자판기, 선물카드 등), d. VIC 장소 임대료
4. 지역 관광 사업장에 대한 VIC 현장 점검 수	
5. 단체 참가자 대상 VIC 프레젠테이션 실시 수	
6. VIC 현장 프로모션 수	
7. VIC에서 배포되는 관련 업계 브로셔 수	
	3. DMO 수익 창출 a. 스폰서십/파트너십 수익, b. VIC 광고/마케팅/프로모션 수익
	4. VIC 효과 측정 a. 체류 기간 증대, b. 관광 소비 지출 증대, c. 방문 관광객 증대

주 : DMAI(2011) 내용을 바탕으로 연구진 재구성

3. MTCVB Performance Audit Report 사례

미국 Pima County Auditing Committee(PCAC)는 지역 내 Metropolitan Tucson Convention and Visitors Bureau(MTCVB)의 성과 감사 및 미래 성공 전략 도출을 위하여 Marshall Murdaugh Marketing이라는 외부 컨설팅 전문 조직과 협력하여 성과 감사 보고서를 작성했다(PCAC, 2011).

PCAC(2011)의 MTCVB 성과 감사 보고서는 MTCVB 조직의 현재 특성

과 성과 수준에 대한 분석과 함께 미국 내 평균적인 CVB 구조와 인력, 재정, 목적 및 역할 등 운영적 특성에 대한 비교 분석의 관점을 더하여 이상적인 MTCVB의 발전 방안을 제시하였는데, 여기서 제시된 각 항목별 요소들은 본 장에서 추구하는 국내 CVB의 역량 평가 지표를 도출하는데 유의한 시사점을 제공했다.

보고서에서는 MTCVB의 생산성 실적 보고(A Performance productivity report MTCVB)를 위한 지표를 제시하고 있을 뿐만 아니라(표 8-4 참조), CVB의 마케

표 8-4 MTCVB 생산성 실적 및 마케팅 활동 성과 추적 평가 지표

A Performance productivity report MTCVB	CVB marketing performance tracking
1. 새로운 회의 및 MICE 예약 - 객실 판매 수 - 경제적 효과 결과	1. 세일즈 콜 수 - 회의·MICE 및 전시 주최자, 투어 전문 여행업자, 스포츠 주최자, 여행작가 등 대상
2. 컨벤션 센터 예약 - 객실 판매 수 - 경제적 효과 결과	2. MICE 산업 전문 박람회 참가자 유치 - 회의·MICE 및 전시 주최자, 투어 전문 여행업자, 스포츠 주최자 등 대상
3. 스포츠 이벤트 발전 - 이벤트 개최 수 - 참가자와 객실 판매 수 - 경제적 효과 결과	3. 일반적 마케팅 - 인상적인 광고 - 소비자 문의에 대한 응답 서비스 - 홍보출판물 제작 배포 - 언론 공식 보도 발표 - 미디어 대상 서비스
4. 새로운 단체 여행 프로그램 예약 - 프로그램 개최 수 - 참가자 예상 규모 - 참가자와 객실 판매 수 - 경제적 효과 결과	4. 웹사이트 운영 - 유니크 고객 사용자 세션 운영 - 페이지뷰 수 - 등록 사용자 수
5. 표적시장 판매 총 객실 - 총 숙박 객실 판매 합계 - 경제적 효과 결과	5. 방문객 서비스 - 방문객 안내 센터 서비스 - 체계적인 방문객 정보 제공(카테고리, 광고, 웹)
6. 웹사이트를 통한 여가 방문객 유치 규모 - 웹사이트를 이용한 여가방문객 비율 - 경제적 효과 추정 결과	6. 세일즈 리드 7. 컨벤션 센터 시설 리드 - 객실 판매 수 - 잠재적 경제 가치 측정
7. 영화 홍보 사무실 운영 - 영화 제작 보조수 - 영화 제작으로 인한 경제적 효과 추정 결과	8. 컨벤션 호텔 리드 - 객실 판매 수 - 잠재적 경제 가치 측정

8. 긍정적 언론 보도 – 공익적 가치의 경제적 효과 추정 결과	9. MICE 유치 제안서 생산
9. CVB 파트너십 강화 – 총 CVB 파트너 수 – 파트너의 총 회비 지불 규모 – 파트너의 현물 협찬 규모	10. 세일즈 리드 성공률 11. 스포츠 행사 리드 – 객실 판매 수 – 잠재적 경제 가치 측정
10. MICE 서비스 품질과 유효성 – 미팅 주최자 고객만족조사	12. 단체 패키지 투어 판매 리드 – 객실 판매 수 – 잠재적 경제 가치 측정
11. 상담을 통한 여가 방문객 유치 – 객실 판매 수 – 경제적 효과 추정 겨로가 12. 관광 안내 센터	13. 총 세일즈 리드 – 총 예상 객실 판매 수 – 총 잠재적 경제 가치 측정
13. 소셜미디어 프로그램 실행 – 소셜미디어를 통한 방문객 인식 증대 – 소셜미디어 활동에 의한 지역 방문 의사	14. MICE 개최 문의 – 회의·MICE 및 전시 주최자, 투어 전문 여행업자, 스포츠 주최자, 여행작가 등 대상
	15. Fam-tour 실행 – 회의·MICE 및 전시 주최자, 주요 참가자, 투어 전문 여행업자, 스포츠 주최자, 여행작가, 미디어 기자 등 대상
	16. Site-inspection 주최 – 회의·MICE 및 전시 주최자, 주요 참가자, 투어 전문 여행업자, 스포츠 주최자, 여행작가 등 대상
	17. MICE 개최 서비스 – MICE 개최 지원 – 호스트 연회 개최 지원 – 수익 발생 내역 – 보고된 사업 기회 상실 및 취소 내역

주: PCAC(2011)의 MTCVB Performance Audit Report를 바탕으로 연구진 재구성

팅 활동 성과 추적(CVB marketing performance tracking)을 위한 분석 지표를 제시하고 있다(표 8-5 참조).

보고서는 또한 성공적인 CVB의 요건을 규정하고, MTCVB의 미래 성공을 위한 리포지셔닝(Repositioning) 방안 도출을 위한 조직의 새로운 미션 및 목표 수립, 조직 주성 관리, 리더십 및 거버넌스 구축, 유관 조직과의 협력 방안, 개최지 브랜드 강화, 중장기 마케팅 계획 및 프로그램 개발, 이해당사자 및 소비자 만족도 제고 등에 대한 주요 쟁점 사항 등을 제시했다.

표 8-5 MTCVB 성공 요인 및 실행 요인

Profile of the successful CVB	Implementing for successful CVB
1. 성공적인 경제적 성과 창출 - 정량화된 경제적 개발 이익 창출 성과 - 방문객 증가를 위한 매력성 강화 성과 - 다양한 세분시장 관리 성과 - 단계적 목표의 점진적 달성과 예측 - 보고할 수 있는 CVB의 민관산학 협력 리더십	1. 책임감 있는 조직 구성
	2. 적절한 조직의 규모 확보
	3. 적절한 이사회 규모 확보
	4. 자원 개발에 대한 새로운 공익적/봉사적 지위 개발
	5. 공동 자금 확보 및 관리를 위한 재무위원회 보유 및 운영
2. 마케팅 및 관리 활동의 우수성 - 세분시장별 경제적 효과 창출 결과의 우수성 - MICE관광 비즈니스 마케팅 계획의 성공적 수립 - 운영 성과의 회계 보고서 작성 - 단기/중기/장기 전략 계획 수립 - 목표설정과 성과 추적 - 조직 및 프로그램 성과 평가 - MICE관광 산업 관심도와 자원 활용성, 시너지 효과 증대를 위한 지역 사회 파트너십 및 연합 체계 구축	6. 표준화된 정부 협력 접촉 양식 개발
	7. CVB의 역할과 사명에 대한 이해관계자의 명확한 인식
	8. 새롭고 확장적인 마케팅 활동 및 성과 창출 가이드라인 구축
	9. 성과 보고서 개발
	10. 연간 CVB 가치/산업기여도/ROI 보고서 개발
	11. MICE 연계 관광 및 유흥 관련 정책 강화
	12. CVB 직원의 여행 및 유흥 관련 지출 감사
	13. MICE관광 전 분야 시장 가격 및 수수료율 조사
3. 지역사회 리더십 - 효과적인 MICE관광 개발을 위한 지역사회 리더로서의 인정/인지도 - 산업계의 여론을 반영 - 지역 개발의 동기를 부여 - 지역 MICE 관광성과 촉진을 도모하는 가장 중요한 압력(협상)단체 - 지역 관광 마케팅 이슈를 제고하는 가장 중요한 의견제시자	14. MICE관광 종사자 인센티브 관련 산업 표준화 개발
	15. 비즈니스 기회 상실에 대한 연간 분석 보고서 개발
	16. 연간보고서의 확실한 이해관계자 공유 체계 구축
	17. 협력 마케팅을 통한 정량적 생산성 성과 표준화 목표를 강조한 MICE관광 공동 마케팅 계획 수립
	18. MICE관광 목적지 브랜드 강화 프로그램 개발
	19. MICE 연계 여가 마케팅 프로그램 가이드 개발

	20. 현재 도전과 장벽에 대한 방안을 제시하는 CVB의 리더십 a) MICE관광 미래 경쟁력 강화를 위한 장기적 CVB 마케팅 활동 자금 확보 계획 보유 b) 인프라 수용력 증대를 위한 장기적 CVB 인프라지원 자금 확보 계획 보유 c) MICE관광을 통한 지역 사회 개발에 관한 마스터플랜 보유 d) 스페셜이벤트나 스포츠, 엔터테이닝 행사 장소 등 다양한 MICE관광 인프라 개발을 위한 계획 보유
	21. 긍정적인 여론/언론 관계 관리 역량
	22. CVB의 미래 기회 및 가치 확립
	23. 지역 내 이해관계자, 지역외 MICE 및 관광 기획가를 대상으로 한 고객 인식 조사 실행
	24. 방문객 도착(접근) 경험 만족 증대를 위한 공항 공사와의 협력 성과 측정

주: PCAC(2011)의 MTCVB Performance Audit Report를 바탕으로 연구진 재구성.

제 2 절 MICE 계약서 분석

2.1. MICE 계약서 구성항목

MICE 마케팅 관리에서 MICE 계약서 내용의 분석은 MICE 계약을 체결하여 수익을 창출하고 MICE 행사의 효과성을 제고하기 위하여 매우 필요한 절차로 본 절에서는 국제회의 계약서를 심층 분석하여 공통적으로 도출한 MICE 계약서 구성항목에 대하여 제시하고자 한다.

1. 일반 국제 계약서의 구성

일반 국제 계약서의 구성은 크게 서두 부분, 계약서 본문, 결말부분의 세부분으로 나눌 수 있다. ‘서두’ 부분은 표제와 전문 등 실제 계약내용을 서술하기 전에 밝혀두어야 할 부분을 다루고 있다. ‘계약서 본문’ 부분은 실제 계약에서 가장 핵심적인 부분으로 계약 내용에 관계없이 여느 계약서에나 통상 규정되는 사항인 ‘일반조항’과 무엇을 기재해야 하는지는 계약의 목적에 따라 크게 달라지는 ‘실질조항’으로 구성된다. ‘결말’ 부분은 후문과 당사자의 서명 및 날인으로 구성된다.

2. 국제 행사 계약서의 구성

일반 국제 계약서의 구성과 기본적인 틀은 일치하나, 국제 행사 계약서는 회의유형, 회의규모 및 회의 계약주체 등에 따른 계약항목의 구성이 변하므로 ‘계약서 본문-실질조항’ 부분에서 그 구성 항목이 크게 차별화된다.

따라서 일반 국제 계약서 구성의 기본적인 틀에서 더 나아가 국제 행사 계약서의 구성 항목은 서두 부분, 계약서 본문-일반조항 부분과 결말 부분으로 구성되는 여느 계약서에나 공통적으로 확인할 수 있는 ‘공통항목’과 국제 행사 계약서의 핵심 사안을 다루고 있는 계약서 본문-실질조항 부분인 ‘특수항목’으로 달리 분류해 볼 수도 있다. 단, 실제 계약서 작성 시 본 내용분석에서 제시한 계약서 본문-일반조항 부분의 세부항목을 모두 규정하지는 않는다.

특히, 국제 행사 계약서의 핵심인 실질조항 부분은 크게 ‘행사 업무사항 관련 조항’과 ‘행사 재정사항 관련 조항’으로 나누어 볼 수 있다.

‘행사 업무사항 관련 조항’은 행사개최시설, 행사프로그램 개최범위, 참가자지원·행정지원 서비스, 본부·개최국 업무일반, 본부·개최국 법적의무 및 국제관례 등의 다섯 가지 카테고리 내 세부 기술항목으로 구성되어 행사개최와 관련한 시설·인력·물자·장비·관련 제반 서비스에 대한 각 계약당사자의 업무범위를 기술한다.

‘행사 재정사항 관련조항’은 예산편성·집행·결산의 운영 가이드라인에 대한 합의 규정, 수입계정·지출계정 항목 규정에 대한 합의, 수익배분원칙에 대한 합의 규정, 각 계약당사자의 재무부분 책무사항에 따른 비용분담 등 행사의 재무부문 계약이행 조항 및 선행 조건을 기술한다.

3. MICE 계약서 구성항목

(1) 서두 부분

표 8-6 MICE 계약서 구성항목(서두)

계약항목	계약내용
표제	계약서 제목(Letter of Agreement, MOU 등)
전문	머리말(행사명, 행사개최일시, 행사개최장소, 계약 체결 연월일, 계약 당사자, 법인의 설립 준거법 등)과 설명조항(계약의 동기나 경위, 계약 체결의 목적 등)
정의조항	계약서 내 기술되는 주요 용어 정의

(2) 실질조항 부분: 행사 업무사항 관련 조항

표 8-7 MICE 계약서 구성항목(실질조항_업무사항)

계약항목	계약내용
행사개최시설	
회의시설	회의시설(회의장 지역 내 사무실, 작업 공간, 부대시설 등 포함), 시설 內 장비·물품 요구사항 및 그에 따른 제반 서비스 요건 등
숙박시설	공식호텔 및 숙박시설 선정리스트 및 책정된 숙박료율(또는 참가자 숙박시설 요구사항), 참가자 숙박예약/관리 및 조직위 사전답사 시/회의기간 중 무상제공 객실규정 조건 등
행사프로그램 개최범위	
학술 프로그램	대회 회의 프로그램의 전문적인 콘텐츠 개발, 연사 선정, 운영관리, 부속문1에 기술된 책무 수행에 필수적인 모든 적절한 서비스 업체 선정(또는 계약)
사교행사 프로그램	개최국이 주최하는 환영회, 조직위원회 회장이 주최하는 공식대표들을 위한 공식만찬회, 문화 행사, 송별회, 현장 방문, 전일 답사 프로그램 등
참가자지원/행정지원 서비스	
수송	공식숙박호텔-행사장(회의장, 산업시찰지 등) 간의 왕복 교통수단 제공여부 및 경비 지불 주체 명시 등
공항영접	공항영접 서비스 제공 및 경비 지불 주체 명시 등
의료 대책	긴급 의료시설 운영(면허소지 의사와 간호원 상주조건 포함)
안전 대책	화재방지 및 구급차서비스 회의 장소 제공 등

보안 대책	참가자 개인의 신변안전, 행사 관련 사무국 재산보호 및 안전을 위한 회의장 내 적절한 위치에 보안계획 수립(회의장소 보안서비스, 안전한 보관 장소, 특정사무실 보안요원 배치 등)
운송 및 보관	행사 선적물들의 한국 내 운송과 보관 서비스 제공 및 경비 지불 주체 명시 등
본부/개최국 업무일반	
등록	회의참가자 참석범위 및 카테고리 규정에 따른 초청 대상 및 초청 절차, 사전/현장 등록 절차, 카테고리별 등록비 책정(무료 등록자/VIP 등록자 규정), 유료 등록자 수 개런티 의무조항 명시를 통한 안전성 확보 등
홍보	홍보 및 참가자 모집 책무, 모든 제작물에 행사 고유로고 사용허용 문구, 홍보물 제작 및 배포절차에 대한 가이드라인, 국제적인 홍보 및 세일즈 프로모션 계획 수립 및 실행(회의 참가자 명단 및 홍보용 Mail D/B 관리 등)
언론·광고(선전)	언론 취재 범위 편성에 필요한 준비 및 세부 집행 사항(인쇄 시설 등) 지원, 광고(선전) 방법, 실시자, 비용에 관한 내용 등
지적재산권	행사결과물(행사관련 사진 촬영분, 비디오촬영분 등)의 특허나 상표가 어느 당사자에게 귀속되는가에 관한 사항 등
후원	후원기금 및 현물협찬 모집을 위한 후원목표 수립 및 달성방안, 후원모집 활동 업무분담에 따른 후원금 배분기준 관련 규정 합의 등
인력운영	인력운영계획에 따른 본부/개최국 현지직원의 사무국 배치 및 현장 스텝의 근무시간 및 근무조건 내용 기술
본부/개최국 법적의무 및 국제관례	
행사취소	행사 취소·중단·재배치 여부에 대한 결정 시 근거 조항(불가항력 상황의 계약서 내 구체적 명시 등), 행사취소 최종 결정 주체, 양측 계약 당사자의 취소 패널티에 대한 규정 합의 등
계약위반	각 계약 당사자의 계약 위반 시, 벌칙이나 면책에 관한 규정 합의 등
면책특권	기존 국제기구(또는 국제협회/국제학회본부) 협정문에 따라 부여된 법적 지위에 있는 참석자에게 해당 특권 및 면제사항 수락함을 확인하는 내용 등
비자 발급/ 입국심사 편의	개최국 정부의 초청된 모든 참가자가 비자 발급을 포함한 입국 절차가 신속하게 진행되도록 지원서비스 제공 등
조세특전 및 통관수속 편의	한국 내 반입/반출 시점 협의 및 총회 관련 모든 발송 물자 및 문서에 대한 무관세 적용(또는 세금면제 혜택), 그리고 통관수속 편의 제공에 관한 규정 등
보험	손상, 사고 및 제3자 책임에 대한 보험범위 합의 규정(종합책임보험, 행사취소보험, 자체 인력 및 물자에 대한 대인/대물보험 적용 등), 그리고 보험가입주체에 대한 합의 등

(3) 실질조항 부분: 행사 재정사항 관련 조항

표 8-8 MICE 계약서 구성항목(실질조항_재정사항)

계약항목	계약내용
예산 편성	계약 당사자는 계약체결 전 계약서에 첨부되는(잠정)예산편성안에 대한 검토 및 합의과정을 가짐으로써 행사규모, 즉 재정목표에 대한 공통된 인식을 하도록 함
예산 집행	조직위원회 개최 시 정기적인 예산운영 보고체계, 총회 행사 예산의 수입과 지출 계정의 별도 관리 등 예산집행 가이드라인에 대한 합의조항
예산 결산	행사 종료 후 일정기간 이내에 재무제표 및 결산보고 작성완료, 그리고 정산완료 및 잔액 지급 등에 대한 사항 규정
회계감사	예산위원회(또는 독립 회계감사 회사)의 주기적인 행사 계정을 감사 및 보고절차에 대한 사항 규정
수입계정	행사 예산의 수입계정 항목에 대한 합의 조항
	– 참가자 등록비, 전시수입, 후원금, 광고료, 서비스 공급업체로부터의 현금 커미션 및 현물협찬, 해외 본부 및 개최국으로부터의 지원금 및 현물협찬 등
지출계정	행사 예산의 지출계정 항목에 대한 합의 조항
	– 행사장 임대료, A/V장비 대여료, 연사 항공권 및 강연료 외, VIP 항공권과 숙박비, 홍보비, 연회행사비, 행사보험료, 행사대행용역비 등 행사진행에 소요되는 지출항목 / 해외 본부 직원의 인건비 / 해외본부·개최국 운영직원의 항공권, 숙박비 및 체재비 등
재무부문 책무사항에 따른 비용 분담	각 계약 당사자의 계약서(또는 부속문서에 별도로)에 명시된 각자의 재무부문 책무에 대한 비용분담 항목에 대한 합의 조항 [국제관례·전차관례 및 특정 국제기구 협정에 따른 개최국 비용 부담 제공 혜택항목 포함]
	– 홍보물 인쇄제작비·발송비용 / 정규 스탭 인건비·출장경비 등의 사무국 운영비용 / 우편비용·전화사용료·인터넷라인사용료·팩스 사용료 등의 통신비용 / 행사물자의 운송비·보관비 및 보험비용 / 경상비·장비 및 물자비용·감가상각비 등의 총 간접비용 등
게런티 지불 책무	계약당사자인 해당 국제기구의 별도규정에 의거하여 개최국의 게런티(또는 기탁금 및 실제 추가 소요비용) 지불 책무에 관한 사항을 기술한 조항
수익배분	수익계정 항목에 대한 합의 및 추가수익분의 배분방식에 대해 사전에 양측이 서면 상으로(또는 전차·유사대회 관례 기준) 합의한 조항

(4) 일반조항 부분

표 8-9 MICE 계약서 구성항목(일반조항)

계약항목	세부 계약조항(내용)
계약기간(Term)	계약이 시작되는 시기 및 끝나는 시기에 관한 규정
계약의 해제 (Termination)	합의가 있으면 언제라도 해제할 수 있는 '합의 해제'인지 상대방의 동의 없이 한쪽 당사자가 일방적으로 해제할 수 있는 '일방적 해제'인지에 관한 규정
완전한 합의 (Entire Agreement)	본 계약서가 당사자 간 합의의 모든 것이며, 본 계약 성립일 이전에 작성한 다른 서면(예컨대 의향서나 각서) 등에 본 계약에서 규정한 것과 모순되는 조항이 포함되어 있을 경우에는 본 계약서가 유효하고 다른 서면의 규정은 무효로 한다는 조항
권리의 포기 (Waiver)	'권리의 유보(non-waiver)' 조항으로 기재되기도 하며, 어느 일부의 권리를 행사하거나 하지 않는다고 하여 그 밖의 권리 구제 수단을 포기한 것은 아님을 규정하는 조항
가분조항 (계약조항의 분리) (Severability)	본 계약의 어느 조항이 무효 또는 강제력이 없다고 선고된 경우, 당해 조항은 본 계약에서 삭제된 것으로 간주하며 기타 조항은 여전히 완전한 효력을 가진다는 것을 규정한 조항
분쟁의 해결 (Settlement of Dispute)	계약 당사자 간 계약내용에 관해 분쟁이 발생한 경우, 우선 당사자 간에 타협점을 도출하려고 노력하지만, 해결이 되지 않는 경우를 대비해 소송·중재 등 어떤 방법으로 해결할 것인가를 사전에 약속해 두는 조항
양도 (Assignment)	계약상의 지위를 상대방의 동의 없이 제3자에게 양도하는 것을 인정하고 싶지 않을 때 그것을 제한하는 조항
기밀사항 유지조항 (Confidentiality)	각 계약 당사자측은 본 계약 조항을 실행하면서 알게 되는 양측 당사자가 규정한 범위의 모든 기밀정보를 일정 기간 동안 유지하고, 제3자에게 누설하거나 이용해서는 안 된다는 것을 규정한 조항
준거법 (Governing Law)	국가 간의 계약에서 발생할 수 있는 분쟁의 경우에 대비해 어느 나라(또는 주)의 법률에 입각해 해석할 것인가를 규정한 조항
통지(Notice)	각 계약 당사자 간 통신연락 시 법적으로 유효한 통지수단, 수신인, 통지 시기 등을 미리 규정하는 조항으로 특정 국제기구와의 협정에서는 '연락관 지정(Designation of Liaison Officers)' 으로 기재되기도 하는 조항
변경(Amendment)	계약변경 방법에 관해 변경수단 및 변경절차에 대해 구체적으로 명기한 조항

불가항력조항 (Force Majeure)	불가항력에 의해 계약상의 책무를 수행할 수 없는 경우 서로 상대방의 채무 불이행을 주장할 수 없다는 것을 규정하는 조항으로 상대방의 견해나 해석의 차이가 생길 수 있다는 전제 아래 어떤 경우를 불가항력이라고 하는지에 관해 '불가항력 사유'를 계약서에 명확히 규정하는 것이 관례임
효력발생조항 (Entry Into Force)	계약서의 효력이 발생하는 시점에 관해 규정하는 조항

(5) 결말 부분

표 8-10 MICE 계약서 구성항목(결말)

계약항목	계약내용
후문	계약규정에 관한 동의 문구(In Witness Whereof~), 계약 당사자의 법인명(기관명), 소재지, 부서명, 성명(계약당사자의 참고인), 계약일자, 서명
부속문	주최측 제출분의 '입찰 제안서', 행사 요건에 대한 가이드라인인 '운영계획 사본', 계약당사자들이 합의한 '예산편성안', 계약당사자들의 책무를 명시한 '총괄 업무분장표', 회의시설 및 숙박시설 등의 '행사 개최시설 활용계획' 등

2.2. MICE 계약서 보완사항

1. '행사 재정사항 관련조항'계약내용 구체화의 필요성

'행사 재정사항 관련조항'의 계약내용은 행사 업무사항 관련조항과 불가분 관계에 있는데, 이는 계약당사자간 합의에 의해 할당된 책무에 따라 실질적으로 소요되는 예산비용이 책정되기 때문이다.

따라서, 행사재정사항 관련조항과 함께 맞물려 행사 업무사항 관련조항을 면밀히 검토하여 계약서 상 구체적으로 기술함으로써 훗날의 분쟁을 방지할 수 있다. 특히, 계약서의 부속문서를 활용하여 명확하고 구체적인 책무분담 및 비용분담을 할 필요가 있다.

2. 행사유형에 따른 계약서 구성항목의 표준화의 필요성

행사유형에 따른 전차대회·유사행사 계약서 및 예산서 등의 관례에 대한 추가 자료수집 및 심층 내용분석을 통해 개최국 부담 책무에 따른 부담비용(그리고/또는 수익배분, 개최국 무상제공혜택)등 계약서 세부항목의 표준화 단계를 거쳐 행사개최국의 권익을 합리적으로 보장받기 위한 실질적인 체크리스트로 활용할 필요성이 있다.

사례

Mice Marketing Management

0000 총회 계약서 내용

계약조항	계약내용
전문(前文)	계약주체, 용어정의, 계약체결의 경위
Article 1: Object, Validity and Duration of Statements and Annexes	제 1 조: 계약서 및 부속문서의 목적, 법적 효력 및 존속기간
	별도로 본 계약서상에 명시하지 않는 한 입찰기간 및 계약체결기간 동안 계약당사자들에 의해 체결된 모든 계약서, 공식문서 및 부속문서는 행사 종료 시까지 주최자측과 세계협회측 양측 모두에게 구속력이 있다.
	본 계약서와 현재(또는 향후의) 부속문서는 법적으로 동일한 가치를 가짐
	본 계약의 일부분 또는 현재(또는 향후의) 부속문서는 본 계약의 나머지 조항을 손상하지 않는 범위에서 계약당사자 양측의 공동 합의에 의해 취소(와/또는) 수정될 수 있다.
Article 2: General Clauses	제 2 조: 일반 조항
2.1. Legal Entities	법률상의 실체
	어떤 경우에도 계약 당사자 양측은 법률상의 실체(기업), 그 실체(기업)의 구성원, 회원 또는 직원을 형식적, 합법적(그리고/또는) 재정적인 면에서의 상대 계약 당사자로서 인정하며, 이는 권한을 부여받기로 지정된 상대 계약당사자 대리인의 사전 서면 동의가 없는 경우에도 인정됨
	이 조항은 본 계약서 및 부속문 상에 명문화된 바와 같이, 주최측이 계약조항을 이행 하는 경우뿐만 아니라 미래에 확정될 주최측에 의해 수행되는 그 어떠한 실행사항에도 해당됨(단, 실행사항은 권한을 부여받기로 지정된 세계협회 대표에 의한 공식적인 승인이 요구됨)

2.2. Subcontracting and Assignment	하청 계약 및 업무 양도
	본 계약서 및 부속문 내 주최측의 모든(또는 부분적인) 업무에 대한 양도 및 하청계약 시 세계협회와 주최측간의 사전에 공통 합의 과정을 거쳐야 함
	세계협회측은 모든(또는 부분적인) 업무이행과 관련하여 하청 계약 체결 또는 업무 양도를 할 수 있으며, 이는 본 계약서 및 부속문서의 내용과 모순되지 않는 한도 내에서 가능함
2.3. Confidentiality	기밀사항 유지조항
	각 계약 당사자측은 양측이 이후 '기밀정보'라 일컬을 상대와 본 계약 조항을 실행하면서 알게 되는 계약 상대측의 모든 정보에 대해 기밀정보를 유지하고, 제 3자에게 누설하거나 이용해서는 안 됨
	기밀정보 유지 의무는 계약당사자의 탓으로 전가할 수 없는 실행과정을 통해 공적으로 공개되는 경우이거나 상대 계약당사자의 서면동의에 의해 공개되는 경우에는 적용하지 않음
	이 조항은 본 계약 종료일자 2년 후까지 존속함
Article 3: Undertakings of the Parties	제 3 조: 각 계약 당사자들의 책무
3. 1. Respective Responsibilities	각 계약 당사자들의 책무
	각 계약당사자들의 일반적인 책무사항은 본 계약서의 부속문서 2에서 기술하고 있다.
3. 2. 세계협회 Responsibilities	세계협회 측의 책무
	세계협회측은 부속문서 2, 3조 1항, 3조 3항의 기득권을 침해하지 않는 범위에서 다음사항에 관한 책무가 있다.
	행사의 총 예산 수립 및 재무관리
	등록비 책정을 포함한 행사 등록정책 수립과 후원금, 보조금 및 배상금을 포함한 모든 기금 운용
	행사에 합당한 MICE/전시 시설의 임대 및 관리
	부속문 1에 기술된 책무 수행에 필수적인 모든 적절한 서비스 업체 선정(또는 계약)
	전체 조직위원회 설립과 과거 및 현재 조직 단체/조직위원간의 전반적 조정업무

	전문조직 및 재무관련 조직을 후원하고 감독할 세계협회 회원 위원회의 설립
	대회 학술 프로그램의 선정 및 운영관리
	국제적인 커뮤니케이션 및 언론홍보계획의 수립 및 실행
	국제적인 홍보 및 세일즈 프로모션 계획 수립 및 실행
	참가자 숙박예약 및 관리
	사후 이벤트 프로그램 및 동반자 프로그램 수립 및 운영관리
	현장운영
	세계협회 측은 주최자 측에게 최대 20명의 VIP 등록시 참가비를 면제하는 혜택을 제공함.(단, 주최측의 현장운영 인력은 포함되지 않음)
	세계협회 측은 주최측에게 주최측의 커뮤니케이션 및 홍보활동에 도움이 되는 홍보물, 관련 데이터와 최신 정보를 제공함
3.3. Host Responsibilities	주최 측의 책무
	주최측은 부속문서 2, 3조1항, 3조2항의 기득권을 침해하지 않는 범위에서 다음사항에 관한 책무가 있다.
	행사프로그램의 전문적인 콘텐츠 개발
	부속문 2에 기술된 후원기금 및 현물협찬 모집을 위한 후원목표 달성
	일반적인 홍보물과 최종 프로그램북 제작에 필요한 비용분담
	주최측이 보증한 후원사의 후원금에 의한 사교 행사 프로그램의 기획
	개최도시 및 개최국 내 홍보 캠페인 시행
	세계협회와 협의 하에 개최도시 및 개최국 내 커뮤니케이션 및 언론홍보계획의 수립 및 실행
	일반 대중과 더불어 정부기관, 전문가 집단 및 학술단체를 대상으로 개최도시 및 개최국 내 본 행사에 대한 인지도 강화
	주최자 측의 국제적인 네트워크를 활용한 세계협회의 홍보캠페인 지원
	상호 합의한 인력계획에 부합하는 주최측의 사전/현장 운영인력 제공
	개회식, 폐회식,(개최국 기자 대상)기자회견과 같은 공식 세션 프로그램의 공동기획 및 운영
	참가자와 동반자에게 T-머니 카드 무료제공

	추가적으로, 주최측은 다음사항에 관한 책무가 있다.
	국내 자문위원회 및 조직위원회를 구성하고 운영함
	OO국가에 있는 세계협회 지부와의 함께 일할 국내 조직위원회의 업무수행을 위한 전일근무의 비서고용
	본 행사에서는 세계협회 등록양식 및 등록조건을 독점적으로 사용함
	서면으로 작성된 등록확인절차는 세계협회를 통해서 이루어지며, 모든 후원사는 세계협회가 작성한 후원정책 조건을 따름
Article 4: Financial Commitments and Conditions	**제 4 조: 재무부문 계약이행 조항 및(선행) 조건**
4.1. Financial Responsibilities	재무부문 책무
	각 계약 당사자는 3조 1항~3항과 부속문서2에 명시된 바와 같이 각자의 재무부문 책무에 전적으로 책임이 있다.. 재무부문 책무사항은 다음과 같음
	개별 계약이행사항을 실행하는 데 소요되는 정규 스텝 인건비용
	출장경비
	경상비, 장비 및 물자비용, 감가상각비 등의 총 간접비용
4.2. Financial Responsibility for commonly shared Commitments	공동 계약이행 조항에 대한 재무부문 책무
	계약당사자가 공동 계약이행 조항의 업무를 수행하는 경우, 해당 개별 실행비용은 서면으로 결정됨
4.3. Cancellation of the Events	행사취소 조항
	세계협회의 결정에 따라 행사가 취소되는 경우, 양측 계약당사자는 MICE 센터, 전시장, 전문기획업체 등의 하청계약자들로부터 주최측에게 요구되는 취소 패널티를 동등하게 부담함
	이와 마찬가지로 주최측의 결정에 따라 행사가 취소되는 경우, 양측 계약당사자는 MICE 센터, 전시장, 전문기획업체 등의 하청계약자들로부터 세계협회측에게 요구되는 취소 패널티를 동등하게 부담함

Article 5: Applicable Law	제 5 조:(적용) 준거법
	세계협회와 주최측 모두 전적으로 각자에게 적용되는 개별적인 현재(및 향후) 법률에 따른 책임을 지며, 개별 계약당사자는 상대 계약당사자의 의도적인(또는 비의도적인) 계약불이행에 대한 책임을 지지 않음
Article 6: Severability	제 6 조: 가분조항(계약조항의 분리)
	본 계약의 어느 조항이 무효 또는 강제력이 없다고 선고된 경우, 당해 조항은 본 계약에서 삭제된 것으로 간주하며 기타 조항은 여전히 완전한 효력을 가짐
Article 7: Election of Domicile and Notification	제 7 조: 수신처 선정 및 통지
	본 계약의 통지는 서면으로 하고, 우송료 선불 배달 증명 첨부 등기우편 또는 전자우편을 통해 실제로 수령된 시점부터 발효되며, 각 계약당사자의 수신처는 아래와 같이 표기함 – 주최자 측 주소일람(생략) – 세계협회 측 주소일람(생략)
Article 8: Prevention and Resolution of Disputes	제 8 조: 분쟁방지조항
	계약 당사자들은 분쟁이 발생한 경우 우선적으로 최대의 신의를 바탕으로 한 우호적인 협상을 통해 해결하자는 데 동의함
	각 계약 당사자는 분쟁발생이 발생하자마자 상대 계약당사자에게 10일 이내(근무일 기준) 서면으로
	통지를 받은 계약당사자는 통지서를 수령한 날로부터 10일 이내(근무일 기준)에 답신을 완료하여야 함
	본 계약과 관련하여 발생할 수 있는 모든 분쟁에 대한 조정은 한국 소재 한국상공중재위원회 또는 파리 소재 국제 상공회의소의 조정절차에 따르며, 분쟁중재자의 판정은 계약당사자들에게 최종적이고 구속력을 가지게 됨
Article 9: Force Majeure	제 9 조: 불가항력조항
	불가항력은 계약당사자가 본 계약상의 책무를 수행하는 데 있어 합리적으로 제어할 수 없는 사유가 발생하는 것을 말하며, 본 계약에서 불가항력 사유는 다음과 같음
	천재지변(화재, 홍수, 벼락 등), 전쟁, 혁명, 테러 행위, 폭동 또는 내전으로 인한 경우 불가항력 사유로 인정함
	그러나 파업, 노동쟁의 행위와 전력, 연료, 교통, 시설장비 또는 그 외 재화와 서비스의 공급 불가중단으로 인한 경우 불가항력 사유에서 배제함

Article 10: Entry Into Force	제 10 조: 효력발생조항
	본 계약은 원본 계약서(영문 2부)상 다음 서명일 부터 효력이 발생되는 것으로 간주함
	본 계약서 작성 및 서명은 OOOO년 OO월 OO일, OO국가, OO도시에서 이루어짐
후문	계약기관명, 계약 당사자, 계약당사자의 참고인, 해당 서명란
부속문1	입찰 제안서(주최측 제출분)
부속문2	총괄 업무분장표
	업무 카테고리, 주요 책임 업무와 기여업무, 비용부담, 특기사항 등을 중심으로 한 계약당사자들의 책무 할당 기술

사례

Mice Marketing Management

CVB의 성과측정

1. 측정기준

○ DMAI가 제시한 성과측정 항목에 근거하여 성과평가요인을 설정하고, CVB의 특성을 고려하여 MICE 세일즈, 마케팅 & 커뮤니케이션 + 고객만족도 + Online을 중심으로 단계별로 성과측정 평가항목을 추가함

○ DMAI는 3가지 주요기능에 대한 CVB의 활동에 대한 평가로 실시하였지만 CVB의 경우 단지 리드로 연결된 성과 자체에 대한 평가로 성과측정을 간소화 함

2. 측정항목 예시

○ MICE 세일즈

– 학회, 협회, 독립적 전문국제회의기획사(PCO)를 대상으로 세일즈 마케팅 활동을 통해 실제 리드로 연결된 행스템을 도입하사에 대한 성과를 측정 함

– CVB 기능 중에서 MICE 세일즈가 차지하는 비중이 크므로 CVB 설립단계에서부터 체계적인 평가시여 평가지표를 수립해야 함

MICE 세일즈 관련 측정항목 예시

측정항목	평가요인	비고
리드	실제 행사 개최(리드)로 연결된 이벤트 수	1단계
	리드로 창출된 객실 수(Room Nights)	
예약	호텔에서 개최하는 이벤트에 대한 평가 – 예약된 이벤트 수 – 예약된 객실 수 – 예약된 참가자 수 – 예약된 참가자 지출액	1단계 + 2단계
	Citywide/컨벤션 센터에서 개최하는 이벤트에 대한 평가 – 계약된 이벤트 수 – 예약된 임대일수 – 예약된 참가자 수 – 참가자 지출액	
기회상실/ 계약취소	기회 상실/계약 취소된 이벤트 수	1단계
	기회 상실/계약 취소된 객실 수	
	기회 상실/계약 취소된 참가자 수	
	기회 상실/계약 취소된 손실된 참가자 지출액	
전시회 참가	Trade Show에 참가자/참가업체로 참가하여 실제 행사개최로 연결된 수	1단계
사후평가	실제 이용된 객실 수(추정)	1단계
	총 참가자 수	

○ 마케팅 & 커뮤니케이션

- 개최지에 대한 참가자, 관광객의 규모를 확대하고 또한 이들로 발생하는 지출비를 향상시켜 지역경제 활성화를 도모함
- 또한, 광고·홍보를 통해 인지도 및 선호도를 향상시키기 위해서는 다양한 마케팅 활동에 대한 성과측정이 필요하기 때문임

마케팅 & 커뮤니케이션 관련 측정항목 예시

측정항목	평가요인
광고/홍보	광고 인지도 평가
문의 건수 및 니즈 충족에 대한 평가	브로슈어 요청 건수
	고객 통화 횟수(고객과의 통화량이 어느 정도인지 파악)
	상품으로 교환한 수
	CVB 웹 사이트 등록으로 뉴스레터 받은 수

미디어/홍보평가	홍보물 게재 및 배치에 대한 항목
	판매된 출판물 수
	미디어 홍보로 얻어진 광고 효과(금액으로 환산하여 표시)
기타홍보	DM 발송건수 뉴스레터 발송한 수(On / Offline 포함)

○ Online

- 해외 경쟁 CVB와 차별화할 수 있는 콘텐츠와 디자인으로 다양한 고객의 니즈를 충족
- 1단계에서는 웹사이트 평가시스템에서 사용한 측정항목에 대한 성과측정을 실시하고, 서울 CVB 웹사이트의 체계적 기반을 확립한 후 2단계 / 3단계 측정항목으로 성과 측정을 실시함

Online 관련 측정항목 예시

측정항목	평가요인
Online / CVB 웹사이트 성과 평가	사용자 Session 수
	회원가입자수 / 비회원수
	Online 티켓 판매 사항
	패키지 판매 사항
	다른 웹사이트를 통해 CVB 웹사이트 접속한 수
	특정 웹페이지 방문한 수
	회원 후원업체 웹사이트를 통해 CVB 웹사이트에 링크한 수
	CVB에서 발행한 쿠폰(상품권)으로 상품을 구매한 수
	평균 접속시간
	검색엔진 조회건수 - 검색엔진 결과로부터 웹사이트에 접속하는 비율
	웹사이트 등급(Ranking)에 대한 평가

○ CVB 역할에 대한 만족도 조사

- MICE 관련기관 및 단체에서 다양한 MICE 참가자 만족도 조사 및 실태조사를 실시하고 있지만 신뢰성 및 타당성 문제가 야기되고 있는 추세임
- 해외 경쟁 CVB에서는 CVB 자체에서 매년 MICE 참가자 및 관광객에 대한 실태 조사를 실시하고 있다.
- CVB 자체에 연구 조사과를 두어 다양한 참가자 실태 조사 및 연구를 실시

CVB 역할에 대한 만족도 관련 측정항목 예시

측정항목	평가요인
MICE 유치활동	유치 가능한 MICE 발굴
	전문 전시회 및 회의 참가
	유치제안서 작성 및 환영 서신 제공
	해외지사 및 각국의 MICE뷰로를 통한 유치활동
MICE 개최 지원	후원, 환영행사, 시장초청장 발송 등 업무 지원
	관련 서비스(숙박, 교통 등)의 원활한 진행 조정
	지역관광 및 MICE 관련 홍보물 제공
	회의장 수배, 신청 업무 지원
	MICE 참가자 증대를 위한 홍보 및 광고 활동 지원
지역 MICE 활성화	MICE 관련시설 및 인프라 확충 활동
	관련 이해관계자들 간의 유기적 협력관계 형성 활동
	개최지로서의 도시 이미지 개발
MICE 유치지원 및 재정지원	유치 시 재정보조 및 세제상의 지원활동
	MICE 공동 유치 활동
	주최자의 서울 사전답사 방문 시 지원
	개최 확정된 회의에 보조금 지원
산업육성 연구 활동	MICE 산업 전문 인력양성 교육 활동
	MICE의 경제적 효과 조사를 위한 연구 활동
	세계 MICE 동향에 관한 정보 수집 및 분석 활동
	도시방문객 증대를 위한 언론 보도자료 및 홍보자료 배포
	MICE관련 법률, 제도 개선을 위한 대정부 활동
MICE관련 정보제공	유치절차 안내 및 자문
	지역관광 및 MICE 관련 홍보물 제공
	MICE 개최 관련 정보제공 및 자문
	도시방문객 증대 위한 언론 보도자료 및 홍보자료 배포

3. 성과측정의 실시

ㅇ 정확하고 신뢰성 있는 CVB 성과측정 및 관련 기관과의 협조 마련

– 외부기관으로 하여금 CVB에 대한 성과측정 실시

※ MICE 관련 학교 및 전문 통계 기관에 의뢰하여 성과측정 실시

– 호텔, 컨벤션 센터, 타 숙박시설 및 관련 기관간의 DB 공유 불가피

○ 제반 지표의 계량화된 수치 제공

– 관련업계 작성 시스템 정비

○ 다면평가 기준에 의한 평가실시

– 주최자, 참가자, 서비스 제공자 입장에서 360도 평가하여 객관적 기준제시

○ 정기적인 평가실시로 평가지표의 시계열성 유지

4. 결과활용

○ CVB의 사업성과 제고, 서비스 수준향상

○ 차기년도 사업, 예산 편성기준으로 활용

○ MICE 유관기관 대상으로 한 CVB의 활동성과 홍보기준으로 활용

○ CVB의 효율적 운영을 위한 벤치마킹에 중요한 자료로 활용

생각해 볼 문제

01 국내 CVB를 선정하여 CVB의 마케팅 효과를 분석해보자.

02 MICE 관련 계약서를 수집하여 계약서 내용을 분석해보자.

제 9 장

지속가능한 MICE

MICE MARKETING MANAGEMENT

학습 개요

본 장에서는 MICE의 지속가능성에 대하여 논의하고자 한다. 환경적, 경제적, 사회 문화적 지속가능성은 MICE 산업의 미래를 위하여 중요한 과제로 다루어야 한다. 정의, 사례, 국내외 인증 제도 등에 대하여 학습하고자 한다.

제 1 절 지속가능 MICE 개념

1.1. 지속가능 MICE 개념의 정의

지속가능성은 전 세계적으로 다양한 산업에 걸쳐 적용되고 있다. 관광 분야에서도 지속가능성을 적용하여 지속가능한 관광을 실천해나가고 있다. 세계관광기구(UNWTO)는 지속가능한 관광을 미래 세대의 관광기회를 보호하고 증진시키는 동시에 현 세대의 관광객 및 지역사회의 필요를 충족시키는 것으로 문화의 보전, 필수적인 생태적 과정, 생물 다양성, 그리고 생명 지원 체계를 유지하는 동시에 경제적, 사회적, 심미적 필요를 충족시킬 수 있도록 모든 자원을 관리하는 것이라고 정의한다.

MICE 분야에서는 환경문제 해결에 초점을 맞춘 친환경 컨벤션, 그린 컨벤션 등의 개념을 도입하여 지속가능한 MICE 산업을 위해 노력하고 있는 추세이다. 그린 컨벤션이란 환경에 부정적인 영향을 최소화하기 위한 회의를 구성하는 모든 단계에서 환경적인 부분들을 고려하여 구체화한 회의를 의미한다.

유엔환경계획(UNEP)내 지속발전의 위원회는 그린 컨벤션을 회의 진행으로 인해 발생 하는 환경 위해 요소를 최소화하고 개최국에는 긍정적인 영향을 미치기 위해 고안·기획·시행되는 것이며 건강, 사회 문제 등 지속성을 목표로 할 때 고려해야 하는 모든 문제를 포함한다.

MICE 분야에서의 '지속가능한 MICE'는 아직 그 개념이 정립되고 있는 과정이지만, 관광 산업에서 통용되는 지속가능성과 환경 문제를 고려한 친환경 및 그린 컨벤션의 정의를 통합하여, 지속가능한 MICE란 환경적, 사회적, 경제적 지속가능성을 충족시킬 수 있도록 자원을 관리하고 산업 이해관계자의 참여와 협력을 통해 추구하고자 하는 가치라고 이해하고 정의할 수 있다. 지속가능성 MICE 개념의 변화는 [그림 9-1]에서 상세히 설명하고 있다.

그림 9-1 지속가능한 MICE 개념

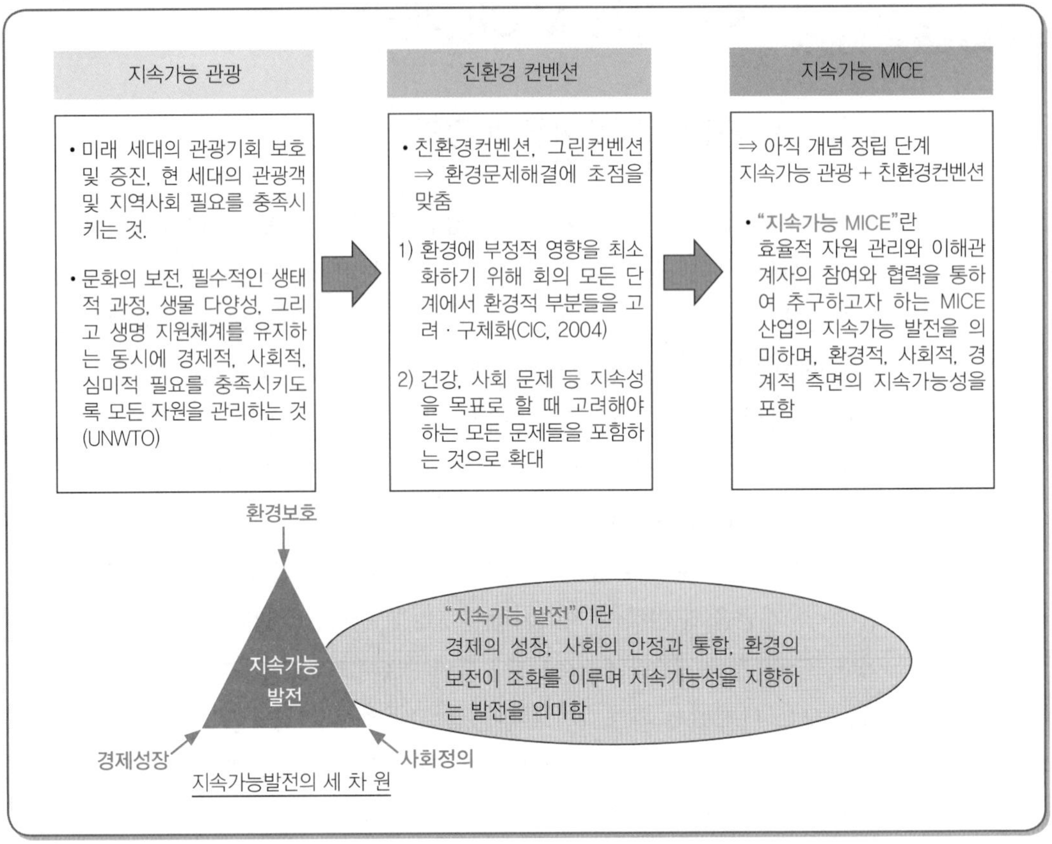

1.2. 지속가능한 MICE에서 이해관계자의 중요성

MICE 이해관계자들을 대상으로 지속가능한 친환경 MICE을 포함한 경제적, 사회적 지속가능한 MICE 발전에 대한 개념적 이해와 그 의식을 제고시키고 참여를 유도하여 지속가능한 MICE 산업을 위한 기반을 마련해야한다.

이는 체계적인 지속가능한 MICE 행사 운영정책 및 가이드라인 제정을 통해 이해관계자들이 이에 부합하는 행사를 기획·운영하도록 유도하는 것이다. 특히 다양한 이해관계자들로 구성된 MICE 산업은 상호간 공동의 목표를 위해 협력관계를 유지해 나가는 것이 중요하다. 뿐만 아니라 행사에 참가한 사람들을 대상으로 하는 지속가능한 MICE에 대한 인식을 제고해야하며 이때 MICE 산업 이해관계자들의 역할이 중요하다(그림 9-2 참조).

그림 9-2 지속가능한 MICE에서 이해관계자의 중요성

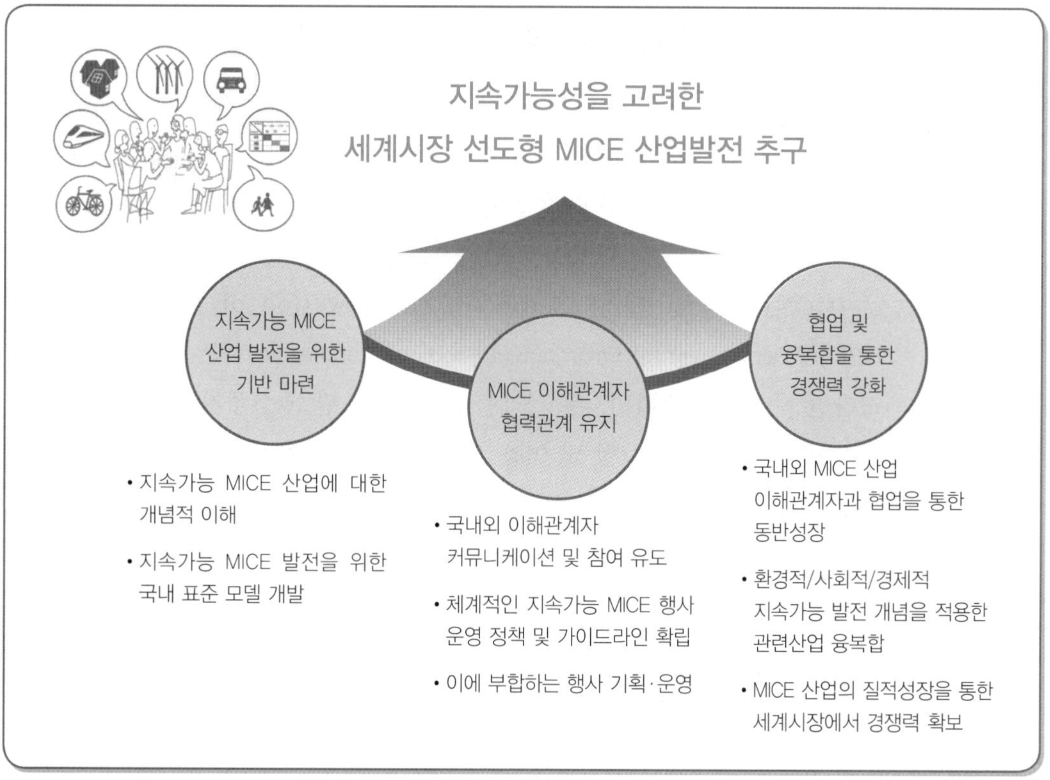

1.3. 대규모 국제회의 친환경 관리운영 가이드라인

1. 배경 및 취지

대규모 인원과 물자가 소요되는 대규모 국제회의는 필연적으로 회의기획, 준비, 이행 등 전 과정에서 대량의 자원·에너지를 사용하게 되며, 이로 인해 각종 환경오염 물질을 배출한다. 이러한 이유로 세계 각국에서는 회의를 포함한 각종 크고 작은 행사를 친환경적으로 운영하기 위한 노력을 보이고 있다.

다양한 대규모 국제회의를 유치하게 될 우리나라의 현실을 감안하여 대규모 국제회의와 관련해 발생할 수 있는 각종 환경문제를 사전적으로 줄이기 위하여 관련 사업의 절차, 관련 서비스 및 재화수급 등에 환경을 고려해 계획, 집행, 모니터, 평가할 수 있는 친환경 관리·운영 가이드라인 개발이 필요하다.

2. 주요내용

(1) 국내 · 외 친환경행사 및 가이드라인 사례연구

2002 서울환경월드컵 추진위원회에서 제시한 5단계 추진체계는 환경관리체계 구축, 환경쟁점의 우선순위 정립, 목표달성을 위한 구체적 실천계획 수립, 실천계획에 대한 시민·기업·정부의 행동계획 실천, 환경성과지표 작성 및 평가를 포함하며 각 단계별 추진원칙을 검토하였다.

IUCN(International Union for Conservation of Nature)과 영국 DEFRA(Department for Environment Food and Rural Affairs)의 친환경 행사 가이드라인 사례를 검토하면, 두 사례는 교통수단, 탄소 상쇄기금 조성 참여, 숙박시설/행사장/호텔 선정 및 이용, 여행가방 준비, 행사장, 외식/푸드시스템, 쇼핑, 행사준비, 참여 독려, 평가부문의 주요내용을 정리하였다.

(2) 대규모 국제회의 친환경 관리 · 운영 가이드라인(안) 개발

- **1단계 – 기획·전략 수립단계**

본 단계를 통해 행사의 친환경정책 및 세부 전략을 어떻게 가져갈 것인가를 정한다. 정책의지 표명, 전략 수립, 행사 이해도 제고, 이행 평가, 탄소 상쇄기금(carbon offset fund) 조성프로그램 등을 포함한다.

- **2단계 – 행사진행 준비단계**

행사장 선정, 참가자 초청, 참가신청, 푸드시스템 운영 등 부문별 세부 이행항목(세부 지침)을 정한다. 행사준비 부문, 푸드시스템 부문, 교통수단 부문, 숙박시설 부문, 사무실 운영 부문, 재화 구매 부문(물품 및 서비스), 기타 특별 부대행사 등을 고려한다.

- **3단계 – 행사운영단계**

행사 운영과 관련된 모든 활동에 대한 친환경적 원칙을 담는다. 참가자들의 적극적인 친환경행사에 동참을 유도하기 위해서 리셉션/개회식에서 행사의 친환경적 관리 및 운영에 대한 메시지와 이행사항 등을 충분히 알려야한다. 이러한 내용을 담은 자료집을 제공하고 참가자들이 개인적으로 동참하고 이행해야할 사항을 중점적으로 제공해야 한다.

(3) 대규모 국제회의 친환경 관리 · 운영 표준 항목 도출

1) 개요

가이드라인 개발원칙을 토대로 대규모 국제회의의 친환경적 관리·운영을 위해 필요한 부문별 세부이행 표준항목을 도출한다.

2) 세부 고려사항

① 장소선정

행사장 선정 시 고려해야하는 사항으로는 행사규모, 접근성, 행사장 운영 방침, 행사장(시설물)의 인프라적 친환경성 등이 있다.

숙박시설 선정 시 고려해야하는 사항은 접근성, 숙박시설 운영방침, 숙박시설(시설물)의 인프라적 친환경성 등이 있다. 특히 참가자들이 많은 시간을 이용하게 되며, 대부분의 의식주를 해결하는 공간인 만큼 다양한 환경 부하가 발생하기 때문에 환경 부하 저감노력을 지원하고 시행할 수 있는 충분한 여건이 마련된 숙박시설을 선정하는 것이 중요하다.

② 운영조직부문(회의준비 및 운영부문)

회의기획 및 사전 업무 부문은 행사 준비단계로 행사초청, 제공물품(홍보 및 정보지 제공 포함), 홍보방법, 친환경 운영에 따른 참가자 이해 협조요청 등을 포함한다.

회의 진행 업무 부문에서 중점적으로 살펴보는 요소는 현장등록, 안내판 및 게시판 운영, 정보 공유방법, 참가자 이행 협조요청 등이 있다. 회의 후속 업무 부문은 감사의 말, 결과보고, 성과평가, 협조 요청 등을 이메일로 전달하도록 한다.

③ 푸드시스템 부문(음식 및 음료 서비스 부문)

일회용품 사용 저감 등 폐기물 발생 저감(음식물쓰레기 발생저감 포함)을 중점 관리 항목으로 설정한다. 세부 고려사항으로는 참가자 인원 사전파악, 다회용품 사용, 남은 음식물 재활용, 지역 내 생산·공급 재료 사용 등이 있다.

④ 교통 부문

교통수단 이용에 따른 각종 환경오염을 최소화하기 위한 방안으로 대중교통수단 이용 편의성 제고, 교통수단 선정, 차량운행지침, 시민참여 등이 주요 고려사항이다.

⑤ 숙박시설 부문

숙박시설에서 발생할 수 있는 각종 환경오염을 최소화하기 위한 방안으로 제공물품 친환경성 고려, 일회용품 무상 제공 금지, 조명기구 효율성 제고, 객실 및 화장실 운영 방안 등을 주요 고려사항으로 한다.

⑥ 사무실 운영 부문

사무실 운영 시 발생할 수 있는 각종 환경 부하를 최소화하기 위한 방안으로 종이 사용 최소화, 사무기기 운영, 기타 사무실 운영 등을 주요 고려사항으로 한다.

⑦ 재화 구매 부문(물품 및 서비스 구매·대여)

대규모 국제회의의 경우 대량의 물품 및 서비스가 필요한 만큼 이에 대한 친환경적 관리·운영을 소홀히 하는 경우, 2차적인 환경오염의 문제가 발생할 수 있는바, 행사에 필요한 각종 물품 및 서비스 구매·대여 시에는 물품 및 서비스의 사전 수요조사를 철저히 할 뿐 아니라 가급적 환경라벨 인증제품 등 자원절약, 환경오염 부하를 최소화하는 제품을 우선 선정해야 한다.

3) 모니터링

세부사항에 대해 이행정도를 모니터링 평가하려는 목적으로 점검표 방식으로 항목별로 평가를 실시한다. 기본적으로 모니터링은 신뢰성 있고 전문화된 제3자 기관 및 단체가 수행하도록 하되, 행사 규모 및 성격에 따라 자체 모니터링단을 운영하는 것도 하나의 방안으로 한다.

평가기준은 일반적인 평가척도인 5단계 5점 척도를 적용하되, 행사의 규모 및 성격을 고려하여 행사 주최 측과 수행주체가 별도로 정할 수 있다. 평가의 주관적 판단을 보완하고자 항목별 평가의견을 간단히 서술토록 한다. 평가위원회는 각 평가항목별 전문가로 구성하고, 각 평가항목별 평가기준을 설정하며 모니터링단의 모니터링 결과를 토대로 평가한다.

4) 이행성과 평가(환경개선효과)

친환경행사를 통해 얻게 되는 이행 성과인 환경 개선효과에 대한 계량화된 분석을 실시하여 평가한다. 분석은 주최 측에서 조사한 조사표를 토대로 환경

기술개발 및 지원에 관한 법률에서 정한 환경 성적표지 제도에 사용되는 전과정 평가(Life Cycle Assessment, LCA)를 통한 방법을 채택한다. 참고적으로 환경부의 친환경상품 환경·경제적 편익효과 분석연구와 저탄소형 녹색행사 가이드라인을 평가에 활용한다.

3. 일반 가이드라인 적용 시 유의 · 고려사항

구체적인 세부이행사항에 대한 의사결정과 이행을 위한 조직구조를 체계화하는 친환경 추진체계 구축이 필요하다. 이 조직은 기본계획 수립, 예산편성, 세부전략 수립, 이행 사항별 환경부하 및 환경개선효과 시뮬레이션 분석, 사전·사후 모니터링, 이행 성과평가, 후속 조치 등을 포함한 업무를 담당해야 한다. 체계화된 행사의 전반적인 프로세스를 고려한 합리적인 예산 편성이 요구된다. 또한 행사에 대한 성과 평가는 구체적 이행사항별 환경 개선효과와 경제적 편익을 토대로 행해지기 때문에 이를 염두에 둔 적절한 예산 편성이 중요하다.

4. 대규모 국제회의 친환경 관리 · 운영을 위한 정책적 · 제도적 제언

영국표준협회(BSI)에서 제정한 친환경행사 운영에 대한 구체적인 사항을 담은 시스템 표준과 같이 표준화된 가이드라인의 제도화를 통해 관련 산업 및 사회 전반에 파급하도록 하는 노력을 제안한다.

아직까지 행사장·숙박시설 선정 및 물품·서비스 공급업체의 친환경성에 대한 객관화된 기준이 마련되어 있지 않은 점을 참고하여 환경마크 인증기준의 서비스 인증기준 확대를 제시한다.

친환경행사에 대한 사회전반의 관심과 이해도를 제고하기 위해서 정부, 지자체, 공공기관 등의 선도가 필요하며 범정부적 차원에서 국내에서 개최되는 대규모 국제행사는 친환경행사 관리·운영 방침을 적용하도록 한다(그림 9-3 참조).

그림 9-3 대규모 국제회의의 친환경 관리운영 가이드라인

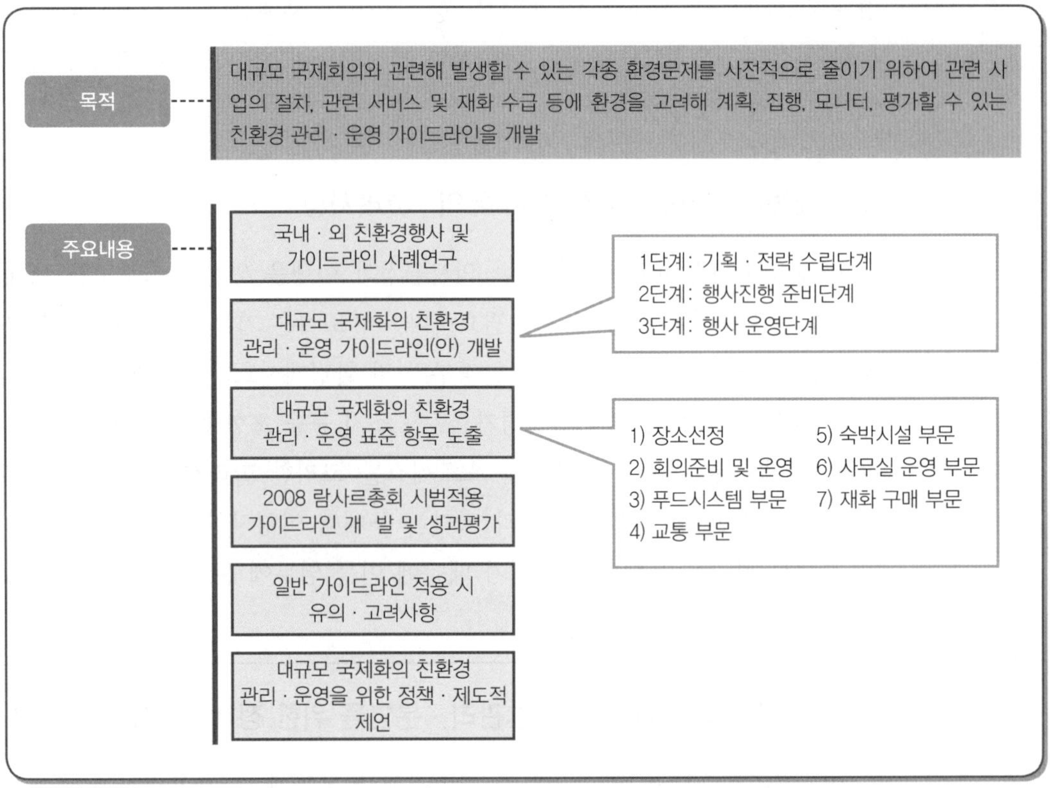

제 2 절 ISO 20121 및 APEX/ASTM 표준 분석

2.1. 개요

2012년은 지속가능관련 글로벌 MICE 산업계에 있어 의미 있는 한 해인데 국제적으로 인정된 3개의 표준이 발표되었고 이들 표준들로 인해 행사 기획자 및 운영자들이 지속가능 실천 과제들을 운영, 측정하고 보고함에 있어 보다 조직적이고 체계적으로 진행하는 것이 가능하게 되었다.

지속가능 MICE에 적용 가능한 3개 표준은 다음 [그림 9-4]와 같다.

그림 9-4 지속가능 MICE 3개 국제표준

ISO 20121	지속가능 경영시스템 표준
APEX/ASTM	성과평가 표준
GRI EOSS	보고에 관한 가이드라인

2.2. ISO 20121 표준

ISO 20121은 가장 최근 발표된 지속가능 표준으로, 세계최초의 이벤트산업 내 지속가능 운영에 대한 인증표준인 British Standard BS 8901을 기본으로 제정되었다. BS8901는 런던의 2012년 하계올림픽 유치를 기반으로 제정되었고, 행사의 전 계획단계를 통해 지속가능성에 대한 강력한 집행을 이룰 수 있었다.

영국 외 국가들에서 BS 8901 사용의 증가는 BSI와 브라질 국가 표준위원회(Brazilian National Standards Body)로 하여금 국제표준화기구(International Organization for Standardization, ISO)에 BS 8901을 글로벌 표준으로 변환시켜 줄 것을 요구하는 제안서를 제출하였다. ISO는 전 세계에서 가장 큰 국제적 표준의 개발자이자 출판기구이고, 전 세계 163회원국의 표준화기구로 구성된 연맹이며 본부는 스위스 제네바에 위치하고 있다.

2009년 말 시작으로 2012년 종료될 때까지 총 25개국(일본, 독일, 캐나다, 호주, 스위스, 스페인, 미국 및 중국 포함)이상의 국가들이 MICE 산업 각 영역에서 선도적 협회들(GMIC, MPI, UFI 포함)과 함께 ISO 20121 개발에 참여하였다. ISO 20121은 BS 8901을 기반으로 제정되었으며 2010년 발표된 사회적 책임에 대한 ISO 26000 가이드라인의 주요 요소들을 통합하였다. ISO 26000은 글로벌 측면에서 환경, 사회 및 경제적 지속가능성에 대한 강화된 운영체계설명서와 가이드를 제공한다.

ISO 20121은 체크리스트 혹은 사용법이 아닌 MICE 경영시스템에 관한 표준이며, MICE 조직의 활동 시 지속가능성을 기획하고 운영하기 위한 전략적 접근 및 과정에 대한 조건들을 제공한다. 또한 베뉴 선택, 운영절차, 협력업체 관리 및 조달, 커뮤니케이션, 수송 및 다른 요소들과 같은 지속가능성관련 주요 요소들의 확인 및 문서화를 요구한다(그림 9-5 참조).

ISO 20121은 다음 영역을 포함하는 일련의 조직의 활동에 적용 가능하다.

1. 행사 주최자
2. 베뉴
3. 목적지
4. 산업과정에서의 기관 및 개인

그림 9-5 ISO 20121 지속가능경영시스템 모델

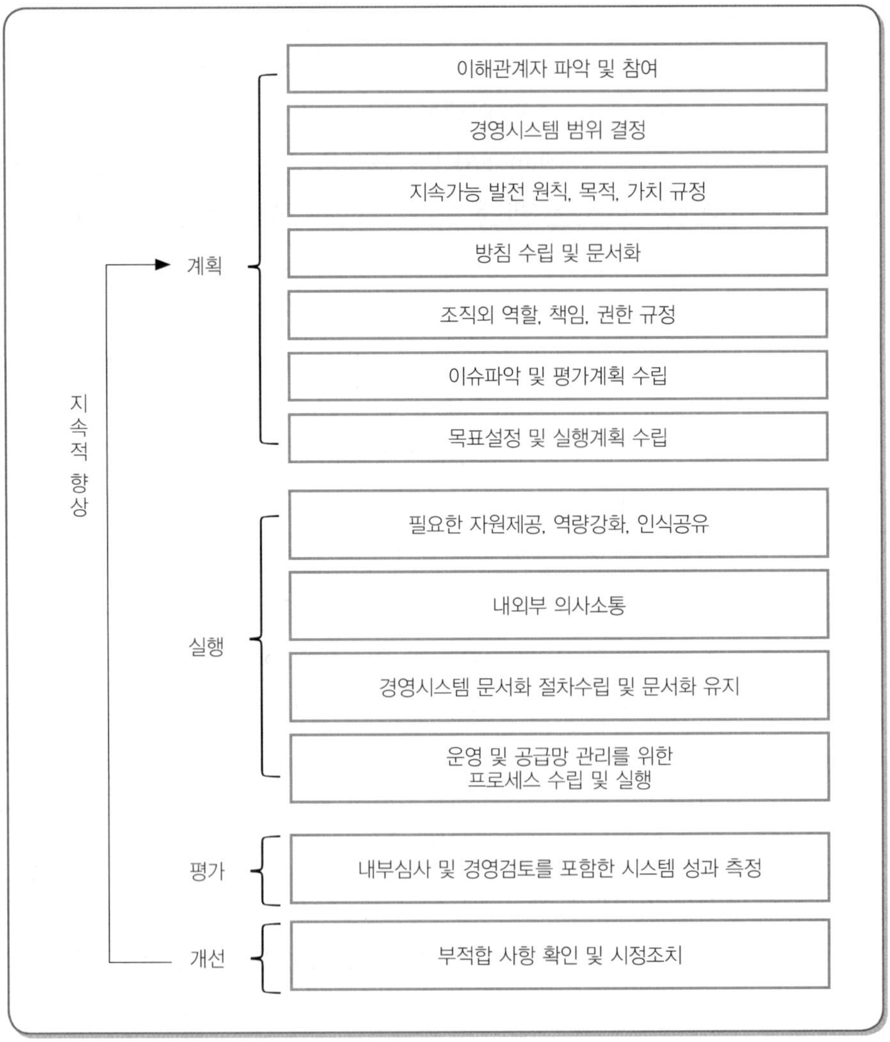

표준에 주어진 조건이 충족되고 주어진 절차가 문서화 되면, 당사자 인증을 취할 자격이 주어진다.

• ISO 20121의 주요특성
- ISO 20121은 어느 유형의 MICE에도 적용되도록 고안
- ISO 20121은 사회, 환경, 경제적 지속가능성에 대한 균형 잡힌 접근법 포함
- ISO 20121은 행사개최자, 주최자 및 공급자에 의해 활용
- 경영시스템은 표준의 준수를 확보하도록 측정

ISO 20121표준은 2012년 6월 런던에서 발표 되었으며 최초로 인증을 받은 조직은 런던 올림픽조직위원회, 기업으로는 코카콜라가 있다.

2.3. APEX/ASTM 표준

CIC(Convention Industry Council)의 환경적으로 지속가능한 MICE에 대한 APEX(Accepted Practice Exchange)계획은 Green Meeting Industry Council(GMIC)와 미국환경보호청(United States Environmental Protection Agency(EPA)에 의해 만들어지고 국제적인 표준화기구인 ASTM International에 의해 공인되었다.

APEX/ASTM표준은 MICE 운영의 9가지 분야 또는 영역에 있어 기획자 및 협력 업체 모두에 적용되는 구체적이고 특정 가능한 실행 기반의 조건이다.

APEX/ASTM표준의 9가지 분야는 [그림 9-6]과 같다.

9개의 영역은 체크리스트를 사용하며 각 영역은 8가지 카테고리에 대한 실행 정도를 측정하여 수준을 지수화하였다. 각 영역에 대한 8가지 카테고리는 다음과 같다.

① 직원관리 방침(Staff Management policy)
② 커뮤니케이션(Communication)
③ 쓰레기 관리(Waste Management)
④ 에너지(Energy)
⑤ 공기 질(Air Quality)

그림 9-6 APEX/ASTM 표준의 지속가능 MICE 적용 영역

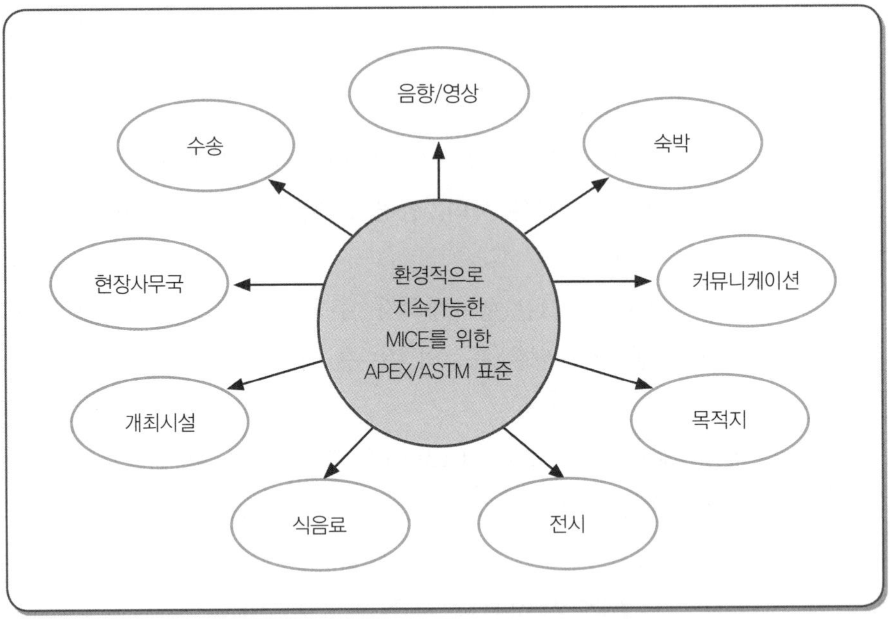

⑥ 물(Water)

⑦ 조달(Procurement)

⑧ 커뮤니티 파트너(Community Partners)

• APEX/ASTM 표준의 주요특성

① APEX/ASTM표준은 MICE의 다양한 업무영역에 적용하기 적합하다.

② APEX/ASTM표준은 사회적 경제적 지속가능성에 대해서도 일부 고려를 하고 있지만 주로 환경적인 지속가능성에 중점을 둔다.

③ APEX/ASTM표준은 행사기획자와 협력업체가 파트너쉽을 이루어 활용한다.

2.4. GRI EOSS

Global Reporting Initiative(GRI)는 국제적 비영리기구이며 세계에서 가장 큰 250개 기업들(G250)의 78%가 사용하는 체계를 개발한 UN 환경 계획(United Nations Environment Program, UNE)의 협력기관이다.

GRI 지속가능 보고체계는 지속가능 자료의 투명하고 신뢰성 있는 보고를 위한 지도안과 주요 실행 지표들을 제공한다. G3가이드라인은 COP 15, 올림픽 및 월드컵과 같은 행사에 이미 사용된다. 최근까지, GRI 지속가능 보고체계는 행사영역에 대한 세부적인 지도안 및 실행지표들이 부족했다.

GRI는 MICE 주최자영역에 대한 별첨(Event Organizers Sector Supplement, GRI EOSS)을 발표하였다. 새롭게 발표된 별첨은 특정분야 지속가능 보고를 위한 국제적 표준체계로 2012년 1월 발표된 GRI EOSS는 주최자들에 의한 지속가능보고서가 지속가능 관련 주요 이슈들을 효과적으로 커버하고 비교가능하도록 고안되었다.

이 특화된 영역에 대한 별첨은 보고 관리 지침에 대한 가이드라인을 제공하고 지속가능 보고서에 환경, 인권, 노동, 사회적 책임 측면을 커버하는 세부적인 실행 지수들을 제공한다

GRI EOSS는 MICE 영역에 있어 다음을 포함하는 주요 이슈들을 다룬다.

- MICE의 경제적 파급효과(Economic Impacts of Event)

① MICE 참가자로 인한 환경적 파급효과(Environmental Impacts by Attendees)

② 지식전달(Knowledge Transfer)

③ 레거시(Legacy)

④ 대외구매(Sourcing)

⑤ 수수료 및 선물행위(Commission and Gifting)

⑥ 현지조사 및 입찰 절차(Site Inspection and Bidding Process)

⑦ 참가자 관리(Participants and Attendee Management)

⑧ 식음료(Food & Beverage)

⑨ 접근성(Accessibility)

⑩ 수용성(Inclusivity)

⑪ 외부 파트너(External Partners)

제 3 절 표준적용 해외사례 분석

본 절에서는 ISO 20121인증 해외 기업 사례를 중심으로 분석하고자 아래 [그림 9-7]과 같이 제시하였다.

그림 9-7 해외적용 사례분석

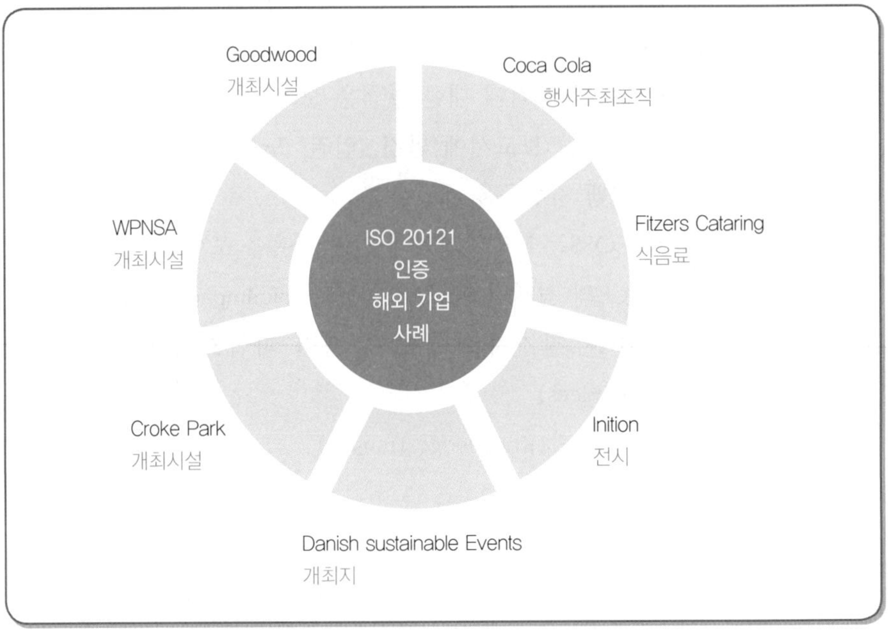

3.1. Fitzers Catering

1. 회사개요

○ Frank Fitzpatrick가 1980년에 회사를 설립하고, 1986년 영화에 식재료를 공급하고 성공함에 따라 영화산업 및 상업부문 참여에 경영초점을 맞추게 되었다. 2009년 케이터링 서비스를 위해 Savage Food Company를 설립했다. 현재 아일랜드의 MICE 부분에서 선두적인 케이터링 회사로 우수한 평판과 고객서비스로 알려져 있다.

그림 9-8 Fitzers Catering 사례

2. 지속가능관련 세부 활동 내용

표 9-1 Fitzers 지속가능관련 세부 활동

Plan	목적과 가치 서면화	ISO 20121의 내용을 바탕으로 지속가능한 활동과 목표 달성을 촉진하기 위한 활동을 문서화함
	적용범위 설정 및 서면화	조직의 규모와 비례하여 지속가능성에 중점을 두고, 사회적·환경적·경제적 영향의 중요한 분야를 고려하여 정함
	주요 이슈와 이해관계자 파악	아일랜드 내에 50개가 넘는 공급사를 포함하여 포괄적인 이해 관계자를 참여하도록 하여 Fitzers와 관련된 모든 이해 관계자들과 연계하고, 지도적인 역할을 가지도록 함
Do	이슈파악 & 목표설정	에너지 절감 계획, 공정성과 평등성을 보장하기 위한 장애인 단체와의 작업, 자선단체와 협력하여 가격할인 활동 추진, 재활용할 수 있는 식품 용기 개발 등의 세부 활동
	자원과 훈련	실업자들의 직장복귀를 위한 장기적인 지원정책으로 Belfast 내 직장 부서에서 근무 및 학습하도록 장려, 직원 모집 시 3분의 1은 행사근처 약 5km 반경 내에서(팀원의 38%를 지역에서) 채용

Check	공급망 개입	Fitzers내에서는 모두 공정 무역 커피 제품 사용, 같은 지역 내 공급사 활용
	커뮤니케이션	직원 및 이해관계자를 비롯한 지역 사회에 영감을 주는 것을 목표로 함, 오픈 커뮤니케이션 경로를 구축하여 전체 조직을 격려할 수 있도록 함, 지속가능한 MICE 사업이 중요한 이유를 조직 내 모든 사람이 인지할 수 있도록 함
	모니터링, 측정, 분석 & 평가	지속가능성 목표를 위한 활동과 서비스의 ISO 20121의 기준에 대한 적합성을 입증하기 위해 SGS컨설팅을 의뢰하여 Fitzers의 전략, 시스템, 절차, 과정 부분의 엄격한 검토를 실시함
	심사 & 인증	SGS를 통한 성공적 심사를 통해, ISO 20121이 모든 조직에 적용 가능하고 국제적으로 인정된 지속가능한 MICE 경영시스템임을 증명함

3. ISO 획득 배경 및 시기

- Fitzers Catering은 MICE 부분에서 공급하는 케이터링 회사 중 첫 번째로 2012년 런던 올림픽의 국제 ISO 표준을 시작으로 ISO 20121 인증을 받았다.

4. 기타

- ISO 20121인증 취득은 조직의 장기적이고 지속가능한 시행 계획과 절차를 도울 수 있는 많은 방법과 기업을 위한 더 나은 환경 확보, 이해관계자, 직원 등 사업관련 및 MICE 부문의 중점적인 리더로써 조직을 이끌어가는 것이라 할 수 있다.

3.2. Ignition

그림 9-9 Ignition 사례

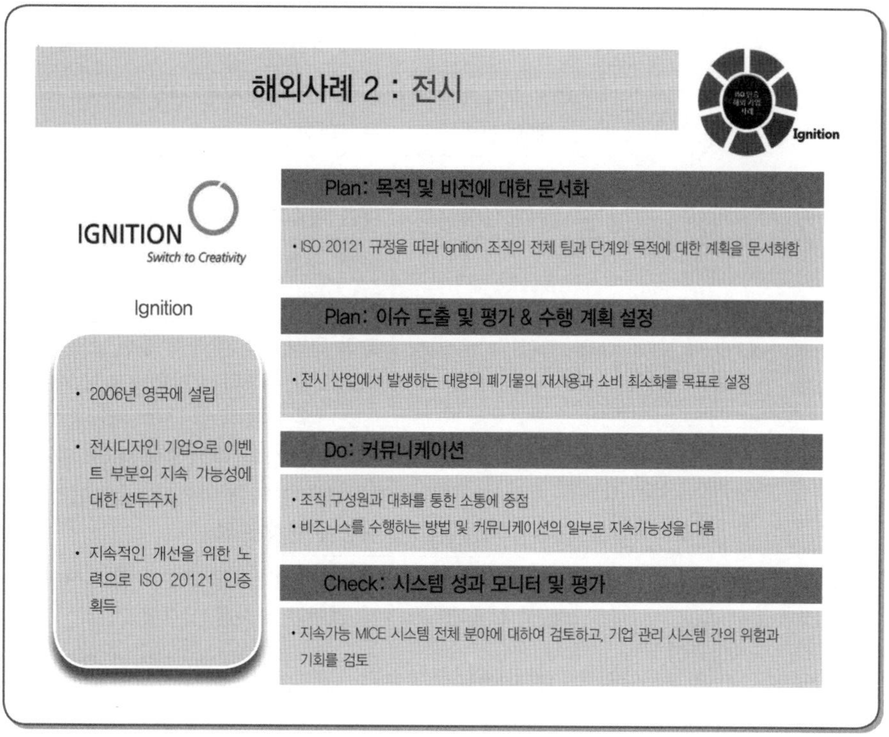

1. 회사개요

○ 2006년 영국에 설립된 전시디자인 기업으로 미국과 영국에 회사를 가지고 있다. 전시부분에서 선두를 차지하고 있고, 40여명의 직원으로 운영되며 지난 2년 동안 2배 이상 성장했다. 지속가능한 MICE 전시회의 중요한 공급업체로, ISO 20121의 인증은 경쟁력의 강화요인으로 볼 수 있어 추가적 성장이 전망된다.

2. 지속가능관련 세부 활동 내용

표 9-2 Ignition 지속가능관련 세부 활동

Plan	목적과 가치 서면화	ISO 20121을 위해 일련의 단계를 통해 ISO 20121 규정을 따라 전체 Ignition팀의 단계와 목적을 문서화함
	주요 이슈와 이해관계자 파악	프로젝트 매니저를 지정해 지속 가능성 문제와 영향을 문서화함
	이슈평가 & 목표설정	전시 산업에서 발생하는 대량의 폐기물의 재사용과 소비를 최소화를 목표로 함
Do	공급망 개입	현재 상위 목표와 클라이언트를 위한 서비스 및 지속가능성의 가치를 이끌어 냄
	커뮤니케이션	조직 구성원과 대화를 통한 소통에 중점을 두었고, 비즈니스를 수행하는 방법으로서 지속가능성을 포함, 자연스러운 커뮤니케이션의 일부로 지속가능성을 다룸 지속 가능성의 관점에서 MICE 관리의 활동 주기에 대한 깊은 이해를 가지고, 클라이언트의 생각이나 사업 활동에 영향을 줌
Check	모니터링, 측정, 분석 & 평가	SGS는 ISO 20121 표준과 관련하여 Ignition 사업에 대해 철저한 조사를 실시함
	관리 검토	전체 분석에 착수하여 기업 관리 시스템 간의 위험과 기회를 검토

3. ISO 획득 배경 및 시기

○ 다수의 클라이언트들이 입찰 및 제안의 지속가능성 고려사항을 요구하고 있으며 공공 기관 및 사업자들이 사전 자격 취득 단계에서 그들의 사전 설문에 지속가능성 검사를 사용하기 시작함에 따라 ISO 20121인증 취득에 대한 니즈가 발생하였다.

○ Ignition은 MICE 부문의 지속 가능성에 대한 선두주자이자, 지속적인 개선을 추진하기 위한 노력으로서 ISO 20121 인증을 획득하게 되었다.

4. 기타

○ 클라이언트의 지속가능성 목표 지원과 서비스 및 제품 혁신을 추진하기 위한 방안으로 ISO 20121을 사용 할 수 있다. 미래에 지속가능성이 중요시됨에 따라 공급업체들에게 ISO 20121 인증을 요구할 수 있다. 지속가능한 사업 추진과 시스템의 실질적 구현을 통해 기업의 성장과 매출증대, 경쟁력강화, 계약 확보 및 차별화전략 마련에 도움이 된다. 전시회 참가자에게 기억에 남는 경험을 제공하며 환경에 미치는 영향의 최소화 방법이 필요하다.

3.3. Danish Sustainable Events

그림 9-10 Danish Sustainable Events 사례

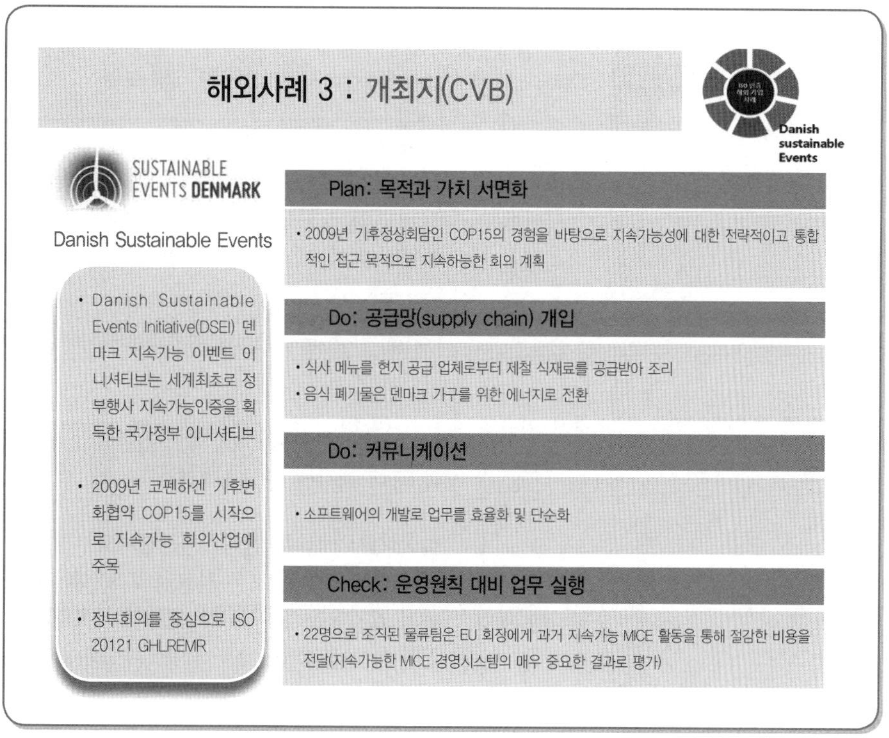

1. 회사개요

○ 덴마크 외무부 장관은 2012년 상반기에 덴마크 유럽연합 회장 아래 열렸던 미팅에서 ISO 20121 인증을 획득했다.

○ ISO 20121은 조직의 행사가 계속 성공적으로 지속되도록 재정적으로 도우며, 사회적 책임을 지고, 환경적 영향을 감소시키는 지속가능성 관리 시스템의 기본 요소들에 근거하여 평가하였다.

2. ISO 획득 배경 및 시기

○ ISO 20121의 인증은 유럽에서 열렸던 UN 기후변화 회의에서 COP 15로 시작된 지속가능성 여행에서 시작되었다. COP 15에서 물류지원팀은 코펜하겐 호텔, 베뉴들, 운송파트너들의 활동 지원 등 BS8901기준의 충족을 바탕으로 지속가능성의 인지도를 올림. 덴마크가 산업 공급자들과의 회의를 연계하는 동시에 글로벌 지속가능성 분야의 선두주자가 되는 것을 목표로 하였다.

3. 지속가능관련 세부 활동 내용

표 9-3 Danish Sustainable Events 지속가능관련 세부 활동

Plan	목적과 가치 서면화	덴마크 정부는 지속가능한 방법으로 새로운 조직위원장 선정을 계획하고 있으며, 2009년에 열린 기후정상회담인 COP15의 경험을 바탕으로 지속가능성에 대한 전략적이고 통합적인 접근을 목적으로 함
	적용범위 설정 및 서면화	지속가능성 이사국을 추가하면서 미팅은 Bella center, Forum Horsens, Eigtveds Pakhus 3곳에서 개최. VIP대상의 장관급 회의와 전문가·시민 대상의 일반회의를 개최
	주요 이슈와 이해관계자 파악	약 15,000참가자(400명의 장관들과 2,000명의 언론인을 포함)들이 행사에 관심을 가짐
Do	공급망 개입	회의 식사 메뉴를 현지 공급 업체로부터 제철 식재료를 공급받아 이를 조리, 모든 식료품의 50%를 북유럽 산으로 활용, 음식 폐기물은 덴마크 가구를 위한 에너지로 변환시켜 사용, 친환경 인증 호텔 방을 사용, 대중교통이 용이한 위치 선정을 통해 자원 절감과 행사의 전반적 비용 감소
	커뮤니케이션	소프트웨어의 개발로 효율적으로 업무를 단순화시킴
Check	운영원칙 대비 업무 실행	22명으로 조직된 물류팀은 EU 회장에게 과거 지속가능 MICE 활동을 통해 절감한 비용을 전달하였고, 이는 MICE 지속가능경영시스템의 매우 중요한 결과로 평가됨

4. 기타

○ ISO 20121 표준을 바탕으로 일관되고 체계적인 접근 시스템 구축과 리더십의 가치, 진실성, 투명성이 입증되었다. 장기적으로 덴마크의 제품을 전시하는 기회가 주어진 3곳의 지역에서 현지 공급 업체에 각각 긴밀한 협력을 구축하게 되었고, 보도자료 및 블로그 포스팅을 바탕으로 지속가능성에 대한 영상 시리즈를 제작하게 되었고, 기업의 협력과 혁신이 지속가능한 발전에 지속적인 영감으로 활용될 수 있었다.

3.4. Croke Park

그림 9-11 Croke Park 사례

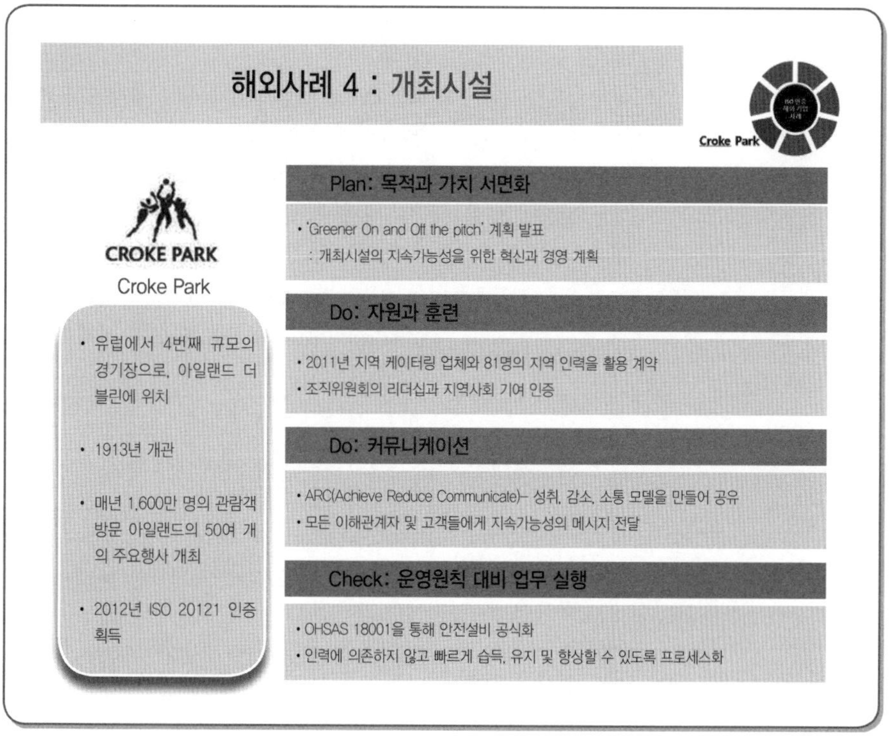

1. 회사개요

○ Croke Park는 아일랜드 더블린에 위치한 유럽에서 4번째 규모의 경기장으로, 1913년에 개관하였고 82,300명의 관중을 수용 가능하다. 매년

아일랜드의 50여개의 주요 행사가 개최되고 총 1,600만 명의 방문객들이 모이며, 게일운동협회(GAA)의 본부이다.

2. 지속가능관련 세부 활동 내용

표 9-4 Croke Park 지속가능관련 세부 활동

Plan	목적과 가치 서면화	'Greener, On and Off the pitch'라는 계획을 세워 개최장소의 지속가능성을 위한 혁신과 모범 경영을 보여줌
	적용범위 설정 및 서면화	Croke Park의 주요 프로젝트 세부내용 설정 및 서면화 함
	주요 이슈와 이해관계자 파악	이해관계자로 구성된 환경&지속가능경영진(ESMG)이 지속가능목표를 이끌어가는 엔진역할을 하도록 함
	이슈평가 & 목표설정	분기별 지속가능 웹진을 제작하여 내부 직원들에게 발송 및 구내식당에 그린보드를 만들어 지속가능 목표 인식 제고에 도움
Do	자원과 훈련	2011년 케이터링업체와의 계약에서 81명의 지역 인력을 활용하여 조직위원회의 리더십과 지역사회 기여를 입증함
	공급망 개입	지역거주자, 의원 등과 친밀한 관계 형성, 경기장 인근의 치안활동에 대한 포럼 운영, 지역 내에서 생산된 육류를 구매하도록 장려함
	커뮤니케이션	모든 이해관계자들과 고객들이 ISO 20121의 세 영역에 대한 Croke Park의 목표를 쉽게 이해할 수 있도록 간소화한 성취, 감소, 소통(ARC-Achieve Reduce Communicate) 모델을 만들어 공유하고, 지속가능성의 메시지를 전달함
	문서관리 & 수정	각 행사의 정보를 수집하고 향후 모두가 지식을 공유할 수 있는 기관을 설립함
Check	모니터링, 측정, 분석 & 평가	OHSAS18001을 통해 안전설비 공식화, 기존 인력에 의존하지 않도록 프로세스화하여, 빠르게 습득, 유지 및 향상할 수 있도록 함
	심사 & 인증	매년 내부심사 실시, 내부 지속가능경영시스템 준수를 평가함

3. ISO 획득 배경 및 시기

○ 2008년 이후부터 지속가능과 관련해 경기장 운영 부분에서 선두였고, 2010년 BS8901인증 획득, 2009년에 ISO14001인증 획득, 아일랜드 사

회적 책임상 'Excellence in Environment' 2012를 수상 등 운영목표에서 2012년 ISO 20121 인증 획득은 자연스러운 과정으로 평가된다.

4. 기타

○ 행사조직의 경제적 이익 창출, 사회적 책임, 환경에 부정적 영향의 최소화이며, 시장의 다른 조직과의 차별화와 새로운 비즈니스 기회 창출을 평가하였다. 클라이언트, 스폰서, 지역당국을 비롯한 주요 이해관계자들을 ISO 20121인증을 보유한 기관을 선호하게 될 전망이다.

3.5. Weymouth & Portland National Sailing Academy (WPNSA)

그림 9-12 Weymouth & Portland National Sailing Academy 사례

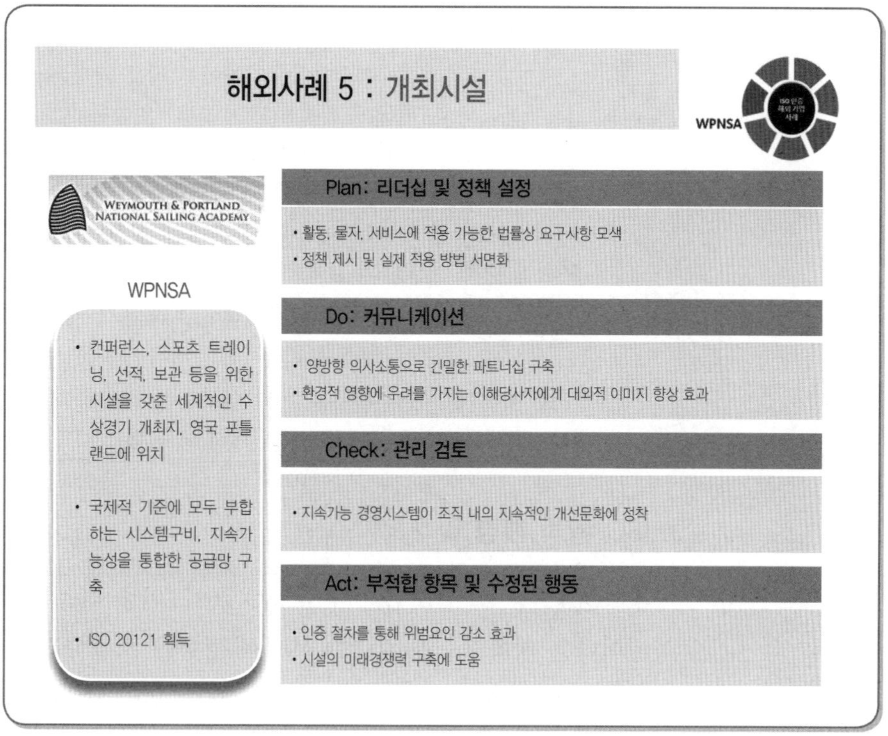

1. 회사개요

○ WPNSA는 컨퍼런스, 스포츠 트레이닝, 선적, 보관 등을 위한 시설을 갖

춘 세계적인 수상경기 개최지로 국제적 기준에 모두 부합하는 탄탄한 시스템 구비와 지속가능성을 통합한 공급망 구축을 통해 왕실요트협회 유소년 챔피언십과 2012년 런던 올림픽 등 주요 스포츠경기와 비즈니스를 유치하고 있다.

2. 지속가능관련 세부 활동 내용

표 9-5 WPNSA 지속가능관련 세부 활동

Plan	목적과 가치 서면화	환경과 사회경제적 고려사항을 위한 규정을 제정함
	적용범위 설정 및 서면화	조직의 범위와 지속가능경영시스템 하에서 운영할 수 있는 활동과 역할을 설정함
	주요 이슈와 이해관계자 파악	광범위한 지속가능 이슈를 설정하기 위해 주요 이해관계자를 규정함
	리더십 및 정책설정	활동, 물자, 서비스에 적용할 수 있는 법률상요구사항 모색과 실제적용 방법을 서면화
Do	커뮤니케이션	행사가 미치는 영향에 우려를 가지는 이해당사자와의 신뢰도 측면에서 ISO 20121 인증은 WPNSA의 대외적 이미지를 향상시키고, 양방향 의사소통으로 더 긴밀한 파트너십을 구축할 수 있도록 함
Check	모니터링, 측정, 분석 & 평가	WPNSA는 폐기물관리와 전력에너지활용 개선으로 약 15%의 감축을 이루어 원가를 절감함
	관리 검토	지속가능경영시스템이 조직 내의 지속적인 개선문화에 자리 잡아 더 효율적인 운영과 새로운 사고방식을 이끌어 냄
Act	부적합 항목 및 수정된 행동	인증절차를 통해 위법요인 감소와 시설의 미래경쟁력 구축을 이루는 측면에서 도움 됨

3. ISO 획득 배경 및 시기

○ BS 8901인증 조기 도입과 추후 ISO 20121인증 취득은 올림픽경기동안 일어나는 지속가능과 관련한 부정적 영향을 조절하고 최소화하는데 탁월한 역할을 할 것으로 기대되었다. 또한 WPNSA는 연간 수많은 수상경기의 개최지로서 우수경영의 모델 되고자했기 때문에 지속가능 올림픽의 목표 실현은 필수적이었다.

4. 기타

○ WPNSA는 지속가능성의 기준을 마련하고 ISO 20121의 시행을 통해 더 많은 국제수상경기를 개최하고, 더 많은 기관들이 WPNSA의 컨퍼런스 시설을 사용할 수 있도록 하는 것이다. 인증획득을 통해 지속가능 경영의 국제적 인식과 명성을 제고하게 되었고, 2012 올림픽게임 조달참여자의 기준을 확보하고, 위법요인이 감소함에 따라 시설의 미래경쟁력을 높이는 효과를 얻게 되었다.

3.6. Goodwood

그림 9-13 Goodwood 사례

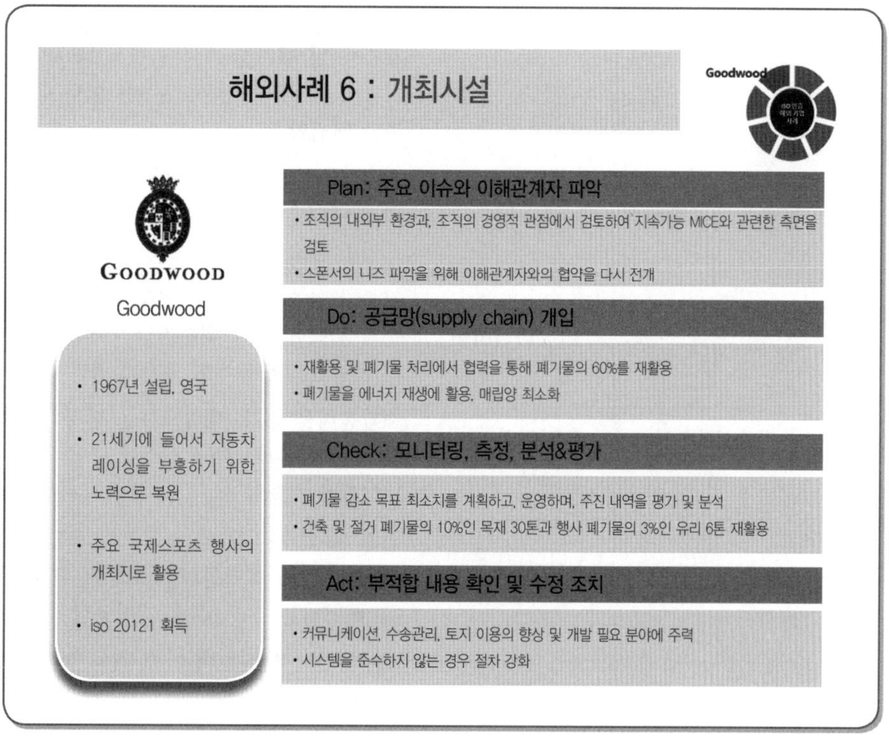

1. 회사개요

○ 1967년 세워진 뒤, 최근에 다양한 Goodwood 스포츠클럽 회원을 위한 클럽하우스로 재건축되었다. 21세기에 들어서 자동차 레이싱을 부흥하

기 위한 노력으로 복원하여, 국제적인 스포츠와 엔터테인먼트를 위한 센터 및 주요 국제 스포츠 행사의 개최지로 활용되고 있다.

2. 지속가능관련 세부 활동 내용

표 9-6 Goodwood 지속가능관련 세부 활동

Plan	목적과 가치 서면화	경영에서 지속가능의 인식을 제고하고 공식화된 프로세스를 위한 프레임워크를 구축한 결과 Goodwood 그룹의 경영 안건으로 지속가능성을 세움
	적용범위 설정 및 서면화	Festival of Speed, Glorious Goodwood, Goodwood Revival 3개의 행사를 대상으로 관리시스템에 중점을 둠
	주요 이슈와 이해관계자 파악	내부와 외부의 경영적 관점에서 확실한 측면을 검토하고, 스폰서의 니즈를 파악하기 위해 이해관계자와의 협약을 다시 전개함
Do	공급망 개입	재활용 및 폐기물 처리 협력사 Veolia를 통해 발생된 폐기물의 60%를 재활용, 일부는 에너지 재생에 활용, 최소량만 매립함
	모니터링, 측정, 분석 & 평가	지속가능성 이슈와 역할에 대한 동의와 이해로 공급업자의 모니터링이 강화, MICE 지속가능성을 고려하여 위험요인도 감소됨
	커뮤니케이션	기준 구현을 위한 자원 확보 문제에 직면하였지만, 이 기준의 사용에 대한 외부기업의 긍정적 반응과 내부 조직의 책임있는 행동에도 긍정적 결과
Check	운영원칙 대비 업무 실행	재활용비율 증가, 대중교통을 장려하기 위한 철도, 버스를 포함한 tri-ticketing 시스템 도입, 종이 소비량 감소 프로그램을 시행함
	모니터링, 측정, 분석 & 평가	최소 5%의 폐기물 감소 목표로 운영 계획을 세운 결과, 건축 및 철거 폐기물의 10%인 목재 30톤과 행사 폐기물 3% 해당하는 유리 6톤을 재활용함
	관리검토	BSI의 컨설팅을 통해 인증 취득 단계와 현 상황의 격차를 인지함
Act	부적합 항목 및 수정된 행동	심사를 통해 커뮤니케이션, 수송관리, 토지 이용 등 향상 및 개발해야할 분야에 더욱 주력하게 됨 시스템을 준수하지 않는 경우 절차를 강화할 수 있게 함

3. ISO 획득 배경 및 시기

○ 2011년 BS8901인증 획득을 위한 단계에 착수하였고, 2012년 ISO 20121 인증을 획득하였다.

4. 기타

○ 지역사회를 위하여 유기농 농장과 지역상점을 운영하고 모든 행사 수익을 지역에 돌려주며, 관리 시스템 기준에 투자하였다. 또한 기업의 개발을 지원하는 ISO 20121 기준의 사용, MICE 산업에서 리더십 제시, 공급자들에게 모범경영의 사례를 만드는 것을 기업의 목표이다.

3.7. 코카콜라(런던올림픽)

그림 9-14 코카콜라(런던올림픽) 사례

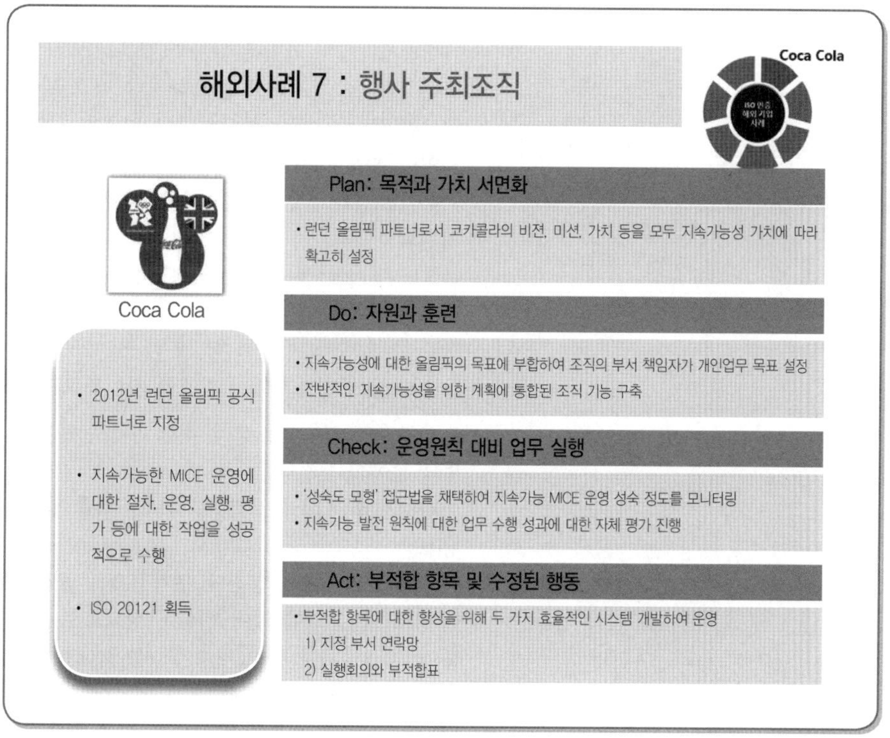

표 9-7 코카콜라 지속가능관련 세부 활동

Plan	목적과 가치 서면화	• 코카콜라의 가치와 ISO 20121의 지속성 원칙을 보여주었으며 2012 런던 올림픽 관련 MICE 운영에 대한 지속가능성의 가치를 충분히 제공함 • 코카콜라의 법률부서와 업무를 연계하였고 정기적으로 활동에 대한 브리핑을 하고 관련 질의를 함 • 시스템 수준에서 국제 법률팀과 다른 윤리 및 정책 준수 및 직장 인권 정책 수행은 법률을 준수하도록 함
	적용범위 설정 및 서면화	• 런던 올림픽 & 패럴림픽팀 통제 하에 지속가능성을 포함시킨 운영방식을 따르고, 운영 범위는 게임 경영 운영을 모두 포함함 • 런던 올림픽 & 패럴림픽팀은 5개의 부서로 나뉘었고 ISO 20121의 범위가 각 부서에 다음과 같이 포함됨: – 경기장 운영; 올림픽 공원 공개행사장; 호스피탈리티 프로그램; 코카콜라의 올림픽 게임 상품 프로그램과 런던 2012 올림픽 성화봉송의 파트너 소개
	주요 이슈와 이해관계자 파악	• 코카콜라가 연락하거나 영국 내 또는 해외에 연관된 내부 이해관계자를 나타냄 • 이해관계자들의 역할은 다음과 같음: – 다른 관점을 제시하고 중요하거나 떠오르는 사안을 파악하는데 도움을 줌. 가장 중요하다고 평가한 사안에 대한 피드백과 조언을 제공함 – 지속가능성과 관련된 메시지를 전달할 수 있는 다양한 활동을 지원함 • 위험도 평가를 통해 내부적, 대외적 이슈, 환경적, 사회적, 경제적 영향력에 대해 파악함. 코카콜라의 수년간의 경험을 바탕으로 한 '일반적' 평가를 함. 또한 ISO 26000(사회적 책임관련)과 GRI 등의 지속가능성 지표를 가이드로 참고함
	리더십 및 방침 설정	• 코카콜라의 지속가능성에 대한 우선순위를 비교해서 세 개의 주요 분야를 선정함: – 이산화탄소 감소; 쓰레기 감소; 육체 및 정신 건강에 대한 홍보 • 지속가능성에 대한 방침에 부가적으로 공급업체들이 지속가능한 MICE를 운영에 있어 핵심 구성요소로 인식함. 방침책과 더불어 '공급업체를 위한 지속가능성에 대한 가이드'를 통해 지속가능성과 관련하여 구체적으로 어떠한 점을 그들에게 기대하는지 설명하였고 목표를 달성하기 위해 필요한 부분을 지원하고자 함

	이슈 평가 및 목표 설정	• 위험요소와 원래 범위에서 예측되는 이슈들을 파악하고 발생 가능성이 높은 순위대로 그 영향력의 규모를 기록함 • 이러한 점을 고려해 모든 이슈들을 통제력과 중요도를 5점 만점으로 점수화하여 순위를 매겼고 점수는 다음을 나타냄: – 1 = 중요하지 않음/통제력 없음 – 5 = 매우 중요함/통제력 있음 • 그 다음에 각각의 점수들은 운영을 통해 영향을 미칠 수 있는 이슈와 중요한 이슈를 측정하기 위해 서로 곱해 합계를 구함 • 최고 점수를 기록한 이슈는 ISO 20121 실행 첫해동안 가장 중요한 것으로 간주되었고 점수의 순위를 정하고 분기별로 새로운 이슈가 발견되면 적절하게 추가해서 평가하기로 함 • 이슈 파악 후에는 우선순위를 매기고 각각의 이슈들을 평가하는 순으로 진행함 • 이슈 파악, 우선순위 선정, 평가와 함께 올림픽 도중에 발생할 수 있는 사안들에 대한 목록을 예방조치 수준인 초기 제안사항과 함께 정리함 • 목표를 발전시키기 위해서 각각의 이슈들을 평가하고, 원하는 결과, 목표 달성 방법과 목표가 성과지표로 측정가능한지에 대해 생각함. 이를 위해서 다음의 사항들을 고려함: – 목표 달성을 위해 필요한 예산 및 자원 – 수행을 위한 적절한 기간 – 각 목표에 적합한 책임자 – 목표 달성을 위해 요구되는 활동과 그에 따른 절차 또는 주요 성과지표 – 진행과정의 모니터링 및 평가방법 – 목표에 영향을 미칠만한 계획의 변동여부 – 과정에 대한 정보(관련 담당자의 피드백 포함) • 모든 것의 궁극적인 목표는 투명한 심사가 용이하도록 하는 것임 • 목표들은 부서 책임자와 함께 설정하여 사업 전략을 파악하고 내부적으로도 원활히 커뮤니케이션이 되도록 함
Do	역할 및 책임 규정	규모를 고려하여 지속가능성 관련 팀은 각기 다른 업무를 담당하는 사람들의 연결망 파악의 중요성을 인지해야 함 간부들로부터 위임을 받은 모든 담당자들은 목표 달성을 위해 지원받음. 이는 부서 책임자와 사업관련해서 조달이나 인력관리 담당자들을 개입시키는 과정을 최소화함 부서 책임자가 전달을 담당하도록 하되, 각 부서 책임자는 부서 내에서 공식 연락망을 지정함. 직책이 많은 부서 책임자에게 상의하는 것보다 연락망을 통해서 부서의 지속가능성 수행여부확인이 중요함

	자원과 훈련 제공	부서 책임자에게 지속가능성에 대한 책임을 맡기며 지속가능성에 대한 올림픽의 목적과 목표를 확실히 하여 종사자 개인들의 업무 목표와 부합하도록 하며 전반적인 지속가능성을 위한 계획의 일부로써 책임을 다하도록 함 또한, 지속가능한 올림픽 위원회의 대표는 지속가능성 프로젝트 담당자와 함께 추가로 역할이 주어졌고 전체 프로젝트를 지휘하고 특정 부서의 범위를 벗어난 활동을 지시하는데 독립적으로 예산을 할당함 지속가능성에 대한 목표는 각 부서 책임자가 팀의 능력을 평가하도록 함. 전문지식과 스킬이 필요한 몇몇 경우에는 외부 전문 컨설턴트를 고용함
	공급망 개입	지속가능성에 관한 방침을 공급업체를 위한 새로운 지속가능성 가이드로 보충하여 구체적인 요구 및 기대사항을 명시함. 제공 과정에서부터 이 방침을 표준 조달 과정으로 통합한 점수화 시스템을 개발해야 하고 공급업체 계약서에 관련 내용을 포함시켜 지속가능성과 관련된 자격뿐만 아니라 비용, 품질, 타이밍 등 법적 구속력을 갖는 요인에 의해 선택된 것임을 공급업체에게 확실하게 고지함
	커뮤니케이션	이해관계자들이 내부 및 외부적으로 지속가능성에 대한 대화를 하도록 효과적이고 포괄적인 커뮤니케이션 계획을 수립하고자 함. 시작점은 초기 계획단계에서 파악된 이해관계자들에게 연락할 수 있는 적절하고 유익한 방법을 서면화 함. 각각의 이해관계자들을 위해서는 코카콜라에서 해당 업무를 담당하는 직원을 파악하고 팀원과 공급업체에 긍정적인 노력을 공식적으로 인식하도록 함 간결하고 관련성 높으며 긍정적인 커뮤니케이션 개발을 통해 팀을 개입시키며 지속가능성에 대한 흥미롭고 재미있는 측면을 제시함
	문서 관리 & 수정	모든 경영 시스템에 대한 문서를 업데이트하고 적절하게 관리함 매 회의 후 요약 슬라이드를 추가했고 관련된 사람들에게 나눠주어 검토하도록 하며 경영 시스템에 관한 문서는 최소 분기별로 업데이트 함 수정될 수 있는 상세내용을 파악한 뒤 변화내용을 검토하고 변화가 파악되면 잠재 영향력을 평가하여 효율적인 해결책을 모색할 조치를 취함
Check	운영원칙 대비 업무 실행	코카콜라는 'Maturity Matrix' 접근법을 채택하여 지속가능발전 원칙에 대한 업무 수행을 자체 평가하여 핵심 가치와 각각 MICE 운영에 어떻게 해석될 수 있는지 제시함. 각 가치를 충족시키기 위해 필요한 것과 시스템 개선을 위해 어떻게 할 수 있을지 나타냄

	모니터링, 측정, 분석 & 평가	• 코카콜라의 지속가능성에 대한 전체적 목표는 계획단계에서 목적 및 목표로 분리되고, 각 목적과 목표 모니터링을 담당할 부서를 정함 • 수행 2차년도에서는 각 부서의 부장들이 한해 개인 업무수행 목표를 통해 지속가능성에 대한 책임을 확실히 하도록 함
	심사 & 인증	• 코카콜라는 항상 외부 이해관계자에 대한 준수사항을 입증하기 위해 ISO 20121과의 적합성을 외부인증을 통해 얻고자 함. 인증 기관은 UK, 영국표준협회(BSI), 로이드 인증원(LQRA)와 스위스 공인기관 인증업체(SGS)임. 적합한 기관을 포함시켰는지 알아보기 위해 다음 사항을 확인함: 1. 왜 인증을 위해 해당 기관을 사용하는가? 2. 인증절차에는 어떤 것들이 포함되는가? 3. 이번과 비슷한 MICE 산업에 대해 인증을 실시한 적이 있는가? 4. 인증 대상은 또 누가 있는가? 5. 우리의 ISO 20121 인증 절차에 대한 제안서 제시
	관리 검토	ISO 20121 절차 준수를 위한 정기회의를 실시함. 회의는 실행 회의, 내부 검토 회의와 경영시스템 검토 회의로 구성됨
Act	부적합 항목 및 수정된 행동	• 부적합한 항목은 어느 단계에서든지 발생할 수 있음. 부적합한 것을 알리기 위한 간단하고 효율적인 절차를 위해 두 가지 시스템을 개발함: 1. 지정 부서 연락: 각 부서 내에 부적합한 항목이 발생했을 경우 바로 연락을 취해 알릴 수 있는 직원을 지정하여 즉각적인 지원이 가능하도록 함 2. 실행회의와 부적합 표: 분기별 실행회의 때 부적합한 항목을 파악하고 기록함. 이를 통해 안건으로 선정하고 문서화함

생각해 볼 문제

01 국내 MICE 관련 기업(예, 컨벤션 센터, catering 서비스업체 등)을 선정하여 ISO20121 표준화 과정을 적용해보자.

02 지속가능한 MICE가 왜 중요한지에 대하여 논의해보자.

제 10 장

MICE 서비스올로지에 대한 이해

MICE
MARKETING
MANAGEMENT

학습 개요

본 장에서는 서비스 산업으로 분류될 수 있는 MICE에서의 과학적 접근인 MICE 서비스올로지(Serviceology)에 대한 개념과 구성요소에 대하여 학습한다.

제 1 절 서비스올로지의 개념

1.1. 서비스 사이언스(Service Science)와 서비스올로지(Serviceology)[1]

"서비스 사이언스(Service Science)"란 IBM 연구소에서 처음 사용하기 시작한 용어로 서비스 사이언스, 매니지먼트 및 엔지니어링(SSME: Services Sciences, Management & Engineering)의 약자이다. 다양한 분야에서 사용되면서 서비스 사이언스는 하나의 조직이 다른 조직들을 위해 수행하는 경제적 가치를 생성하는 작업을 위한 과학, 공학과 경영 분야의 응용 학문으로 지칭되어 자리 매김하고 있다.

서비스 사이언스가 각광을 받는 이유는 정부, 산업계, 학계의 요구가 잘 부합되기 때문이라고 볼 수 있다. 우선, 정부의 관점에서는 국가 경제 성장에 서비스 산업이 중요한 역할을 차지하고, 신성장 동력으로 서비스 산업의 육성이 절실하다.

산업계의 관점에서는 서비스 사이언스가 기업의 경쟁력 향상과 새로운 비즈니스 모델의 개발을 통한 사업영역 확대 및 수익창출을 위한 핵심요인으로 인식되고 있다. 또한 학계의 관점에서는 사회에서 요구하는 서비스 사이언스 전문 인력을 양성할 수 있는 교육시스템의 제공이 사회 환경 변화에 따른 대학의 역할을 수행한다는 측면에서도 중요성이 강조되고 있다.

서비스에 대해 과학적인 분석 기법, 효율적인 매니지먼트 기법, 생산성을 최대한 높이기 위한 공학적인 생산 방법을 제공하고, 서비스 특성에 기인하는 제반 문제를 해결하며, 생산성을 높이고 혁신을 유도하는 것이 서비스 사이언스의 목적이다.

이러한 관점에서 서비스를 체계적으로 이해하고 생산성을 향상시킬 수 있는 방법론에 대한 필요성이 증가하고 있는 추세이다. 현재까지 서비스 산업 유형의 변화와 더불어 서비스 사이언스는 초기에는 제조업, IT, 금융업 등에서 기업을 대상으로 하는 서비스 영역을 집중적으로 다루는 단계를 거쳐 인간이 주체적으로 개입하는 관광, 의료, 복지 등의 영역으로 확장하여 다룰 수 있

1 본 장은 김철원·박지연(2015). MICE Serviceology에 대한 탐색적 패러다임 연구. 무역전시연구, 10(1).의 논문에서 참조함

을 것이다.

또한 비슷한 맥락에서 서비스올로지(Serviceology)란 "서비스 산업에서의 공급자와 수용자가 상호작용을 통해 공동의 가치를 창출하고 결과를 향상시키기 위한 시스템"으로 정의할 수 있다. [그림 10-1]과 같이 서비스올로지는 사회와 지배구조의 영향을 받으면서 서비스 시스템이 형성되고 여기서 거시적으로 공동체, 종사원 및 주주, 파트너 등 다양한 이해당사자들 간 공존과 경쟁을 통하여 상호 가치를 공유하고 미시적으로는 서비스 공급자와 수용자 간의 상호작용하는 관계 속에서 서비스 경험이 작용하면서 각 주체간의 가치(value)를 공동으로 창출하는 흐름을 갖는다고 볼 수 있다.

그림 10-1 서비스 시스템의 가치 창출 흐름도

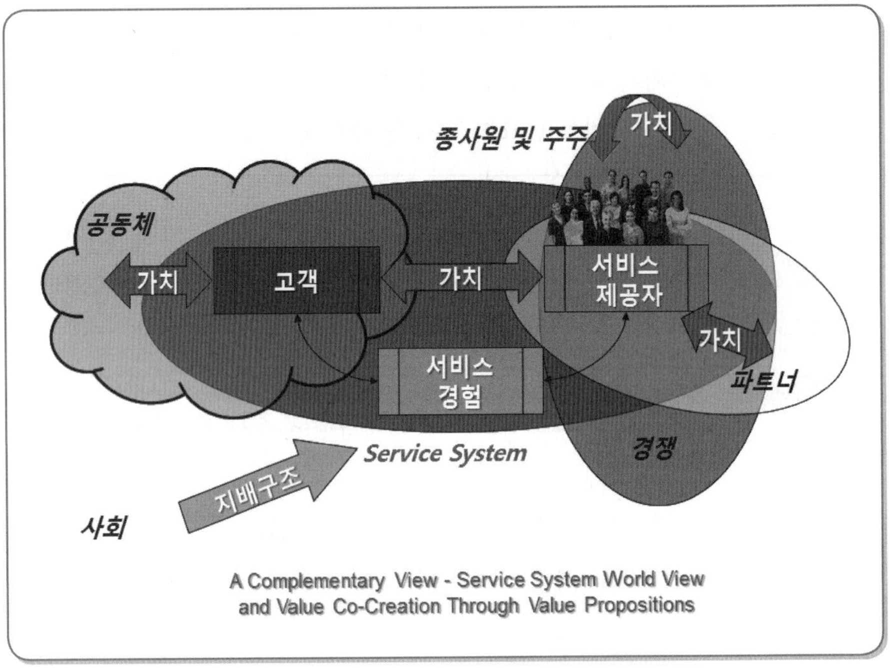

자료: Hiroyuki Yoshikawa(2013). Service as a fundamental engineering. 1st Serviceology Conference, Japan.

1.2. MICE 산업에서의 서비스올로지

서비스 산업의 중요성은 지속적으로 강조되고 있으며, 그 중 관광 산업은 소비의 대상이라는 인식에서 다양한 산업 분야에서의 고용효과와 동반 성장을 통한 국가발전에 이바지하는 신성장 동력으로 인식되어지고 있다. 또한, 외래 관광객 2,000만 시대에 도래하면서 어느 정도 양적 성장을 이룩하였다고 볼 수 있으며 이제부터는 관광산업의 질적 향상을 추구하고 국가경쟁력을 강화하기 위한 전략의 필요성이 대두되고 있다. 관광 산업과 더불어 MICE 산업도 마찬가지로 창조와 가치창출, 이를 공유하는 'Creating Shared Value(CSV)'를 기반으로 미래 성장 전략의 방향을 설정해야할 것이다.

기존의 서비스 사이언스 측면에서 서비스 산업을 과학적 및 경영학적으로 접근하고 서비스 산업의 혁신을 강조한데 비하여 MICE 산업에서의 서비스올로지는 [그림 10-2]와 같이 서비스 시스템의 내외적 상호 의존성을 인식하고 '인문(Humanity)', '창의(Creativity)', '공동체(Community)', '삶의 질(Quality of Life)'의 측면을 고려한 지속적 가치창출의 프레임워크로 정의내릴 수 있다.

그림 10-2 MICE 서비스올로지 시스템의 개념도

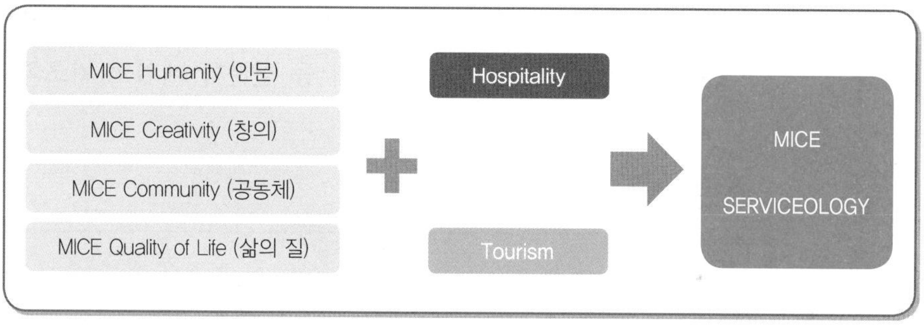

자료: 경희대학교 (2013). BK+21 창의형 마이스통합 인재 양성단

제 2 절 MICE 서비스올로지 구성요소

2.1. MICE Humanity(인문)

모든 서비스 산업에서 그러하듯이 MICE 산업에서도 인적 자원이 중요한 자원이다. 이러한 관점에서 'MICE Humanity(인문)'는 인적 자원의 창조적 마인드와 창조성을 바탕으로 기본 인문학적 소양과 언어적 능력을 배양을 추구

하는 것이라고 정의할 수 있다. 이는 새로운 디지털 환경에서 MICE 관련 콘텐츠의 제작 및 스토리텔링 기법 활용할 수 있는 것을 의미한다.

따라서 MICE Humanity는 이론과 실무를 겸비한 MICE 산업 전문가의 양성을 위해 철학적이면서도 인문학적 관점에서 기본적인 틀을 제공하며 사회과학적인 분석력과 동시에 비즈니스적 마인드를 겸비를 추구하고자 한다. 또한, 현대 사회에서 강조되고 있는 미디어 정보통신기술의 변화와 향후 전망을 예측할 수 있는 능력을 배양하는 것을 목표로 해야 한다.

구체적으로 MICE Humanity의 연구내용으로는 아래 [그림 10-3]과 같이 방송, 인터넷, 음반, 영화, 게임 등을 기반으로 하는 문화상품, 예술, 공연, 엔터테인먼트, 교육 관련 콘텐츠 개발, SNS 및 다양한 플랫폼을 기반으로 하는 콘텐츠 산업에 관한 연구, 정부 및 유관 단체와의 협력을 통해 Culture & Tourism 3.0을 현실화하고 IT를 기반으로 하여 각종 관광, 문화 이벤트 산업 부분 및 소비자 부분, 이해관계자(정부, NGO, 국제기구)부분 간의 네트워크 구축을 통한 Public Relations 모델 발전 등이 있을 수 있다. 이러한 연구를 위해서는 인문학, 미학, 문화연구, 언어 등 인문학 계열의 기초학문 분야를 밀도

그림 10-3 MICE Humanity 개념도

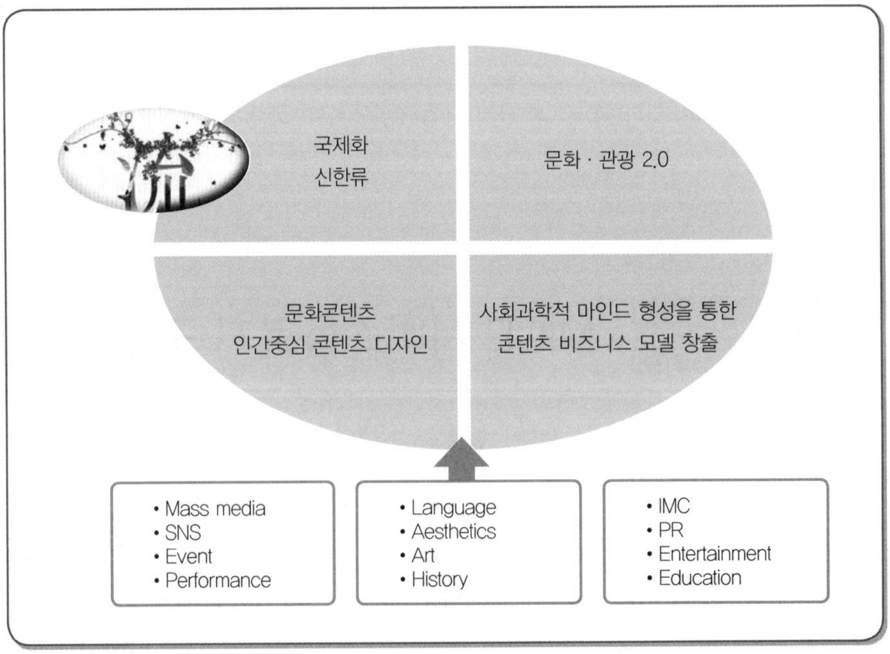

자료: 경희대학교 (2013). BK+21 창의형 마이스통합 인재 양성단

있게 정리할 수 있어야 할 것이다. 뿐만 아니라 사회과학적 분석방법을 통하여 콘텐츠 분야를 계량적으로 예측 가능한 영역으로 발전시킬 수 있는 학문적 모색이 요구되어 진다.

결론적으로 MICE 서비스올로지 중 MICE Humanity를 통해 MICE 산업을 인문학적 기반을 토대로 하면서도 사회과학적인 관점으로 접근하는 것이 필요하며 이를 통해 이론적으로나 실무적으로 체계적인 융·복합 분야로 성장할 수 있을 것이다.

2.2. MICE Creativity(창의)

첨단기술의 발달에 따라 과학과 지식, 연구·개발, 정보와 혁신 등에 기반을 둔 탈산업사회, 정보사회, 지식기반사회 등으로 불리는 사회로 전환하였고 이 과정에서 인간의 지식이나 창의성과 같은 비물질적 자원의 중요성이 부각되고 있다.

개인의 창조성과 생각, 아이디어 등을 투입하여 경제적 가치를 창조하는 경제체제에서 창조관광은 기존 관광산업의 영역인 여행사, 숙박, 식음, 항공 등에서 벗어나 스포츠, 의료, 엔터테인먼트, MICE, 제조업, ICT 등 다양한 산업과 융복합화 및 상호 연계한다고 볼 수 있다. 특히, MICE 산업은 새로운 일자리 창출, 창의력과 상상력 기반의 경제성장, 산업영역 확장 등을 지향하는 창조적 영역에 부합하는 산업으로 볼 수 있으며 MICE 산업에서의 핵심 역시 창의성이라고 할 수 있다.

이러한 맥락에서 'MICE Creativity(창의)'는 [그림 10-4]와 같이 창의성의 가치를 MICE 산업에 투영한 것이라 할 수 있다. MICE Creativity의 예로는 인터넷과 통신기술에 기반을 둔 국제회의 및 컨벤션센터 운영과 관련 설비 및 환대산업 서비스, 관광/레저산업과 지역적 축제 및 페스티벌 등이 있다. 또한 국가 간 경제, 무역, 통산, 생산, 외교, 지식교류 등의 다양한 활동으로 인해 산업적 범위가 점차 확대되고 있는 시점에서 MICE 산업 자체는 여러 관점에서 창의성이 가능해지고 동시에 요구되어 진다.

산업적 관점에서 MICE Creativity를 통해 스마트 MICE 클러스터링과 IT 기반의 지능형 전시 및 MICE 개최 등 산업의 스마트화가 가능해질 것이다. 또한, IT 기기를 활용한 관광으로 다양한 산업에 시너지를 향상시키는 스마트

그림 10-4 MICE Creativity 개념도

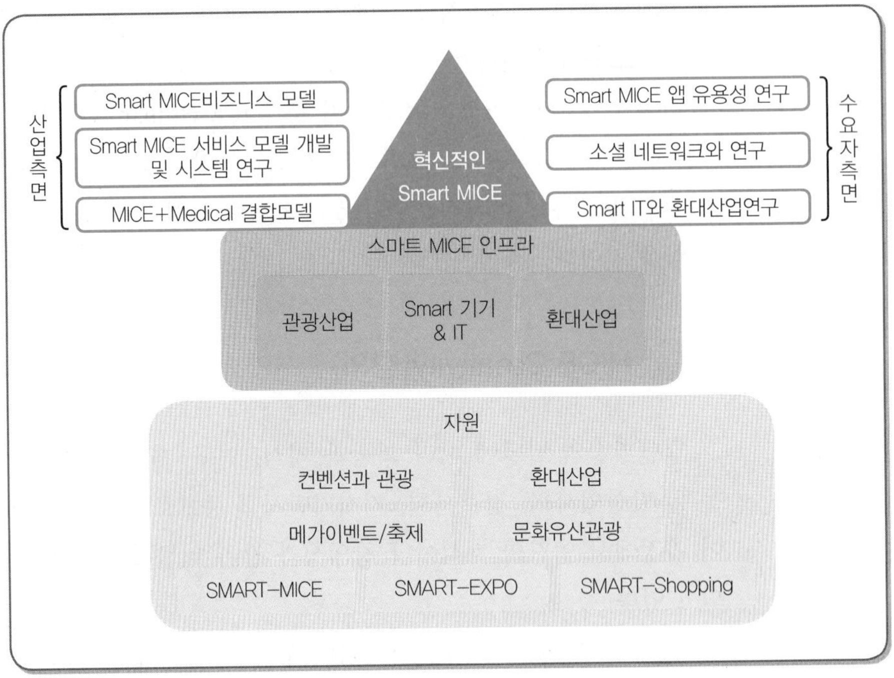

자료: 경희대학교 (2013). BK+21 창의형 마이스통합 인재 양성단

투어리즘도 기대할 수 있을 것이다. 장기적으로 MICE Creativity는 새로운 형태의 스마트 기기 기반의 전통적 산업과 관광산업의 연계하여 실천적인 지식을 도출, 확산 및 적용을 가능하게 할 것이다.

2.3. MICE Community(공동체)

MICE 산업은 MICE로 인한 영향이나 이익을 기준으로 이해관계자를 구분하기보다는 주로 관련 서비스의 수요자와 공급자를 중심으로 구분 및 구성된다. 예를 들면, 수요자, 공급자, 수요자와 공급자를 연결하는 매개자, 국제회의 관련기구, 관광기구, 교육기관과 MICE전담기구 등 다양한 관련조직을 포함하기도 하고, MICE 주최조직(기업, 협회, 정부조직을 포함하는 공공분야), MICE서비스 공급조직(개최시설조직, 호텔, 여행사 등), 중간매개조직(PCO, PEO, DMC), 그리고 CVB, 지역관광조직(LTO), 관련 협회 등의 MICE 산업과 관련된 공공부문과 민간부문의 다양한 업종들로 구성된다.

이러한 MICE 산업의 구성요소가 지속적으로 유지되고 발전하기 위해서

그림 10-5 MICE Community 구성요소

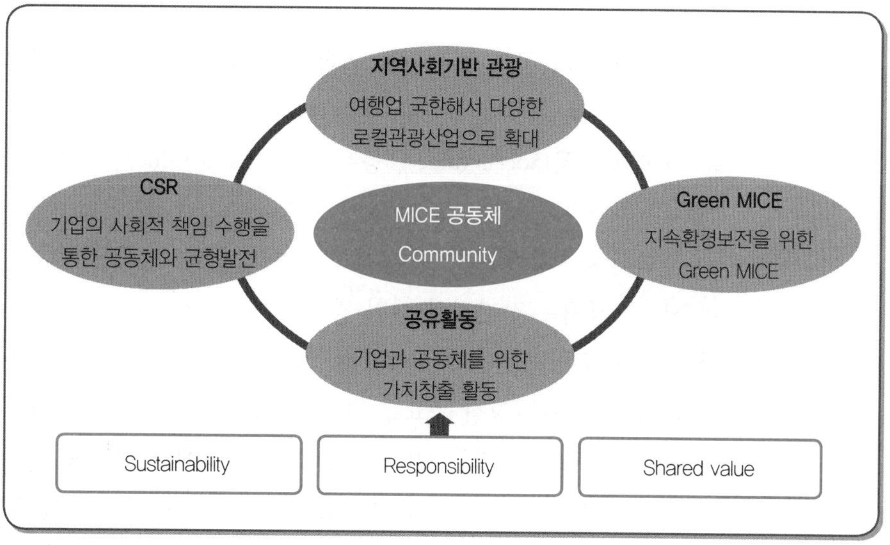

자료: 경희대학교 (2013). BK+21 창의형 마이스통합 인재 양성단

는 'MICE Community(공동체)'가 요구된다. 이는 단순히 개인의 사리(self interest)를 넘어서 시민의식과 공동체의식을 가지고 모든 주주들의 이익을 위해 공헌하는 의식 중 하나로 볼 수 있다.

MICE Community를 통해 MICE 산업의 구성요소들 자체와 더불어 산업 자체가 지속가능하게 될 것이다. 따라서 MICE 산업에 대한 인식도 단순 소비의 대상에서 인식하는 것이 아니라 사회적 가치를 생산해내는 대상으로 인식 전환이 필요하며 이는 산업적·이론적으로 접근할 수 있다. [그림 10-5]와 같이 MICE Community의 구성요소로는 지역사회 기반 산업, CSR, 공유 활동, 지속가능 MICE가 있다.

관광의 경우, 지역사회를 기반으로 하는 산업을 다양한 산업으로 확대시켜 나감으로 지역 경제가 동반 성장할 수 있게 한다. 이와 마찬가지로 MICE 산업을 통해 관련된 이해관계자뿐만 아니라 지역사회가 함께 연계되어 성장할 수 있도록 도와주는 방안을 고려해야 하며 이러한 관점에서 MICE Community는 매우 중요한 역할을 할 것이다.

기업에서 시행되고 있는 CSR(Corporate Social Responsibility)은 기업의 사회적 책임에 대한 내용으로 기업의 사회적 책임 수행을 통해 공동체와의 균형적인 발전을 도모한다는 것을 의미한다. 다양한 기업에서 CSR 실천을 강조하며 지속성장을 위한 필수요소로 제시하고 있으며 MICE 산업에서도 동일하게 해당된다.

또한 기업과 공동체 모두를 위함과 동시에 가치를 창출할 수 있는 활동을 의미하는 공유 활동은 MICE Community에 포함된다. 이때 창출되는 가치로는 사회적 가치(Social Value), 공유가치(Shared Value), 비즈니스 가치(Business Value) 등 다양한 측면으로 이루어져 있다.

사회적 가치는 사회와 환경적 목표를 달성할 수 있는 투자활동을 의미하고 비즈니스 가치는 장기적인 기업 경쟁력을 강화할 수 있는 사업 및 투자활동이다. 이 두 가지 측면을 모두 포함하는 공유가치란 장기적인 기업 경쟁력 강화와 동시에 사회/환경적 목표를 달성할 수 있는 투자활동을 나타낸다.

마지막으로 지속가능 MICE는 환경적 측면에서 지속가능성을 추구하는 것으로 MICE 산업의 발전과 동시에 환경보전을 고려하는 것을 의미한다. 이 때, MICE 산업을 구성하는 다양한 이해관계자들이 하나의 공동체 의식을 가지고 환경적 지속가능성을 추구해야 하며 이를 통해 산업이 보다 지속적으로 변화할 수 있게 될 것이다.

2.4. MICE Quality of Life(삶의 질)

전문 용어가 아니라 일반적인 단어로서 누구나 쉽게 접할 수 있는 개념인 삶의 질(Quality of Life)은 원래 2차 세계대전 이후 미국에서 생성된 용어로 사회지표에서 유래되었고 다양한 분야에서 사용되며 연구되고 있다.

삶의 질에서 '삶'은 개개인의 생활을 나타내기 보다는 인간적 삶(human life)의 모든 것을 내포한다고 볼 수 있다. 즉, 한 인간의 삶은 살아있는 존재인 생명체로서 삶을 영위하는 과정에서 개인 간의 상호작용은 물론 개인이 속한 사회와의 상호작용을 경험하는 인간으로서의 존재를 의미한다.

삶은 물리적·사회적·심리적 요소들이 통합 구성되는 현상이고, 삶이 영위되는 제반영역은 매우 다양하면서도 포괄적이다. 따라서 삶의 질은 매우 다양한 요소들로 구성된다. 구체적으로는 개인 특성(자율성, 자아만족), 건강(신체적 건강, 신체적 기능), 정서·감정 상태(심리적 안정, 행복감), 지지체계(대인관계, 가족관계), 경제상태(경제조건, 수입), 사회적 안녕(사회활동, 사회관계 등), 여가(여가선용, 여가활동), 환경(주거, 생활), 사회복지(물질적 안녕, 안전 등), 직업·일(취업 상황, 직업역할 등) 등이 있다.

이러한 관점에서 다양한 요소로 구성된 삶의 질을 향상시키기 위해 다양한 산업분야에서 삶의 질을 추구하고 있으며 대표적인 수단으로 관광이 제시되고 있다. 다양한 측면에서 융·복합하여 푸드 투어리즘(Food Tourism), 힐링 투어리즘(Healing Tourism), 메디컬 투어리즘(Medical Tourism) 등으로 탐구 영역을 세분화하고 있다.

특히, 복합적인 관점에서 MICE는 삶의 질을 추구하기 위한 수단으로써의 역할을 함과 동시에 결과물로써 제시될 수 있다. 따라서 다양한 산업을 아우르는 MICE 산업이야 말로 삶의 질을 추구하면서 이를 발전시키기 위한 노력이 요구되는 산업이며 이에 대응할 수 있는 인재양성이 필요하다.

생각해 볼 문제

01 MICE serviceology의 4가지 pillars에 부합되는 논문을 조사하여 분석해보자.

02 미래 MICE serviceology 방향성에 대하여 논의해보자.

찾아보기

ㅂ

ㅅ

ㅌ

ㅍ

ㅎ

[저 자 소 개]

학력

미국 Texas A&M 대학원 여가 및 관광학 박사
미국 George Washington 대학 MBA
연세대학교 대학원 경제학 석사
성균관대학교 문학사

경력

(현재)
경희대 컨벤션경영학과 교수
한국지식경영학회 회장
BK+21 MICE 인재육성사업단 단장
외교부 의전자문의원
서울시 국제교류복합단지 추진위원
한국무역협회 MICE 분과위원 위원장
UNWTO Asia Pacific Newsletter 편집장
(역임)
경희대학교 호텔관광대학 학장 및 관광대학원 원장
한국컨벤션학회 회장
한국관광학회, 한국컨벤션학회 한국호텔관광학회 부회장
OECD 관광위원회 Consultant
한국콘텐츠진흥원 사외이사
서울마케팅 주식회사 사외이사
G20 정상회의 행사자문위원
컨벤션산업육성을 통한 서울형 미래도시산업기반구축 책임자
국제회의 육성위원회 위원
남북관광자문위원회 위원
대통령 동북아시대위원회 사회문화 전문위원
한-스페인 포럼 관광분야 한국대표
세계보이스카우트 총회 조직위원
문화관광부 관광권역계획조정위원
한류우드 마케팅 자문위원
한국관광브랜드구축 자문위원
한국관광연구원 책임연구원

MICE 마케팅 관리론

2018년 3월 20일 초판 인쇄
2018년 3월 30일 초판 1쇄 발행

저 자 김 철 원

발행인 배 효 선

발행처 도서출판 法 文 社

주 소 10881 경기도 파주시 회동길 37-29
등 록 1957년 12월 12일 / 제2-76호(윤)
전 화 (031)955-6500~6 Fax (031)955-6525
e-mail(영업) : bms@bobmunsa.co.kr
(편집) : edit66@bobmunsa.co.kr
홈페이지 http : //www.bobmunsa.co.kr

조 판 (주) 성 지 이 디 피

정가 22,000원 ISBN 978-89-18-12368-4